イスラーム原典叢書

ムスリム同胞団の思想 上

イスラーム原典叢書

ムスリム同胞団の思想 上

ハサン・バンナー論考集

ハサン・バンナー 著

北澤義之・髙岡 豊・横田貴之 編訳

岩波書店

本書は「イスラーム地域研究プログラム」の成果の一部である。

Fikra al-Ikhwān al-Muslimīn:
Majmū‘a Rasā’il al-Imām al-Shahīd Ḥasan al-Bannā

目　次

下巻

アラビア語題字＝本田孝一

凡例

（内容構成）

一、本書は、ハサン・バンナー（一九〇六―一九四九）の演説を集めたアラビア語原本の日本語訳である。

（底本）

一、翻訳にあたって使用した底本は以下の通りである。

Ḥasan al-Bannā, *Majmūʻa Rasāʼil al-Imām al-Shahīd Ḥasan al-Bannā*, Alexandria: Dār al-Daʻwa, 1998.（以下、「A版」と称する）

なお、次の刊本も底本に準じて参照した。

Ḥasan al-Bannā, *Majmūʻa Rasāʼil al-Imām al-Shahīd Ḥasan al-Bannā*, Cairo: Dār al-Kalima li al-Nashr wa al-Tawzīʻ, 2012.（以下、「C版」と称する）

一、A版とC版でテキストに異同がある場合、原則としてA版を採用した。例外的にC版を採用した場合には、その旨を訳註に明記した。

一、演説の順番は主にA版に従ったが、読者の便宜のため「第五回総会」は「第六回総会」とともに下巻に収めることとした。

一、翻訳にあたっては以下のインドネシア語版（完訳）、英訳・邦訳（いずれも抄訳）も参照した。

インドネシア語版

Hasan al-Banna, Anis Matta, Lc., Rofi' Munawar, Lc., and Wahid Anmadi trl., *Risalah Pergerakan Ikhwanul Muslimin*, Surakata: Era Intermedia, 1997.

英訳

Ḥasan al-Bannā, Charles Ewndell trl., *Five Tactics of Ḥasan al-Bannā (1906–1949): A Selection from the Majmū'a Rasā'il al-Imām al-Shahīd Ḥasan al-Bannā*, Berkeley, Los Angeles & London: University of California Press, 1978.

邦訳

ハサン・バンナー『ムスリム同胞団の使命』池田修訳、アジア経済研究所、一九六九年。

ハサン・バンナー『光の方へ』佐伯幸隆訳、アジア経済研究所、一九六九年。

（見出し）

一、節および項の区切りと見出しは、底本に従った。

（校訂記号）

一、翻訳にあたって使用した校訂記号は以下の通りである。

《　》　クルアーンの章句。各章句の下に章（スーラ）、節（アーヤ）の順に、（2章21節）などと記した。

［　］　訳者による補い。

〔　〕　訳文に対する註記・言い換え。

「 」　ハディース、引用、発言など。

（人名・地名などの表記）

一、表記・アラビア語転写などについては、大塚和夫ほか編『岩波イスラーム辞典』（岩波書店、二〇〇二年）に依拠した。用語の解説についても、主に同書に依拠した。

一、基本的にはアラビア語原文の表記に従うものとする。ただし、慣用的に頻繁に使われている名詞（人名・地名）は、慣用的表記を使用した。カイロ、アレクサンドリア、など。

一、唯一神を意味するAllāhは「アッラー」と訳した。神、預言者を指して代名詞が使用されることが多いが、分かりやすくするため、適宜、アッラー、またはムハンマド、預言者、使徒などと訳した。

一、アラビア語原文には、預言者や信徒などの名前の後に「アッラーよ、彼に祝福と平安を与えたまえ」などの祈願文が頻繁に挿入されるが、煩瑣になるため、基本的に省略した。

一、クルアーンからの引用は、宗教法人日本ムスリム協会『日亜対訳・注解　聖クルアーン』（三田了一訳、一九九六年）に従った（一部改変）。ただし、クルアーンやハディースが誤引されていると思われる部分については原文のままとし、正しいと思われる引用を註記した。

一、ハディースの出典については、C版の訳註に準拠した。

第１章　我々の教宣

慈悲深く慈愛あまねきアッラーの御名において。

率直さ

我々は、包み隠さず、隠し事もなく、太陽よりも明るく、夜明けよりはっきりと、白日より明白に、人びとに我々の目的を明らかにし、我々の方法論を知らせ、我々の教宣《ダアワ》(daʻwa)を伝えたい。

無謬性

我々は、我々の民族(qawm)――全てのムスリムがそうなのだが――に、ムスリム同胞団の教宣が正当で誤りのないことを知らせたい。それは、個人的欲望を超越し、物質的目的を軽蔑し、様々な欲望や利己的な目標を押しのけ、アッラーが教宣者たちに示したものである。《言ってやるがいい。「これこそわたしの道。わたしも、わたしに従う者たちも明瞭な証拠の上に立って、アッラーに呼びかける。アッラーに讃えあれ。わたしたちは多神を信じる者ではない」》(12章108節)。我々は、人びとに何事も求めないし、財産や報奨を要求しないし、名を高めようともしない。我々の得る報奨は、アッラーの与えるもの以外にはない。

共感

同様に、あなたがたは我々にとって自分たち自身よりも大事な存在であることを、知ってもらいたい。我々の民族は我らが愛する者であり、もし犠牲が必要となれば、我々はその名誉のために犠牲となろう。あなたがたへの我々の立場を決めさせたのは、我々の精神を占め、感情を支配し、我々の眠気を覚まし、涙腺に涙を流させる共感に他ならない。我々の民族を取り巻く状況を熟考し、屈辱に耐え、また恥辱にまみれ、絶望に打ちのめされることは、我々が最も名誉と感じることである。我々は、自らのためよりも、アッラーの意に沿って、人びとのためによく働くのである。愛する者たちよ、我々は他ならぬあなたがたの味方であり、決してあなたがたと敵対することはないだろう。

慈悲と寛容はアッラーのもの

我々は[他者に]何の恩恵も与えられないし、そのようなことができるとも思っていない。我々はアッラーの言葉を信じるだけである。《もしあなたがたが真実(帰依した)なら、アッラーは、あなたがたを信仰に導くことを、あなたがたへの恵みとなされるのである》(49章17節)。もし望みがかなうのであれば、この精神が我々の国家に関わる諸事へ開かれるよう、我々はあなたがたのために望む。そうすれば、そこに自らに対する慈愛・同情・自己犠牲のみがあることに、我々の同胞は気づくのではなかろうか?

我々を取り巻くこの状況から、疲労困憊以外の何を見つけられようか。しかし、我々は、アッラーがその全てを知っていれば報われるのである。アッラーだけが、正しい行いへの援助を保証する。人びとの心の危機も[それを解決する」鍵も、アッラーの手中にある。アッラーが導く者にはアッラーを裏切る者がおらず、アッラーが迷わせる者には正しい導きを受ける者がいない。アッラーこそ我々には十分な存在であり、まさに信託者である。《アッラーはそのしもべにとって万全(な守護者)ではないか》(39章36節)。

四類型

我々が人びとに何よりも望むのは、彼らが我々の前で、四つの類型から一つになることである。

信仰者

我々の教宣を信じ、我々の言葉を信頼し、我々の諸原則を高く評価し、そこに精神の拠り所と魂の信じる善を見出す者が、これ〔信仰者〕である。我々は信仰者(muʾmin)に対し、急ぎ我々に加わり、行動をともにするよう呼びかける。それは、ジハード〔聖戦・義戦〕の戦士(mujāhidūn)の数を増やし、教宣者の声をさらに高めるためである。行動の伴わない信仰《イーマーン》(īmān)は意味がなく、信奉者をその実現や自己犠牲に導かない信仰箇条《アキーダ》(ʿaqīda)は役に立たない。同様に、我々のかつての先人たちとは、アッラーが彼らの心をその導きへと開かせた者である。その後、彼らは諸預言者に従い、アッラーの諸啓典を信じ、アッラーのためにジハードの義務に従った。このような者たちにこそ、アッラーは気前よく報奨を与える。そして、先人に従う者たちにも、同じような報奨が与えられる。彼らに従う者から、多少なりとも報奨が減ることはない。

躊躇する者

アッラーの素顔がはっきりと分からず、我々の言葉に誠実さと利益の意味を見出さない者は、動揺し、躊躇している。我々は、彼らを躊躇したままにする。しかし、我々と密に連絡を取り、我々に関する書籍を遠近問わずに読み、それを研究し、我々のクラブを訪問し、我々の同胞と知り合うことを奨励する。[そうすれば]遠からず、彼らは我々を信じるようになるだろう。

利己主義者

どのような利益が戻ってくるのか、貢献がどのような見返りをもたらすのかが分からなければ支援しないような者に対して、我々は[次のように]言う。憐れみを。我々には何も報奨はないが、あなたが誠実にふるまえば、アッラーの報奨があるだろう。アッラーがあなたの心に善を見出せば、楽園が与えられるだろう。我々は何の地位もない無名の者であり、財産のない貧乏人である。我々は自らの持つもので献身し、手にするものを捧げるのだ。我々はアッラーが喜ぶことを望んだ。アッラーはなんと素晴らしい守護者であろうか。アッラーが心の覆いを取り去り、強欲な妄想を取り除けば、アッラーの下に善と不朽があることを[利己主義者は]知るだろう。そして、アッラーの軍団(katība Allāh)に加わり、現世で所有するものを捧げ、来世でアッラーの報奨を受け取ろうとするだろう。あなたがたの所有物は消耗するが、アッラーの所有物は永遠である。その精神・財産、現世・来世、生死に関する主権がアッラーにあることに気づかない者を、アッラーは来世では必要としない。これと同じような者がアッラーの使徒[ムハンマド]への忠誠をかつて拒んだが、これは後世における前例として扱われた。その時、彼らに対してムハンマドは、《大地はアッラーの有《もの》である。かれは御好みになるしもべたちに、これを継がせられる。最後は(主に対し)義務を果す者に、帰するのである》(7章128節)と応えた。

偏見を抱く者

ある者が我々を悪意でとらえ、疑念や不信の眼で見るならば、その者は必ず我々を暗い視線でとらえ、混乱と疑念に満ちた言葉で我々を論じ、自惚《うぬぼ》れにこだわり、疑念に惑わされ、偏見に固執して、我々を否定するだろう。それゆえ、真実を真実として示して真実に従えば生きる糧を与えるよう、我々は自らと偏見を抱く者のためにアッラーに望みたい。善行が我々をアッラーに導くよう、アッラーに求めたい。祈りが受け入れられるなら、我々はアッラーに呼びかける。そして、アッラーが呼びかけに応えるなら、我々はアッラーに祈りを捧げる。我々は偏見を抱く者のことをアッラーに祈る。アッラーこそ希望を生み出す存在である。アッラーは聖なる預言者〔ムハンマド〕に対し、ある種の人間に関する啓示を下した。《本当にあなたは、自分の好む者〔の凡《すべ》て〕を導くことは出来ない。だがアッラーは御心のままに導き下される》(28章56節)。それゆえ、我々はこのような〔偏見を抱く〕者も愛し続け、彼が我々の側に戻り、我々の教宣に満足することを望むのである。このような者に対する我々のスローガンは、預言者の次の言葉である。「アッラーよ、私の民をお赦しください。彼らは何も知らないのです(1)」。

人びとがこれら〔の四類型〕から我々とともに一つになることを我々は望む。今こそ、ムスリムがその目的を認識し、指針を定め、目的に到達できるよう、努力する時である。混乱に満ちた暗愚、無思慮な思考、無知な精神、盲従、そして皆がただ従ってきたものは全て、信仰者の役には立たない。

滅私

さらに我々は、この教宣が自らの魂・財産・時間・健康を犠牲にする者にのみふさわしいと、我々の民族に教えたい。《言ってやるがいい。「あなたがたの父、子、兄弟、あなたがたの妻、近親、あなたがたの手に入れた財産、あなたがたが不景気になることを恐れる商売、意にかなった住まいが、アッラーと使徒とかれの道のために奮闘努力するよりもあなたがたにとり好ましいならば、アッラーが命令を下されるまで待て。アッラーは掟に背いた民を導かれない」》(9章24節)。

この教宣は、他の教宣を受け入れない。すなわち、それは唯一性という特徴を持っている。この教宣を受け入れる備えができている者は、そのために生きる。教宣は、こうした者によって生かされるのである。この重責に耐えられない者は、ジハードの戦士への報奨を得られず、落伍者となり、ジハードの忌避者の汚名を負うこととなる。アッラーは教宣を実現するために、こうした者とは別の者へ白羽の矢を立てるのである。《かれらは信者に対しては謙虚であるが、不信心者に対しては意志堅固で力強く、アッラーの道のために奮闘努力し、非難者の悪口を決して恐れない。これは、アッラーが御好みになられた者に与えられる恩恵である》(5章54節)。

明瞭性

我々は、人びとを「原則(mabda')」に導きたい。それは明瞭かつ明確で、皆に受け入れられるものである。人びとはそれを知り、信じ、正統性を信奉し、そこに自らの救済・幸福・安息があることに気づく。それは、経験が明証するものであり、歴史がその有効性を不朽のものと判定し、現状への改革志向という特徴を認めるものである。

二つの信仰

こうした原則を信じることで我々は合意したが、我々と我々の民族との相違は次の点にある。彼ら〔我々の民族〕は麻酔で眠ったような信仰を心に抱き、上述の原則の規定に従わず、その要請に沿って行動しなかった。他方、ムスリム同胞団の精神においては、信仰の炎が強く燃え盛っていた。我々を含む全ての者が自分は東洋人だと胸中で思っているという驚くべき現象がある。これは、我々がそれを話題にするだけで、人びとに山を運ばせ、魂や財産を捧げさせ、困難に立ち向かわせ、災難と闘わせるような思想でもある。我々はそのような思想を支援し、その思想が我々を助けさえするのである。〔しかしながら、〕この言葉の興奮が収まり、結集した組織が崩壊すると、人びとは皆信念を忘れ、その思想を無視した。そして、人びとはそのために働こうとも闘おうとも、少しも思わなかった。それどころか愚かさを募らせ、これを忘れたために、故意あるいは無自覚に、この思想に反対する行動さえ取ってしまう！あなたがたは、思想家・知識人・文化人といった人びとが、白昼二時間にもわたって、不信仰者には自分たちも不信仰者として、信仰者には自分たちも信仰者として接するのを目撃すれば、あきれて笑いだしはしないだろうか！

このような無気力・忘却・不注意・無神経さなどは何でも、まさに我々に「我々の原則」を打ち立てようとさせた要因である。それは、我々の愛すべき民族がその胸中で従っている原則なのである。

様々な教宣

そこで、私は最初の言葉を繰り返そう。ムスリム同胞団の教宣は、この原則に基づく教宣である。現在は東洋でも西洋でも、幾多の教宣・原則・思想・見解・目的が、人間の知性を分断し、心の中での争いを招いている。各々の教宣が人びとへ向けてその主張を美化している。子弟・支持者・賛同者・愛好者は、自らの教宣の大義を伝えようとしている。提唱者たちはその長所や優れた点を主張し、それがいかに人類にとって有用で、魅力的で、歓迎すべきものなのかを誇張している。

教宣者たち

過去とは異なり、今日の教宣者たちは、教養や専門的知識を身につけた文化人である。特に西洋の場合がそうである。そこでは、教育を受けた一団が全ての思想を研究し、その不明点を説明し、その長所を明らかにし、出版や宣伝の方法を考える。そして、人びとの心を容易に満足させ、それに従わせる方策を模索している。

様々な方法

同様に、今日の教宣の手段は過去のものとは異なっている。過去の教宣の手段は、説教や集会での言葉であり、書簡や演説原稿にある言葉であった。今日では、様々な出版物・雑誌・新聞・通信・劇場・映画・ラジオなどの手段がある。これらの全てが、男女を問わず、家庭・商店・工場・農場にいるあらゆる人間の心へ伝える手段として役立っている。

そのため、提唱者たちはこのような伝達手段全てを巧みに利用し、それが望ましい結果に至るようにしなければならない。

私はなぜこんな話をしているのだろうか？　私は再び本題に戻り、次のように述べよう。今日の世界は、政治・民族主義《カウミーヤ》(qawmīya)・愛国主義《ワタニーヤ》(waṭanīya)・経済主義・軍事主義・平和主義に関する提唱で溢れかえっている。このような混乱した状態の中で、ムスリム同胞団の教宣はどこに位置づけられようか？

そのためには、あなたがたへ次の二点を私は伝えなければならない。一つは、純粋で積極的な我々の教宣の骨格である。もう一つは、多様な教宣の中における我々の教宣の位置づけである。

私の発言が脱線するのを責めないでほしい。それは、私が話すように書き、様々な種類の語法の中から自然かつ容易な方法で、私の立場を取り扱いたいと思っているからである。むしろ、人びとが私の人となりを理解し、私の言葉が虚飾も混乱もなく心に届くことを私は望んでいる。

我々のイスラーム

同胞よ、聞け。我々の教宣は、「イスラーム的」であるという表現で最も総合的に言い表される。というのも、この言葉は人びとが理解する狭義の意味と比べて、より広義の意味を持っているからだ。すなわち、イスラームとは生活の諸相を秩序づける包括的なもので、生活の諸事に法的見解を与え、精緻かつ詳細な制度を設けるものであると我々は信じている。それは、生活上の問題や人びととの改革に必要な諸制度を前にして、身動きが取れないものではない。

イスラームは宗教儀礼《イバーダート》('ibādāt)の実践や精神修養に限られている、と誤解する者もいる。彼らは、自らの理解をこのような限られた領域に限定している。しかし、我々は、イスラームをこのように限定的なものではなく、現世や来世の全てにおよぶ広範なものとして理解している。我々は、自分勝手に主張を展開し、それを広めようとしているのではない。それは、アッラーの書〔クルアーン〕や初期のムスリムの伝承によって、我々が理解したことである。もし読者が同胞団の教宣をより広範に「イスラーム的」という言葉から理解しようと望むなら、クルアーンを読み、自らの志向や目的を振り捨てるべきだ。そうすれば、読者はクルアーンを理解し、そこに同胞団の教宣を見出すだろう。

そのとおりである。我々の教宣は「イスラーム的」である。その言葉によって、私はあなたがたの望むことを理解し、あなたがたはアッラーの書〔クルアーン〕、預言者のスンナ[2]、ムスリムが尊敬すべき初期世代《サラフ》(Salaf)の伝承に依拠して、それを理解するのである。アッラーの書とは、イスラームの基礎であり、その支柱である。預言者のスンナとは啓典を明証し、説明するものである。偉大なサラフの伝承については、彼らはアッラーが認めた存在であり、アッラーの命令の実践者であり、その教えを学んだ者たちである。彼らは、実践的な手本であり、こうした命令や教えを実行する上での模範である。

様々な教宣における我々の立場

現代において広まり、〔人びとの〕心をばらばらにし、思想を混乱させている多様な教宣の中に、我々の立場はある。我々の教宣によって他の教宣を評価し、合致するものは受け入れ、相反するものは無視するのが、我々の立場である。我々は、自らの教宣が広範で包括的であると信じている。我々は、他の教宣について知ることなく、またそれを検討することなく、放置することはしない。

愛国主義

東洋において、人びとは時として愛国主義的な教宣に、また時として民族主義的な教宣に、また時としてその他の教宣に魅了される。東洋の民衆は、自分たちに対する西洋の罪深い行動を意識している。その［西洋の］行動は東洋の力・尊厳・独立を損ない、財産・活力を奪った。彼らは自分たちに強いられた西洋の軛《くびき》を自覚しており、力・抵抗・ジハード・戦闘などの持てる力を尽くして、この軛からの解放を試みるのである。そして、愛国主義の名の下や、民族主義の栄光の下で、指導者たちは雄弁に語り、新聞の論説は書き立て、作家たちは書き、説教師は説教を始め、声を上げる者たちは叫ぶのである。

これらは素晴らしく美しい。しかし、西洋人の主張やヨーロッパの書籍に述べられていることは、より完全で適切で高貴で優れた形でイスラームの中に示されている、と東洋の民衆であるムスリムに理解させようとした場合には、それは素晴らしくも美しくもない。彼らは、［西洋の］思想を拒絶し、自らが逸脱した伝統に従い、イスラームとこのような［西洋の］思想は別物だと主張し、それが国家統合に分裂を生み青年の絆を弱体化させると考えるだろう。

このような誤解は東洋の民衆にとって、あらゆる観点から危険であった。そのため、私は誤解に関連して、ムスリム同胞団の愛国主義思想の立場と我々の教宣を明らかにしたい。その立場とは、我々自身が満足し、人びとがそれに満足することを望むものである。

憧憬の愛国主義

愛国主義の提唱者たちが、この土地への愛・こだわり・郷愁・愛着を求めているなら、それはある面では人間の本能に根ざし、ある面ではイスラームに託されたものである。その信念と信仰のために全てを投げ出したビラール(3)(Bilāl ibn Rabāḥ　?-638/39/41/42)は、かつてマディーナにおいて、マッカへの愛着を繊細で優美な詩に詠ったことがある。

もし、私が今一度、イズキール〔甘く香る草〕やジャリール〔キビ科の草〕に囲まれて、かの谷で一夜を過ごすことができるなら。もし、私がいつの日か、マジャンナの泉を訪れることができるなら。もし、シャーマやタフィールの山々が、私の前に立ち現れることがあるのならば。

アッラーの使徒〔ムハンマド〕は、［教友《サハーバ》の］ウサイイル(Usayyil)からマッカの様子を聞くと、懐かしがって涙し、「おお、ウサイイルよ、我々の心を静めたまえ(4)」と言った。

自由と名誉の愛国主義

略奪者からの国土の解放と独立の維持、および国民の心における名誉と自由の諸原則の保持を任務とするなら、我々もまたそのような愛国主義に同意する。イスラームはこれを強調してきた。

アッラーは言った。《凡《およ》そ栄誉は、アッラーと使徒、そしてその信者たちにある。だが偽信者たちには、これが分らない》(63章8節)。また、《アッラーは信者たちに対して、不信心者たちの(成功する)道を、決して与えられない》(4章141節)と言った。

社会の愛国主義

愛国主義によって、一地域の個々人の結束を強化することを望み、そのために人びとを指導しようとするなら、そのような愛国主義に我々は同意する。イスラームはそれを必要な宗教的義務とみなす。預言者〔ムハンマド〕は、「アッラーの下僕《しもべ》は、皆兄弟であれ(5)」と述べた。クルアーンは、次のように述べている。《信仰する者よ、あなたがたの仲間以外の者と、親密にしてはならない。かれらはあなたがたの堕落を厭《いと》わない。あなたがたの苦難を望んでいる。憎悪の情は、もうかれらの口からほとばしっている。だがその胸の中に隠すところは、更に甚《はなは》だしい。われは既に種々の印《しるし》を、あなたがたに鮮明にした。只《ただ》あなたがたの理解する力が問題なだけである》(3章118節)。

征服の愛国主義

愛国主義によって、国土や領有権を望むのなら、イスラームもそれを命じており、征服者は優れた入植や祝福される征服を目指している。これに関して、アッラーは次のように述べている。《迫害がなくなって、この教義がアッラーのため(最も有力なもの)になるまでかれらに対して戦え》(2章193節)。

党派主義の愛国主義

もし、愛国主義によって、国家の分裂を望むのなら、派閥は争い、互いに非難し、罵倒によって傷つけ合い、疑い合い、互いを罠に掛け合おうとするだろう。派閥は程度の低い安易な道を選ぶが、それは欲望・自己利益に由来する目標・目的に基づいている。それは全て、敵の利用するところとなるだろう。そして敵は、〔派閥間に対立の〕炎を燃え上がらせ、権利をめぐって分裂させ、愚行のために集結させ、互いの連帯や協力を妨害する。彼らは〔国家の〕敵と絆を結び、交流を認めるので、敵以外を訪問できず、敵の許に客として集うだけである。このような愛国主義はその教宣者だけでなく、人びとにとっても好ましくない偽物だ。我々は愛国主義的な教宣者を支持するが、それは真に国土や人びとに有益で熱心な愛国主義者の場合のみに限られる。以上から、このような様々な愛国主義的な教宣は、それがイスラームの教えの一部に過ぎないということが分かろう。

我々の愛国主義の境界

我々の愛国主義と他の愛国主義との相違点としては、我々が愛国主義の境界を信仰箇条に基づいて認識するのに対して、彼らは土地の区切りや地理的な境界線で認識する点である。「アッラーのほかに神はなく、ムハンマドはアッラーの使徒である」と唱えるムスリムが住む地域は全て、我々の祖国である。その祖国には神聖さ・愛・忠誠が向けられ、ジハードが捧げられるのである。この地理的な空間にいるムスリムは全て我々の仲間であり、兄弟である。我々は彼らに関心を抱き、彼らの感情に共感し、彼らに同情する。愛国主義だけを主張する者たちは、これとは異なる。土地の狭い区切りの中の者だけに、関心を払っている。実践上の相違は、ある国家が他国家を犠牲にして、自らを強化しようとする時に明らかになる。我々は、他のイスラームの地域を犠牲にしてまで、それを達成しようとはしない。イスラーム諸国全てが強化されることを我々は望むのである。しかし、あからさまな愛国主義者たちは、そのように[他者を犠牲にすること]を悪いとは思わない。こうして、絆は断たれ、力は失われ、敵は相互反目を煽動するのである。

我々の愛国主義の目的

以上が、第一[の相違点]である。第二[の相違点]は、[他の]愛国主義者は、国家救済の実現だけを主な目的とし、国の強化のために、現在のヨーロッパのように物質的な側面を重視する。他方、ムスリムは自分自身と自らの血と財産を国家救済の実現のために捧げる、と我々は信じている。これこそが、イスラームの光の栄誉ある導きであり、全ての土地にイスラームの旗を翻させるという忠誠心を担うことだと信じている。そのため、ムスリムは誰も財産・地位・権力を求めず、どのような民衆の支配も望まない。ムスリムがただ求めるものは、アッラーの顔、その宗教〔イスラーム〕によって世界を幸福にすること、その言葉を掲げることである。これこそが、敬愛すべきサラフを聖なる征服へと導いたのである。この征服は世界を驚嘆させ、その迅速さ・公正さ・高貴さ・寛大さにおいて、歴史上に類を見ないものであった。

統一性

私は、指導者の著しい誤りについて、あなたがたの注意を喚起したい。国家は様々な宗教的要素によって構成されており、そうした［イスラームの］原則は国家統合を分裂させると、このような指導者は主張してきた。しかし、イスラームは、真に統一性と平等性を有する宗教であり、人びとが善行へ協力し続けるなら、国家全体を統合する絆の維持を保証する。《アッラーは、宗教上のことであなたがたに戦いを仕掛けたり、またあなたがたを家から追放しなかった者たちに親切を尽し、公正に待遇することを禁じられない。本当にアッラーは公正な者を御好みになられる》（60章8節）。この言葉のどこから分裂が生じるというのだろうか？

祖国への愛情や、祖国の解放・公益・発展のための真摯なジハードにおいて、我々が最も熱心な愛国者と意見が合致していることが分かろう。我々はそのように行動するし、誠実にその達成に努める者全てを支持する。また、祖国の解放や栄光の回復がもたらされたとしても、それはムスリム同胞団にとって道程の一部であり、一つの段階に過ぎないことを知って欲しい。さらに引き続き、イスラームの祖国を地上で最も高い地位に引き上げ、至る所でクルアーンの旗を掲げるよう努めなければならないからだ。

民族主義

次に、私は民族主義についてあなたがたに話そう。

栄光の民族主義

もし民族主義の原則に従うのならば、国民は栄光と威厳において先人の足跡に従わなければならない。彼らは先人の卓越した能力や決断の手腕を模範とし、先人を従うべき手本として見なければならず、先人の威厳を誇らなければならない。それによって、国民は緊密な紐帯《ちゅうたい》、継承される勇気や雅量《がりょう》を見出す。それは価値あるもので、我々が強調し掲げる最終目的となる。現世代の熱意を覚醒させる我々の組織〔ムスリム同胞団〕にとって、先人たちの栄光でその熱意を刺激すること以外に、〔民族主義を支持する〕理由はあろうか？　おそらく、これに関する明確な指示はアッラーの使徒〔ムハンマド〕の「人間は貴重な掘り出し物である。そのうちのジャーヒリーヤ(al-jāhiliya)(6)の最良のものは、もし彼らが気づいていれば、それはイスラームにおける最良のものである(7)」という言葉の中にある。イスラームは、民族主義の優れて高貴な特質を否定するものではないことが分かろう。

国家の民族主義

全人類の中で自分の属する血族や国家が慈愛や献身〔を捧げるの〕に最もふさわしく、善行や努力に最も値すると民族主義が考えるとしよう。もしそうならば、ある者が自分の国家は熱心な努力を捧げるのに値しない人びと〔からなる〕と考え、そうした人びとと出自や生育環境を共有するような場合でも、〔民族主義は〕真実なのだろうか？

我が人生において、自らの血族は寛容さにおいて偉大である。彼に対して、たとえ彼らが彼をあらゆる種類の鞍《くら》にまたがらせても。

民族主義によって、行為と努力に関する説明が我々全てに求められるのであれば、我々が眺望のきく地点から勝利の前庭に集まるまで、目標の実現は国家次第である。そうであるならば、この[国家の]区分は真に善いものだろう。我々全てが自由と解放という幸福にたどりつくまで、東洋の諸民族の組織化を促す者たちとともに、誰が我々の側にいるだろうか？

こうした民族主義の思想は、見事で優れたものである。イスラームはそれを拒んではいない。イスラームは我々の基準である。実際、我々にはそれを受け入れる心があり、全員が受容を主張する。

ジャーヒリーヤの民族主義

民族主義によって、次のようなことを欲するとしよう。消滅したジャーヒリーヤの習慣を復活させ、過去の廃れた風習を復興させること。すなわち、長きにおよび築かれてきた有益な文明、イスラームの絆・愛情が、民族主義や人種主義の力を強める喧伝によって崩壊する時、イスラームやアラブ性('urūba)の特徴を否定する極端な方法を一部の国々が用い、それを個人名やアルファベットの文字・語彙にまで適用し、長く死に絶えていたジャーヒリーヤの習慣を復活させることである。(8) この場合、そうした民族主義は非難に値する。有害な結果をもたらし、悪い結末をもたらすものである。それは、東洋を深刻な破綻へと導き、その遺産を喪失させる。結果的に、東洋の威信や最も特徴的な性質が損なわれ、最も神聖な名誉や高貴さを有する特質も失われる。しかし、こうしたことによって、アッラーの宗教〔イスラーム〕は何ら損なわれることもない。《もしもあなたがたが背き去るならば、かれはあなたがた以外の民を代りに立てられよう。それらはあなたがたと同様ではないであろう》（47章38節）。

敵愾心の民族主義

民族主義によって欲することが、極端な力の拡大だとしよう。たとえば、〔戦間期と第二次世界大戦における〕イタリアやドイツなど他民族への優越性を主張する国家のように、自民族の栄光と存続のために他民族を軽蔑し、抑圧し、犠牲とする民族主義であるならば、それは悪辣《あくらつ》な思想であり、人道主義と相反する。そうした民族主義は何の根拠もなく、一切の善も示しておらず、欺瞞のために人類が消滅しかねないものである。

二つの柱

ムスリム同胞団は、このような類いの民族主義を信奉しない。ファラオ主義(9)やアラブ民族主義やフェニキア主義(10)やシリア主義(11)を教宣しないし、人びとが〔他者を〕侮辱するために利用するような形容を使わない。同胞団は、完全な人間であり人びとに善を教えた最良の教師であるアッラーの使徒〔ムハンマド〕とその言葉を信じる。ムハンマドは、「アッラーは、あなたがたから異教信仰〔ジャーヒリーヤ〕の自惚れと祖先の過大評価を取り去った。人類はアダムから生まれ、そしてアダムは埃《ほこり》から生まれたのである。アラブ人はその敬虔さを除いては、非アラブ人に何ら超越するものはない(12)」と言った。これはなんと素晴らしいことか、いかに優れて公正なことか！　人類はアダムに発し、人類は平等である。その行いで競い合い、そして善行で競争相手になることは、人類の義務である。もし人間性がこの二つの確固とした柱の上に築かれるなら、それは人間を楽園の高みにまで至らせるだろう。人類はアダムから生まれ、したがって彼らは兄弟である。互いに協力し、平和を保ち、互いを慈悲深く扱い、互いを善に導き、善行で競い合うのが義務である。それぞれの領域において、人類が前進するよう熱心に努力するのは、彼らの義務である。あなたがたは、人類がこれ以上の高みへ達するのを、あるいはこれ以上に優れた教えを見たことがあろうか？

アラブ性の特徴

しかしながら、我々は諸民族がそれぞれ独自の特徴を持ち、特定の道徳的性格を持っていることを否定するつもりはない。我々は、あらゆる民族が独自に優れた点や道徳心を持っていることを知っている。また、多くの民族がこの点で異なり、互いに優越を競っていることも知っている。我々は、アラブ性に十分に豊富さ［を備えた特質］があることを知っている。しかし、それは、アラブ人がその特質を［他民族を］攻撃する口実とすべきだということではない。むしろ、全人類が責任を負う最終的な任務、つまり人間性の復活を達成する手段として、アラブ人はその特質を活用しなければならない。おそらく、古今東西において、アッラーの使徒［ムハンマド］の教友からなるアラブ人たちほど、完全にこの概念を理解した者を見出すことはできない。

［話がそれたが、］これは我々の議論の流れから必要になった脱線である。しかし、あまりに［本筋から］かけ離れないように、私はこれ以上このような調子で続けるつもりはない。それゆえ、我々の主な関心事項に戻ることにしよう。

信仰の絆

あなたがたは、すでに関連する全てのことを学んできた。皆にアッラーのご加護があらんことを。ここで、ムスリム同胞団が人類を二つの陣営に分類していることを知ってもらいたい。つまり、一つ［の陣営］は、同胞団が信じるように、アッラーの宗教［イスラーム］、アッラーの書［クルアーン］、アッラーの預言者が遣わされたこと、預言者が伝えたことを信じている。この[陣営の]者たちは、最も神聖な絆、すなわち信仰の絆によって我々と繋がっている。この絆は、我々にとって血縁や地縁より神聖なものである。彼らは、我々に最も近い人びとである。つまり、彼らがどこにいようとも、どこ出身であろうとも、我々は彼らに共感を覚え、彼らのために働き、守り、自分自身や自らの財産を捧げるのだ。これとは異なり、我々とこのような絆を持っていない陣営の人びとについては、彼らが我々への攻撃を控える限り、我々は彼らとの平和を維持する。また、我々と彼らの間には絆、すなわち我々の教宣という絆がある、と我々は信じている。我々が信じることを彼らへ呼びかけることは、我々の義務である。なぜなら、それは最も人道的[な行い]だからだ。我々が、この教宣を成功に導くことは、まさに信仰の定める目標や方法と合致している。敵意を示す者たちに対しては、我々はその敵意に報いる最も強力な手段で、彼らの攻撃を撃退しなければならない。あなたがたがアッラーの本(クルアーン)によってこれを確かめたければ、聞くがよい。

(一)《信者たちは兄弟である。だからあなたがたは兄弟の間の融和を図り、アッラーを畏れなさい》(49章10節)。

(二)《アッラーは、宗教上のことであなたがたに戦いを仕掛けたり、またあなたがたを家から追放しなかった者たちに親切を尽し、公正に待遇することを禁じられない。本当にアッラーは公正な者を御好みになられる。アッラーは只《ただ》次のような者を、あなたがたに禁じられる。宗教上のことであなたがたと戦いを交えた者、またあなたがたを家から追放した者、あなたがたを追放するにあたり力を貸した者たちである。かれらに縁故を通じるのを(禁じられる)》(60章8—9節)。

私は我々の教宣に関して明示したので、おそらく、あなたがたの心の中に曖昧で不可解な点はなくなっただろう。これによって、あなたがたはムスリム同胞団がどのような組織なのかを理解するだろう。

宗教的相違の前で

これからあなたがたに、宗教的な相違や学派[13]的な見解を前にした際の我々の教宣について語ろう。

分裂ではなく団結

まず知れ。皆にアッラーの叡智のあらんことを。ムスリム同胞団の教宣は、特定の派閥を支持しない一般的なものである。同胞団は、偏見や偏狭な先入観・結論を持つ見解を支持しない。同胞団は、宗教の核心部分に立っている。我々は、多様な関心事や見解を統一的に見て、自らの仕事がより生産的となるように、また成果がより大きく顕著なものになるようにしたい。それは、同胞団の教宣が純粋無垢で、一切汚されておらず、どこにあっても真実の側に立ち、熱心に統一を求め、逸脱を嫌っているからである。ムスリムが直面してきた最大の試練は、学派主義との意見対立であったが、その全ての勝利の基礎は愛と合意であった。この［イスラームの］ウンマ〔共同体〕の最後の者は、最初の者がしたようにすることによってのみ、繁栄するだろう。これは、根本的な原則であり、全てのムスリムの兄弟に認識されている目標であり、我々の精神に深く根づく信条箇条である。我々の起源はここにある。我々は、他の者がそれを受け入れるよう主張する。

論争は不可避

さらに、宗教の副次的な側面での相違は絶対的に不可避である、と我々は考えている。様々な理由から、これらの副次的な側面・意見・学派に関して、我々全てが意見を一致させるのは不可能である。

その理由の一つは、深遠な考証を行う知的能力の有無による違いである。その能力とは、厳密な証明の意識的把握、それらの無視、観念の深部や真理の相互連関性の追究に関連する。公式の宗教は、クルアーンの章句や諸ハディースの中に含まれている。言語とその規則に基づいて設定された範囲内で、それら章句は知的註解と判定にかけられるが、その点に関して人びとは大いに対立し、意見の相違は避けられない。

また、これらの[相違をもたらす]要因には、知識の広さや狭さもある。というのも、ある者は他の者が聞いたことのない事を聞いたことがあろうし、その隣の者も同様であろう。マーリク[14](Mālik ibn Anas al-Aṣbaḥī 708/16–795)は、アブー・ジャアファル[15](al-Manṣūr Abū Jaʻfar ʻAbd Allāh ibn Muḥammad ibn ʻAlī al-ʻAbbāsī 713頃–775)に次のように語った。「アッラーの使徒の仲間たちは、多くの軍営地に散らばっていて、それぞれの集団には自らの知識の蓄積があった。もしあなたがたが、彼らに一つの見解を受け入れるよう強制すれば、内乱が発生するだろう」。

また、これらの[相違の]要因には環境の相違がある。それぞれの環境の異なる特徴によって、環境への適応は異なるだろう。あなたがたは、イマーム・シャーフィイー[16](Abū ʻAbd Allāh Muḥammad ibn Idrīs al-Shāfiʻī 767–820)が、イラクの古い制度に従ったり、エジプトの新しい制度に従ったりして、ファトワー(fatwā)〔法学的裁定〕を発していたことを知るだろう。いずれの場合でも、自らにとって完全に明確・明快な判断に従って、彼は行動したのである。また、いずれの場合でも彼は、[イラクとエジプトのどちらが正しいのかという]真理を探索しようとはしなかった。

これらの[相違の]要因には、広く受容された伝統にどの程度依拠するのかという違いがある。あなたがたは、あるイマーム〔宗教指導者〕に従って、彼の考えに満足し、彼を心から受け入れ、彼の依拠する伝統に権威があるとみなすかもしれない。他方、別のイマームは自らの環境の中で理解しているため、その考えが誤りであるとみなすかもしれない。

これらの[相違の]要因には、論拠の評価に関する相違がある。たとえば、ある者は人びと全体によって採用された行為を個人的利益よりも重視するが、別の者はそれに賛成しない、ということもある。

副次的問題に関する合意は困難

このような要因をみると、宗教の些事《さじ》から生じた問題一つさえ合意を得るのは困難だと納得するしかない。それどころか、それは宗教〔イスラーム〕の性格と相容れないものである。アッラーはこの宗教が続き、生き残り、未来永劫に不朽であることのみを願っていたからである。それゆえ、宗教〔イスラーム〕は、柔軟・簡潔・穏健であり、厳格さや深刻さがない。

我々の相違について弁明する

我々は、以上のように考えている。そして、一部の些事について異なる見解を持つ者に、我々は心から謝罪する。我々は、この相違が友好関係、相互の評価、善のための協力にとって、決して障害にはならないと感じている。広範なイスラームの概念は、その卓越した広い領域の中に、我々や彼らを包摂するだろう。我々は彼らのようなムスリムではないとでもいうのか？　我々は自らに望むことを我々の兄弟には望んでいないとでもいうのか？　我々はどのように異なっているのか？　なぜ、彼らの見解が我々の間での議論にならないように、我々の見解も彼らの間での議論にならないのか？　相互理解への呼びかけがある際に、なぜ我々は静かで友好的な雰囲気の中で互いを理解しないのか？

かつて、アッラーの使徒〔ムハンマド〕の教友においてさえ、意見の相違があった。しかし、それは彼らの間に根本的な相違をもたらしたか？　あるいは、それが彼らの統一を分裂させ、彼らの団結を乱したか？

全人類の中で使徒〔ムハンマド〕の時代に最も近く、教えが啓示された状況に最も詳しかったとしても、意見が互いに異なれば、それほど重要でない些細な違いでも絆を断ってしまうというのは、一体どういうことなのか？　もし、アッラーの書〔クルアーン〕やアッラーの使徒〔ムハンマド〕のスンナに最も詳しいイマームたちが異なる見解をもって相違するなら、彼らが我々を［その見解で］満足させるということに、我々は満足すべきではないのか？　たとえば、典拠の立証されている一日五回の礼拝《サラート》の呼びかけのように、歴史的伝統を持ち、最も良く知られ、詳細まで明らかなことについて見解の相違が生じた場合、知識人による議論や労を惜しまない研究によって生まれた問題の細かい論点に対して、一体どうすればよいのか？

検討すべき、より重要なものがある。人びとは意見が対立した場合、よくカリフやイスラーム国家の法的権威に依拠して判断・決定し、相違点を解決したものである。しかし、今日どこにカリフがいるのか？(17)(18)　こうした方法に道理があるのなら、ムスリムができる最良の方法とは、裁判官《カーディー》に意見を求め、問題を諮《はか》ることである。これは、説得力のある権威に諮らずに意見が異なれば、さらに相違が深刻化する恐れがあるからだ。

ムスリム同胞団は、こうした考慮すべき問題に詳しく、意見の異なる者に最も寛大である。同胞団は、人びとが皆各々の知識を持ち、各々の教宣には何らかの真実と誤りが含まれていると認識している。同胞団は真理を見極めてしっかりと把握し、忍耐と同情心を持って、反対意見の者を満足させるよう試みる。反対者が満足してくれれば、それで十分である。たとえ彼らが満足しなくても、彼らは依然として信仰の仲間である。我々は、アッラーに我々と彼らの導きを求めるのである。

これこそが、アッラーの宗教〔イスラーム〕に関する些事への反対者に対するムスリム同胞団の方法論である。おそらく、次のように要約できるだろう。ムスリム同胞団は意見の相違を容認し、不寛容を嫌い、真実への接近を試み、受容と慈愛という穏健な方法で人びとを真実に導くのである。

治療に向けて

兄弟よ、諸国家は、その強さ・弱さ、若さ・老い、健康・病気に関して、例外なく個々の人間と同じである。なぜなら、ある人間が強く、健全で、健康であるかと思うと、それ見よ、彼は病気になり、病に悩まされるのである。病や痛みが彼の強い体質をむしばむ。アッラーのおぼしめしで、優れた医者に出会い、訓練を積んだ専門家が彼の訴えるところを知り、それを上手く診断し、感染箇所を発見し、治療に専念するようになるまで、彼は症状を訴えて苦しみ続けるのである。それ見よ、しばらくするとその患者は力を取り戻し、健康を回復するのである。彼は治療の後、以前よりも調子良くなるかもしれない。諸国家についても、全く同じような状態であると想像せよ。時の変化が、国家を存亡の危機に直面させ、疾病がその表立った強さを侵す時、その強固な構造は崩壊する。それは、諸国家が負傷し、病気で弱体化し、強欲な者たちが欲深い目でそれを眺め、略奪者が奪い取るまで、絶え間なく作用し続ける。[病に侵された]諸国家は、略奪者を追い払う力を持たず、強欲者を撃退することができない。病は、三つの手段での み癒される。すなわち、病に関する知識、治療の痛みに耐える我慢強さ、アッラーが治療を成功させるまで治療に専念する専門家である。

症　状

我々は、経験から学び、出来事から知識を得ることで、東洋諸国を悩ませてきた病が様々な様相を呈し、多様な症状を起こすことを知った。それは、東洋諸国の生活のあらゆる側面に害を与えてきた。たとえば、政治面において、敵からは帝国主義的な攻撃により、国民の間からは党派主義・競合・分裂・不和により、これらの国々は打撃を受けた。

経済面においては、社会において高利貸しの悪習を拡大され、外国企業によって富や天然資源を搾取された。思想面においては、自らの宗教的信条を破壊され、国民が抱く理想を覆す無秩序・変節・異説に苦しめられてきた。社会面では、礼儀などの喪失によって、輝かしく幸運な先人から受け継いだ人間的美徳による節制の放棄によって、衝撃を受けてきた。他方、西洋の模倣を通して、毒蛇の毒がじわじわと彼らの営みに忍び寄り、彼らの血液を汚し、彼らの純粋な幸福を汚したのである。犯罪者を抑止せず、暴行者に懲罰を与えず、不正を撃退しない実定法(al-qawānīn al-waḍʻīya)の作用によって、東洋諸国は苦しんできた。さらに、それはいつの日か、造物主、王国の王、魂の主、創造主〔アッラー〕が下した天啓法(al-qawānīn al-masāwīya)の地位に取って代わろうとしている。また、これら諸国は、教育や訓練に関する政策の混乱に悩まされてきた。それは、現世代と将来の世代、すなわち国家の復興を担う世代の障害となっている。精神面において、死をもたらす絶望、極めて残忍な無関心、恥ずべき臆病、卑劣な謙虚さ、完全に浸透した無能感、吝嗇《りんしょく》や利己主義によって、東洋諸国は悩まされてきた。それらは、人びとが努力するのを阻み、自己犠牲を排除している。そして国民を、かつての真摯に努力する者の地位から、つまらない者やばくち打ちの地位に押しやったのである。

ある国家へこのような要因が強く発現し、攻撃が激しく集中するような場合、その国家に残されるものは、帝国主義・党派主義・高利貸し・異説・放蕩、教育や司法の混乱、外国企業・絶望・吝嗇・無能・臆病、敵への憧憬――それは、敵の行為、特に悪習の模倣に傾く――などである。

こうした病弊の一つでも、多くの光栄ある国家を死滅させるのに十分である。今や、それは全て〔の病弊〕に拡大し、例外なく全ての国家に拡散している。その影響はいかほどのものだろうか？ 東洋諸国に抵抗や不屈の精神や忍耐力がなかったら、一体どうなっていただろうか。これらの〔東洋〕諸国と敵はずっと以前から戦っており、敵は東洋諸国に執念深く病弊の菌を植え付け、根付かせ、孵化させようとしてきた。これらの〔抵抗や不屈の精神や忍耐力といった」資質がなければ、東洋諸国の特性はずっと昔に消滅し、その存在を一掃されていただろう。しかし、アッラーとその支持者はそれを容認しない。

兄弟よ、これこそが、ムスリム同胞団がこの国家の病に下した診断である。同胞団は国家を治療し、失われた健康と力を取り戻すのである。

希望と自覚

兄弟よ。あなたがたに方策について話す前に、次のことをあなたがたに知って欲しい。我々は自らに絶望していないこと。大いなる善への希望を持っていること。絶望こそが我々と成功の間に立ちはだかっていることである。我々の中で希望が強くなれば、アッラーの心によって、我々はこの大いなる善に到達できるのだ。我々は絶望しないし、絶望が我々の心に入り込むこともない。アッラーに称賛あれ。

我々を取り巻く状況は、悲観主義者の予感にもかかわらず、希望的な流れを示している。あなたがたが病人を訪問し、その者が徐々に会話から沈黙へ、そして動から静へと衰えていくのに気づいたなら、その病人はもはや臨終に近く、治癒は困難であり、病が悪化していると感じるだろう。反対に、その病人の病状が変化し、徐々に沈黙から抜け出して会話を始め、活動停止状態から動き始めるなら、あなたがたは彼が完治に近く、健康と元気へ向かっていると感じるだろう。東洋の諸国が活動をやめて動かず、活力がないまま死に向かい、停滞によってその知性が止まりかねない時代があった。しかし、今や東洋諸国は、生活の諸相で意識の覚醒に沸き立ち、活力に満ち、激しい自覚と研ぎ澄まされた感性で燃え上がっている。もし東洋諸国に課された軛が重くなく、もし［進むべき］方向性を見失うことがなければ、このような覚醒は最も衝撃的な結果を生み出したことであろうに。しかし、東洋諸国に課された軛は、永遠には続かない。時間は変化するものであり、瞬《まばた》きする間にアッラーは物事の状態を変えてしまう。指針の喪失も、同様に永遠には続かない。失望の後に導きがあり、無秩序の後に安定が来る。それらの先にも後にも、アッラーが全てを動かしているからである。したがって、我々は決して絶望しない。諸民族への教えについてや、破滅を目撃した人びとへの称賛について、アッラーの章句〔クルアーン〕、アッラーの使徒〔ムハンマド〕のハディースとスンナがある。アッラーは、このような問題と我々とを関連づけた。それは全て、我々にとっての大きな希望であり、我々を純粋な復興の道へと導いている。ムスリムはよく勉強すれば、このことを知ろう。《ター・スィーン・ミーム。これらは、明白な天啓の書の御印《みしるし》である。われは信仰する者のために、ムーサーとフィルアウンの物語の一部をありのままあなたに読誦しよう。本当にフィルアウンは、この国において専横を極め、その民を諸党派に分け、かれらの中の一派を押さえて男児を殺し、女児は生かして置いた。本当にかれは非道であった。われは、この国で虐げられている者たちに情けを懸度《かけた》いと思い、かれらを(信仰の)指導者となし、(この国の)後継ぎにしようとした。そしてこの国にかれらの地歩を確立させせて、フィルアウンとハーマーン(19)の軍勢に、かれらが警戒していたことを目の当たりに示そうとした》(28章1―6節)。この高貴なる章句を読めば、ある者が残忍性によって抑圧し、自らの力に大喜びし、自らの専制的な権力に満足し、彼を見ているアッラーの目を忘れることが、いかに虚しいことか分かろう。彼が自分の幸運を喜んでいる時に、アッラーは大いなる力で彼を見ている。アッラーが全能であるのは、虐待された者、虐げられた者、弱者を救うのが常にアッラーの意思だからである。独善はまさに根底から砕け散る。しかし、真実は堅固に作られ確固として支えられており、真実にこだわる者は勝利する。高貴なクルアーンの章句や、それと同様に議論の余地のない書物を読めば、アッラー、使徒〔ムハンマド〕、書物〔クルアーン〕を信じているイスラーム諸国の誰も、絶望に屈する理由がない。いつムスリムはアッラーの書〔クルアーン〕に自分を当てはめるのだろうか?

兄弟よ。同様の理由で――アッラーの宗教にはそのような者が多くいるが――ムスリム同胞団は、たとえ困難が予想されても、アッラーの救いがこれら諸国に向けられることに希望を失わない。この希望の光の下に、同胞団は熱心な希望に満ちた任務を遂行する。救いはアッラーによってもたらされるからだ。

あなたがたに約束したように、私は方策について話そう。それは三つの基本的原則であり、それに沿ってムスリム同胞団の思想は展開されている。

（一）行動のための適切な方法論。同胞団は、それをアッラーの書〔クルアーン〕、彼の使徒〔ムハンマド〕のスンナ、イスラームの諸原則の中に見出した。我々は、ムスリムが活発で純粋であり、偽りや不実から大きく距離を置くことを義務にすると理解している。そして、そのような理解の下で、簡潔・広範・包括的にイスラームを学ぶよう努める。

（二）信仰深い実践者。ムスリム同胞団は、アッラーの宗教〔イスラーム〕から理解したことを容赦なく的確に適用する。同胞団は、アッラーの恩恵の下で、自分たちの思想を信じ、その目的に満足し、アッラーに献身すればアッラーが自分たちを支えてくれると信じている。同胞団は、アッラーの使徒〔ムハンマド〕の導きの下で前進するだろう。

（三）信頼に値する確固たる指導力。ムスリム同胞団は自分たちがそれを持っていると気づいている。それゆえ、その指導に従い、その旗の下で活動している。

兄弟よ。以上が、我々の教宣について議論したいと私が望んだことの要点である。それは説得的な解説であり、あなたがた各々がこの夢の［実現を担う］ユースフ[20]（Yūsuf ibn Yaʻqūb）なのである。我々がなそうとすることがあなたがたに受け入れられるなら、あなたがたの手は我々と繋がれている。我々は、この方策に向かって、一致して働けるだろう。アッラーは、あなたがたと同じく我々にも成功を与える。アッラーは我々にとって十分であり、その信徒であることはなんと素晴らしいことか。なんと素晴らしい主であろうか。なんと素晴らしい救済者であろうか。アッラーは偉大である。アッラーに称賛あれ。

〔一九三五年〕

第２章　我々は人びとを何へ呼びかけるのか

あなたは、大勢の人びとに様々な話題について話をするかもしれない。そして、あなたは完全な明確さ・明快さで話したと信じ、あなたが思いつく全ての説明方法を残さず用いたと信じるかもしれない。その説明によって、あなたは話し相手に優れた方法を示し、自分の話した内容に期待する事実を彼らへ朝の陽光や午後四時の太陽のように示したとしよう。ところが、しばらく後に人びとがあなたの話したことを全く理解していなかったことが明らかになれば、実に驚くべきことである。

私は、幾度もこのような目に遭ったし、幾度も体験した。私は、このようなことが起きる理由は、次の二つのうちのいずれかだと思う。第一は、人が話したことや自分が聞いたことについて、我々全員の判断基準が異なり、それゆえ理解のあり方も異なるという理由である。もう一つは、話し手が明確で分かりやすいと思っていても、その言葉自体が実は曖昧だという理由である。

判断基準

私は、この演説で人びとにムスリム同胞団の教宣・目標・意図・道・方法を率直かつ明確に開示したい。そこで、最初に判断基準を定めたい。この判断基準により、我々は明確さを判断する。私は簡単・簡素な言葉を用いることで、これを役立てたいと思う読者に難解にならないよう努めるであろう。イスラームのウンマに属する者ならば、誰でもこの判断基準が「アッラーの書物〔クルアーン〕」になることに異議はない、と私は思う。我々は、この書物〔クルアーン」の流れから知識を得ようとし、この書物の海に助けを求め、この書物の知恵を拠り所とする。

人びとよ

クルアーンは、アッラーが編んだ書物である。その中には、信仰箇条、社会的利益の基礎、現世の決まり事の総体・命令・示唆がある。ムスリムは、クルアーンにあるとおり行動しただろうか？　アッラーが言及した信じるべきことに納得しただろうか？　クルアーンで示された諸目標を理解しただろうか？　ムスリムは、社会的・日常的な決まり事を生活の中の振る舞いに適用しただろうか？　我々がこの問いにそうだと答えて議論を終えたなら、我々はともに目標に達したことになる。この議論の結果、クルアーンが示した道から我々が遠いことや、クルアーンの教えや命令に無関心だということが明らかになったならば、我々の任務は自身とそれに従う者たちをクルアーンの道に戻すことだと心得よ。

クルアーンにおける人生の目標

クルアーンは、人生の目的とその中での人間の目標を定めている。人びとが人生で関心を抱くことは、食べることや快楽であり、アッラーは以下のとおり述べている。《そして信仰しない者には、（現世の生活を）楽しませ、家畜が食うように大食させて、業火《ごうか》をかれらの住まいとする》（47章12節）。

他方、他の人びとの関心事項は、装飾や一時的な名誉である。アッラーは、以下のとおり述べている。《様々な欲望の追求は、人間の目には美しく見える。婦女、息子、莫大な金銀財宝、（血統の正しい）焼印を押した馬、家畜や田畑。これらは、現世の生活の楽しみである。だがアッラーの御側こそは、最高の安息所である》（3章14節）。

また、この他にも、騒乱の火を放ち、罪悪と堕落をはびこらせることを生業《なりわい》とする人びとがいる。このような者について、アッラーは以下のように述べている。《人びとの中《うち》には、この世の生活に関する言葉で、あなたの目をくらませる者がある。そしてかれらは、自分の胸に抱くことの証人としてアッラーを呼ぶ。だがこのような人間こそ最も議論好きな敵である。かれらは背を向けるやいなや、地上に悪を広めることにつとめ、収穫物や家畜を荒し廻《まわ》る。だがアッラーは邪悪を愛されない》（2章204―205節）。

これらの人生の諸目標は、アッラーがさし示し、人びとをこのような目標とは無縁としたものである。そして、アッラーは人びとにより高度な任務を課し、彼らに高貴な義務を負わせた。その義務とは、人類をアッラーへと導くこと、人びとを全て善へと導くこと、全世界をイスラームの太陽で照らすことである。以上のことは、アッラーの言葉に示されている。《あなたがた信仰する者よ。立礼〔ルクーウ〕しサジダして、[21]あなたがたの主に仕えなさい。そして善行に勤《いそ》しめ。必ずあなたがたは成功するであろう。アッラーの（道の）ために、限りを尽くして奮闘努力しなさい。かれは、あなたがたを選ばれる。この教えは、あなたがたに苦業を押しつけない。これはあなたがたの祖先、イブラーヒームの教義である。かれは以前も、またこの（クルアーン）においても、あなたがたをムスリムと名付けられた。使徒はあなたがたのための立証者であり、またあなたがたは人びとのための立証者である。だから礼拝の務めを守り、定めの喜捨を行い、確《しっか》りとアッラーに縋《すが》りなさい。かれはあなたがたの守護者である。何と優れた守護者、何と優れた援助者であることよ》（22章77―78節）。

これが意味するところは、クルアーンは無力な人類に向けた命令をムスリムへ課したということである。クルアーンは、この高貴な命令に奉仕するために、ムスリムへ現世における支配・主権を与えた。すなわち、これは我々がすべきことであり、西洋がすべきことではない。これはイスラームの文明性に対する命令であり、物質の文明性に対する命令ではない。

ムスリムへの命令は自己犠牲であり、受益ではない

次いで、この目的の道を進む信徒はすでにアッラーに生命や財産を売却していると、アッラーは表明した。教宣の道においてはその信徒には何もなく、その道にいることはこの教宣の成功を信じ、教宣を人びとの心に届けることそのものだと、アッラーは表明した。これについて、アッラーは次のとおり述べた。《本当にアッラーは、信者たちからその生命と財産を贖《あがな》われた。かれらのため(の代償)は、楽園である》(9章111節)。

以上から、ムスリムが来世で得をするために現世を教宣に沿って生活する、現世での自己犠牲の報酬が来世である、とあなたは思うだろう。ここから、イスラームの創始者〔ムハンマド〕は教授〔のような存在〕であったと言える。それは、必要な全てによって形容されるものであり、光・導き・慈悲・親切の教授である。イスラームによる征服は、啓蒙と文明化、導きと教えの征服であった。こうした性質は、現在の西洋植民地主義の行いのどこにあるだろうか?

ムスリムたちはこの目標からみると、どこにいるか?

人びとよ。ムスリムはアッラーの書物〔クルアーン〕から上述の意味を理解しただろうか? ムスリムの魂は〔高みへ〕上昇し、霊魂は昇華しただろうか? ムスリムは、物質への隷従から解放されただろうか? 熱情や愛の喜びから浄化されただろうか? 劣った物事や〔程度の〕低い意図から上昇しただろうか? アッラーに顔を向けただろうか? アッラーは天地を創造した。真の信徒は、アッラーの言葉を称揚し、アッラーのために努力し、アッラーの宗教を広め、アッラーの法を守る者だろうか? そうでなければ、彼らは熱情の虜《とりこ》であり、愛と欲望の奴隷である。彼らの関心は口当たりの良い食べ物、大きな乗り物、美しい服、快適な眠り、純潔な女性、偽りの外見、空虚な称号だけだろう。

彼らは欲望に満足したが、快楽に苦しめられた。彼らは苦難の海に飛び込んだが、もはや苦しみはないと言った。

アッラーの使徒〔ムハンマド〕は、「ディーナールの奴隷に災いあれ、ディルハムの奴隷に災いあれ、錦の奴隷に災いあれ(22)」と言った。

目標は根幹であり、行動はその枝である

目標とは、道を示すものである。我々の国家の目標が不明確で混乱しているのならば、我々がそれを明確化し、定めることが必須である。我々は多くの明確化に達した、と私は思う。現世の支配と人間性の導きが正しいイスラームとその教えだということで、我々の任務について一致した。ただし、イスラームとその教え以外に、人間を幸せにするものはない。

我々の目標の源

これは、ムスリム同胞団が人びとに届けようと欲するメッセージである。また、イスラームのウンマに正しく理解して欲しい、そして強い決意で実践して欲しいメッセージである。ムスリム同胞団がこのメッセージを発明したり、創造したりしたのではない。それは、クルアーンのあらゆる章で明示されている。また、使徒〔ムハンマド〕のハディースに極めて明瞭に見出される。そして、イスラーム創成期の人びとの全ての行いに表出している。彼らは、イスラームへの理解とイスラームの教えの実践において、理想的な人びとである。もしムスリムがこのメッセージを受け入れたいと思うならば、それこそが正しい信仰心と正しいイスラームの証《あかし》である。もしメッセージを受容することに障害やためらいがあるのなら、我々と彼らとの間にはアッラーの書物〔クルアーン〕がある。クルアーンの裁定・判断が、

我々と同胞たちとの間のことを判断するだろう。アッラーは以下のとおり明示している。《主よ、真理によって、わたしたちと人びとの間を裁いて下さい。本当にあなたは裁決に最も優れた方であられます》(7章89節)。

補　足

多くの同胞から尋ねられることがある。これら同胞とは、私が心から愛し、彼らの善のために取り組み、現世と来世の利益のために働き、国家と同胞を幸福にするという目標のために物心を費やし、そのために妻子のことも忘れて活動してきた同胞のことである。私が、どれだけこうした問いかけを発する同胞たちに分かってほしいことか。ムスリム同胞団の青年たちは、人びとが寝ている間も眠らず、他の者が安穏《あんのん》としている間も心を働かせ、夕方から深夜まで机に向かって努力し、考え、励んでいる。彼は一カ月の間じゅうそのようにしており、月が終わると自分の収入を組織の収入とし、出費を[同胞団]組織の教宣のための出費とし、自分のお金をその目標のためのお金とした。彼のありようは、彼の献身に無頓着な人びとに対し、次のように応えるのである。「私はあなたがたに報奨を求めない。アッラーの報奨を求めるのみである。アッラーの掟により、我々はこの自己犠牲によって国家に尽くさなくてはならない。国家は我々の教宣を理解し、呼びかけに応じる」。

資金はどこから来るか

愛すべき同胞たちは、我々に問いかける。彼らは、ムスリム同胞団を遠くから眺め、かつ近くから観察している。彼らは、「あなたがたの出費の出所はどこか？　あなたがたには教宣に必要な資金があり、[資金集めは]短い時間の間に、少数の人間によって教宣同様の成功を収めた」と言う。

私は、これらの者たちに対し、宗教的教宣が依拠するものは資金よりも信仰心であり、一時的[に過ぎない]物品よりも信仰箇条である、と応えたい。すなわち、一人の健全な信徒を見出せば、私はその信徒と一緒に成功への手法を全て見出すのである。ムスリム同胞団の資金は少額であるが、同胞団員はその資金で彼らの魂を向上させ、心を自由にしている。同胞団員たちは、彼らの貯えから同胞団のための金銭を割き、彼らの必要経費や家族・子供のためのお金から、やりくりして資金を捻出している。同胞団員は、自分が持っているよりも何倍も尽くそうとするが、彼らはアッラーのためにそうしているのである。同胞団のために拠出する金銭がなく目から悲しみの涙が溢れたとしても、少額でも大きな信仰心があれば、同胞たちからの一キルシュ[23]も祝福しよう。服従する人びとよ、誠実な行いの人びとよ、アッラーの手元にはあらゆるものがある。《アッラーは、利息(への恩恵)を消滅し、施し〔サダカ〕には(恩恵を)増加して下される》(2章276節)。

《だがアッラーの慈顔を求めて喜捨する者には報償が増加される》(30章39節)。

我々と政治

人びとの中には、ムスリム同胞団は政治の徒であり、その教宣は政治的呼びかけであると言う者がいる。このようなことを言う者の背後には、別の狙いがある。人びとがいつまでも告発し合い、疑義を呈し合い、肩書を奉り合い、疑念を生じさせる思考法のために、現実に支えられた確固たる事実を黙殺することに、私は関心がない。

人びとよ、我々は、あなたがたに呼びかける。我々の右にはクルアーンが、左にはスンナが、行動規範には「イスラームの」ウンマの初期世代《サラフ》の人びとの行いがある。我々はあなたがたに、イスラーム、イスラームの教え、イスラームの統治、イスラームの導きを呼びかける。それがあなたがたにとって政治だと言うのならば、それが我々の政治である。あなたがたに対しこれらの諸原則に向かって政治的に呼びかける者がいるのならば、我々こそがその政治に最も深く根ざした存在である。あなたがたがそれを政治と呼ぼうと欲するのなら、好きにすればいい。その特質と目標が明示されていれば、どのように呼ばれても我々には害にならない。

人びとよ。真実との間に言辞を弄するな。目標にあれこれ名前をつけるな。本質との間に色々なものを置くな。イスラームには政治があり、その政治の要諦《ようてい》は現世の幸福と来世の安寧である。これが我々の政治であり、我々はこれに代わるものを欲しない。この政治によってあなたがたを律し、他者にもそうさせよう。あなたがたは来世における栄光を勝ち取っている。後にこのことを知るであろう。

我々の民族主義とその焦点

同胞よ、ともに神的な声に耳を傾けよう。その声は、地平に響き、地上と七つの楽園[24]を満たす。この呼びかけを聞けば、この声は全ての信徒の心に最上の名誉と喜びを生じさせる。正直者[25]〔ムハンマド〕がこの声をこの世にもたらして以来、空と地上とそこにいる者がそれに耳を傾けてきた。この神的な声には終わりがなく、アッラーは次のとおり述べている。《アッラーは信仰する者の守護者》（2章257節）である。

そう、同胞よ、これはあなたの主〔アッラー〕からの呼びかけである。主〔アッラー〕よ、参上しました。あなたに賛辞と謝辞を。我々には、あなたへの称賛が数えきれない。あなたは信徒たちの守護者であり、援助者であり、不正を被る者の擁護者である。不正を被る者たちは、彼らの家々で攻撃され、故郷を追われた。あなたの下に逃れた者のなんと名誉なことか。あなたの庇護の下にある者は勝利した。

《アッラーは、かれに協力する者を助けられる。本当にアッラーは、強大で偉力ならびなき方であられる》（22章40節）。

そう、同胞よ、ともにクルアーンの声を聞こう。我々は、章句の一つ一つに感動する。我々は、清浄なる書物〔クルアーン〕の頁における美しさを記録する。

同胞よ、アッラーの言葉を聞け。

（一）《アッラーは信仰する者の守護者で、暗黒の深みから、かれらを光明の中に導かれる》（2章257節）。

（二）《いや、アッラーこそは、あなたがたを愛護し、また最も優れた援助を与えられる方であられる》（3章150節）。

（三）《誠にあなたがたの（真の）友は、アッラーとその使徒、ならびに信仰する者たちで礼拝の務めを守り、定めの喜捨をなし、謙虚に額《ぬか》ずく者たちである》（5章55節）。

（四）《本当にアッラーはわたしの愛護者であり、啓典を啓示された方である。かれは正義の徒を愛護なさる》（7章196節）。

（五）《言ってやるがいい。「アッラーが、わたしたちに定められる（運命の）外《ほか》には、何もわたしたちにふりかからない。かれは、わたしたちの守護者であられる。信者たちはアッラーを信頼しなければならない」》（9章51節）。

（六）《見なさい。アッラーの友には本当に恐れもなく、憂いもないであろう。かれらは信仰し、（アッラーを）畏れていた者たち》（10章62―63節）。

（七）《それはアッラーが、信仰する者の守護者であられ、不信心者には守護者がないためである》（47章11節）。

あなたは、これらの章句において、アッラーが自身とあなたを関係づけ、あなたに保護を与え、名誉をみなぎらせるのを見なかったか？

《凡《およ》そ栄誉は、アッラーと使徒、そしてその信者たちにある。だが偽信者たちには、これが分らない》（63章8節）。

ハディースは、次のように伝えている。「アッラーは、審判の日に次のように言う。アダムの一族の子らよ、お前たちは自分や自分たちに系譜を定め、誰それは某の息子、と言った。私〔アッラー〕は、《本当にアッラーは、全知にして凡《あら》ゆることに通暁なされる》（49章13節）と言った。審判の日、私は自分の系譜を称揚し、あなたの系譜を貶《おとし》める(26)」。

同胞よ。これゆえ、初期世代《サラフ》の人びとは自らの系譜をアッラー〔の系譜〕へ称揚することを好んだのだ。彼らはこの高貴な系譜を実現するよう、自らの礼拝の根拠と行動の要点を定めたのである。彼らの一人は、次のように呼びかけている。

私を彼〔アッラー〕の下僕《しもべ》という名以外で呼ぶな。この名が私の最も高貴な名である。

ある時、ある人物がタミーム〔族の〕出身か、カイス〔族の〕出身か、(27)という問いに対し、以下のように答えた。

私の父はイスラームであり、それ以外にない。カイスとかタミームとかは、捨ておけ。

これに勝る名誉なし

親愛なる同胞よ。人は自分たちの家系を誇り、祖先の業績に栄誉や栄光を見出し、子孫の気持ちを名誉や誇りで満たすことを目指している。このような意図の人びとに下心はない。あなたは、アッラーに連なる自分の系譜が、名誉や誇りを求める者が目指すものよりも高貴だと思わないのか。《いや、凡《すべ》ての権勢はアッラーに属する》(4章139節)。はじめに、あなた自身を復興の精神に満ちたイッリーユーン(28)('illiyūn)に昇華させることは、あなたがアッラーと自分との繋がりを認識しているよりも名誉があり、美徳へと昇華させる上で偉大である。この件について、アッラーは、《むしろ「あなたがたは、主の忠実なしもべとなりなさい。あなたがたは啓典を教えられているのである。それを誠実に学びなさい」と(言うべきである)》(3章79節)と述べている。

最も偉大な力の源

アッラーの系譜に連なるということには、この系譜に連なる者が理解する別の意味がある。それは、信仰心の横溢《おういつ》であり、成功の確信である。成功とは、あなたの心に溢れ、あなたの魂を満たすものである。全人類や全世界があなたの前に立ちはだかり、あなたの信仰箇条を奪ったり、［拠るべき］原則を損なったりしようとしても、あなたはそれらに脅かされることはない。《人びとが、かれらに向かって言った。「見なさい、あなたがたに対して大軍が集結している。かれらを恐れるべきである」。だがこのことが却《かえ》ってかれらの信仰を深めた。そして「わたしたちには、アッラーがいれば万全である。かれは最も優れた管理者であられる」と言った》(3章173節)。

アッラーと、アッラーの信頼と、アッラーの支持を信じた数少ない信徒の一人は、騒々しい大軍、強欲な軍勢の前に立ったが、彼は軍勢の攻撃にも害悪にも怯えず、アッラーのみを恐れた。この力よりも偉大なものがあろうか。この力は、信徒の心に得られるものであり、彼の胸は《アッラーがもしあなたがたを助けられれば、何ものもあなたがたに打ち勝つ者はない》(3章160節)とのアッラーの言葉で沸き立っている。

我々の民族主義は世界的系譜である

人がアッラーの系譜に属することについて、社会的な価値の色々な意味の中で一つの意味がある。それは、人びとの間の友愛であり、諸集団間の助け合いであり、民族的分派主義(29)［アサビーヤ'aṣabiya］が惹起する欲望の除去である。民族的分派主義の火は、交差したり、無視し合ったりする諸国家に継承されている。世界のどこにアッラーの旗の下に力強く集う者がいるだろうか？

昨日の夢は今日の真実

この言葉は、ムスリムが時代を越えて聞いてきたものである。その意味は彼らにとって曖昧だったり、理解不能だったりするかもしれない。「この［ムスリム同胞団という］集団が実現不可能なことを書くのはどういうことか、彼らは空想と夢想の中を泳いでいるのか？」と人は言うかもしれない。

イスラームとミッラ(milla)〔宗教共同体〕の同胞よ、落ち着くのだ。あなたがたが今日見聞きしたことを不明瞭で遠いものと思っても、それはあなたがたの祖先にとっては自明で近しいものであった。そして、あなたがたがジハードに利益がないと思ったとしても、祖先たちも同様に感じたことがあった。実際に、初期のムスリムはクルアーンを最初に読んだとおりに、彼らに啓示されたとおりに理解した。今日の我々が知っていること、あなたがたに話していることも、また然りである。

率直に言えば、ムスリム同胞団員は信仰箇条によって生き、信仰箇条で述べられた善を希望し、その信仰箇条のために死ぬのである。彼らは、信仰箇条の中に快楽・美・幸福・真実など彼らの心に生じる全て［の善］を見出す。《(本当に)信仰するならば、アッラーの教訓に、また、啓示された真理に、心を虚しくして順奉する時がまだやって来ないのか。以前に啓典を授っていながら、(寛容の時が)延ばされて、心が頑固になった者のようであってはならないのではないか。かれらの多くはアッラーの掟に背く者たちである》(57章16節)。

同胞たちよ、あなたがたがこの根幹について我々に同意するならば、アッラーに対するあなたがたの系譜は、あなたがたに任務［の遂行］を決意することを課す。その任務とは、アッラーがあなたがたに背負わせたものである。そして、あなたがたは任務のために活動し、そのために自己犠牲を払わなくてはならない。あなたがたは［任務のために］行動する者か？

ムスリムの任務

真のムスリムの任務については、アッラーがその書物〔クルアーン〕の節の一つで推奨している。アッラーは、その後クルアーンの複数の節でも、その任務を繰り返している。当該の節は、ムスリムの人生における任務を含んでいる。

《あなたがた信仰する者よ。立礼〔ルクーウ〕しサジダして、あなたがたの主に仕えなさい。そして善行に勤しめ。必ずあなたがたは成功するであろう。アッラーの(道の)ために、限りを尽くして奮闘努力しなさい。かれは、あなたがたを選ばれる。この教えは、あなたがたに苦業を押しつけない。これはあなたがたの祖先、イブラーヒームの教義である。かれは以前も、またこの(クルアーン)においても、あなたがたをムスリムと名付けられた。使徒はあなたがたのための立証者であり、またあなたがたは人びとのための立証者である。だから礼拝の務めを守り、定めの喜捨を行い、確《しっか》りとアッラーに縋《すが》りなさい。かれはあなたがたの守護者である。何と優れた守護者、何と優れた援助者であることよ》(22章77—78節)。

この明白な言葉には、何の混乱も曖昧さもない。アッラーには甘美と上品さがあり、朝のごとく明白で、火のごとくはっきりしている。アッラーの言葉は耳を満たし、許しを得ることなく心に入ってくる。ムスリムは今までこれを聞いたことがないのか？　それとも、この言葉を聞いたが彼らの心に障壁があったため、気にとめたり実践したりしなかったのか？

ムスリムにルクーウし、サジダし、礼拝するようアッラーは命じた。礼拝は、服従、イスラームへの帰依、イスラームの顕現の中核である。アッラーに服従するのならば他の何者も崇《あが》めるな、とアッラーは命じた。可能な限り善行をなせと命じた。善行をなせと命じる一方で、アッラーはムスリムに悪行をなすなと命じた。善行の第一歩は、悪行をやめることである。なんと単純明快だろうか！　これにより、アッラーはムスリムに成功・喜び・勝利を整えたのである。これらは全ムスリムにとって個人的に課された任務である。ムスリムは、一人でも集団でも、自らこの命令を実行しなくてはならない。

人道の真髄

次いで、アッラーはムスリムに、アッラーのために力の限り努力するよう命じた。その努力は、アッラーの教宣を広め、人びとの間に［その明確な］証拠とともに広めることでなされる。しかし、人びとが不正を犯し、抑圧的であり、拒むのならば、剣や槍に頼るしかない。

　　人びとがもし神の証に反する不正をなし、逸脱するならば、現世において戦争は平和より意義がある。

真理を実力で守ること

教宣の拒絶に対し闘うことについては、以下のように裁定が下っている。「実力は、真理を実現する最も確実な手段である。真理と実力が並んで進むことは、なんと美しいことだろう」。イスラームの聖地を保持することのほかに、イスラームの教宣を広めるためのジハードは、アッラーがムスリムに義務づけたことである。この義務とは、断食《サウム》・礼拝・巡礼《ハッジ》・喜捨、および善行をなし悪行をやめることと同様の義務である。アッラーはムスリムにジハードを義務づけ、実行するよう定めた。実行する力や能力がある者ならば、何人《なんぴと》たりともジハードを免除されない。次のような確固たる節がある。《あなたがたは奮起して、軽くあるいは重く（備えて）出動しなさい。そしてあなたがたの財産と生命を捧げて、アッラーの道のために奮闘努力しなさい》（9章41節）。

アッラーは、この任務の秘訣と知恵を開示している。この任務とは、アッラーが先ほどの命令の後にムスリムに課した義務である。アッラーはムスリムに対し、アッラーが他でもなく彼ら〔ムスリム〕を選んだということを示した。この選択はムスリムを、［アッラーによる］被造物の指導者、シャリーア（sharī'a）〔イスラーム法〕の執行者、地上におけるアッラーの代理者、教宣におけるアッラーの使徒〔ムハンマド〕の相続者として、選んだのである。アッラーはムスリムに[イスラームという]宗教を整え、法を定め、統治を円滑化し、その統治を受け入れる世界なら常に[統治の]権限を持つ者とした。あなたがたは、その中に人の道と希望を見出す。《かれは、あなたがたを選ばれる。この教えは、あなたがたに苦業を押しつけない。これはあなたがたの祖先、イブラーヒームの教義である。かれは以前も、またこの(クルアーン)においても、あなたがたをムスリムと名付けられた。使徒はあなたがたのための立証者であり、またあなたがたは人びとのための立証者である》(22章78節)。これこそが、アッラーが全ムスリムに課した社会的任務である。全ムスリムが戦列を一つとし、集団をなし、力があれば、彼らは救済の軍勢である。この軍勢は人の道を救済し、進むべき道へと導く。

夜は修道士、昼は騎士

次いで、アッラーは礼拝や断食などの務めと、社会的な任務との関係を明示した。前者は後者の手段であり、正しい信仰箇条は双方の基礎である。集団活動との口実で人びとが個人的な宗教義務を実践しないことがないよう、また神との繋がりに集中するための信仰行為で忙しいとの口実で人びとが集団活動を行わないことがないようにするための教えである。より精密で賢明な言い方をすれば、「誰が語りにおいてアッラーより優れているのか？」ということである。

ムスリムよ、アッラーへの服従と、あなたがたのイスラームの拡大とシャリーアの強化のためのジハードは、あなたがたの人生の中での任務である。あなたがたがそれをやるべきとおりに実行したならば、あなたがたは勝利者である。任務の一部しか実行しなかったり、全く怠ったりしたならば、そのような者には、私は以下のアッラーの言葉を引用する。《あなたがたは、われが戯れにあなたがたを創ったとでも考えていたのか。またあなたがたは、われに帰されないと考えていたのか。アッラーは、尊くて気高い、真実の王者である。高潔な玉座の主を置いて外には神はない》(23章115―116節)。

こうした意味で、美徳はムハンマドの教友の資質の中に生まれ、彼らはアッラーへの服従における正しい初期世代《サラフ》として分類されたのである。「夜は修道士(ruhbān)、昼は騎士(fursān)」。あなたは彼らの一人が夜にミフラーブ(30)に立ち、落ち着きなく髭をつかみ、悲しみで泣き、「俗世よ、私以外の者を魅惑せよ」と言うのを見るだろう。朝が来ると、彼はジハードの戦士に呼びかけ、彼の背にオオカミが乗っているかのような鬨《とき》の声を上げ、それが戦場中に響くのを見ることだろう。

アッラーによって[定められた]、現世の活動・任務と来世の事柄とのこの絶妙な関係、不思議な合一、稀有な混合は、なんと神的なのであろうか? イスラームは全ての事象をよりよく結びつけるのである。

教育と改革に基づく植民地主義

ムスリムたちよ。ムスリムは自らの使徒〔ムハンマド〕を地上で最高の友と選んだ後、使徒の[授かった]クルアーンを自らの胸に置き、鞍上を住処とし、手に剣を持ち、自らの発する論理を明快にして、[非ムスリムの]人びとにイスラームか、ジズヤ(31)[を支払う]か、戦闘かの三つのうち一つを選ぶよう呼びかけることに勤《いそ》しんだのである。イスラームに改宗した者はムスリムの同胞であり、その者の権利はムスリムの権利、その義務はムスリムの義務である。ジズヤを支払う者はムスリムの保護下の者であり、ムスリムの誓約はその者の権利を実現し、その誓約を守り、その条件を遵守する。[イスラームやジズヤを]拒む者とは、アッラーが勝利をもたらすまで闘った。《アッラーはかれの御光《みひかり》を全うされる》(9章32節)。

ムスリムたちは、そのような行為を政治権力者のためにしたのではなかった。彼らの名誉や名声における穏当さは、公私にわたり知れ渡っている。彼らの宗教〔イスラーム〕は、そのような虚飾を処分した。この種の虚飾は、人びとが他者を犠牲にして享受するものである。彼らのカリフも他のムスリムと同様であり、カリフに課された支払いも、カリフが受け取るものも、他のムスリム［のもの］と同じであった。カリフは他のムスリムよりも上位だったわけでも、物識《ものし》りだったわけでもない。カリフは、信仰心の尊さと確信の尊厳によってアッラーが彼に委ねたものによってのみ、際立っていたのである。これは、お金のことだけではない。カリフは一切れのパンで飢えをしのぎ、水を飲んで喉を潤した。断食の時、彼らの傍《かたわ》らに水袋があったが［、彼らはそれに手を付けなかった］。彼らにとって、飢えは満腹よりも好ましかった。カリフは、裸体をさらさない程度の衣服を所有した。アッラーは、クルアーンで次のように呼びかけている。《そして信仰しない者には、（現世の生活を）楽しませ、家畜が食うように大食させて、業火をかれらの住まいとする》（47章12節）。

彼らの預言者〔ムハンマド〕は、彼らに「ディーナールの奴隷に災いあれ、ディルハムの奴隷に災いあれ、錦の奴隷に災いあれ(32)」と言った。

すなわち、彼らの目的は名誉・金銭・政治権力・入植地・専制ではなかった。それは、特別な使命、すなわちムスリムの預言者〔ムハンマド〕の使命を果たすことに他ならなかった。預言者〔ムハンマド〕は、確信をもってその使命をムスリムの手に委ねた。そして、その使命のために努力するよう命じた。《迫害と奸計がなくなるまで、また（かれらの）教えがすべてアッラーを示すまで》（8章39節）。

今こそ我々が理解する時だ

かつて、ムスリムは以上のことを理解していた。彼らはそのために行動した。信仰心は、使命を果たすための自己犠牲を彼らに促した。他方、現在ではムスリムはその使命の理解について一致せず、任務について講釈したり先延ばしにしたりして、［果たすべき］任務の放棄や有名無実化に注力している。ある者は、ジハードと行動の時はすでに過ぎたと言うだろう。またある者は、手段が存在しないとか、イスラームの諸国家は［行動が］制約されているとか言って、あなたの任務を妨げるだろう。別のある者は、いつも言葉だけの宗教に満足し、心のこもらない礼拝だけでアッラーへの服従に満足する。

いや、同胞たちよ、そうではない。クルアーンは、あなたがたにはっきりと呼びかけ、明示している。《本当に信者とは、一途にアッラーとその使徒を信じる者たちで、疑いを持つことなく、アッラーの道のために、財産と生命とを捧げて奮闘努力する者である。これらの者こそ真の信者である》(49章15節)。

他方、スンナにおいてアッラーの使徒［ムハンマド］は次のように述べている。「もし人がお金に窮したら、彼らはツケで売買するようになり、雌牛の後ろをついて回るようになるだろう。そして彼らはアッラーのためのジハードを捨てるだろう。アッラーは彼らがイスラームに立ち返るまで、彼らに災いを及ぼすだろう」(33)。［このハディースは、］イマーム・アフマド［・イブン・ハンバル(34)］(Aḥmad ibn Ḥanbal 780–855)が『ムスナド(*Musnad*)』で、［スライマーン・イブン・アフマド・］タバラーニー(35)(Sulaymān ibn Aḥmad al-Ṭabarānī 821–918)が『アル＝カビール(［*al-Mu‘jam*］ *al-Kabīr*)』で、［アブー・バクル・］バイハキー(36)(Abū Bakr al-Bayhaqī 994–1066)がアブドッラー・イブン・ウマル(37)(‘Abd Allāh ibn ‘Umar 612頃–693/4)についての『信仰の枝(*Shu‘b al-Īmān*)』で伝えている。

あなたがたは、古今の法学《フィクフ》(fiqh)の書物を読んでいる。ジハードは、いつ集団的義務になるのか、いつ個人的義務になるのか？　あなたがたは、諸般の事実とその意味を知っているはずだ。［にもかかわらず、］この定着しきっている曖昧さは一体何だ？　自覚も覚醒もないまま、あなたの心をとらえる絶望は何だ？　ムスリムよ、今は創造の時代である。あなたがた自身を創造せよ。そして、それによってあなたがたの国家を創造せよ。

この宗教的義務は、あなたがたに信心深い魂と、平穏な心を要求している。自らの信仰心と精神の平穏を強めるために活動せよ。また、この宗教的義務は、あなたがたに財産や労力という自己犠牲を費やすことを求めている。そのために備えよ。あなたがたの許にあるものが尽きても、アッラーの許にあるものは残る。アッラーは信者たちの財産や生命を楽園によって贖《あがな》い、大地と空を提供したのである。

我々はどこから始めるか

国家の創造、民衆の育成、希望の実現、原則の強化、これらは、それらに取り組む国家、およびそれら［の実現］を訴える個人に、少なくとも偉大な魂の力を要求するものである。それらは、以下に代表される。弱者が到達しない強い意志。移り気や裏切りが対抗しえない強固な忠誠。欲望や出し惜しみに影響されることのない強烈な自己犠牲。原則についての知識と、それに対する信仰・評価。原則については、それに関して誤ったり、逸脱したり、取引したり、他のものをでっちあげたりすることを防止する。精神面に関するこれら第一の支柱群と強い精神力の上にこそ、諸原則が打ち立てられ、覚醒する諸国家が育成され、若き民衆が形成され、長らく人生を剥奪されてきた者に新たな人生が生まれるのである。

上述の四つの属性を喪失した民衆、あるいは指導者や改革の唱導者を喪失した民衆は全て、善に到達したり希望を実現したりできない哀れな者である。そのような民衆は、夢・臆測・幻想の中で生きるものである。《だが真理に対しては、臆測など何も役立つ訳はない》(53章28節)。

これこそがアッラーの法(qānūn)であり、彼の創造［物］に関するスンナである。あなたがたは、今後もアッラーのスンナの代替物を目にしないであろう。《本当にアッラーは、人が自ら変えない限り、決して人びと(の運命)を変えられない》(13章11節)。

アブー・ダーウード[38](Abū Dāwūd Sulaymān ibn al-Ashʿath al-Sijistānī　817–889)が伝えるハディースにおいて、預言者［ムハンマド］が示した法もある。「諸ウンマは、あなたがたに向かって進んでこようとしている。食べる者が食べ物を盛った皿に向かってくるかのように。ある者は、「当時の我々が少なかったからか？」と言った。彼は、「いや、当時あなたがたはたくさんいたが、川に浮かぶ屑同様であった。アッラーは、あなたがたの敵の胸からあなたがたに対する恐怖を除き去り、あなたがたの心に幻影を投じるのである」と言った。ある者は、「アッラーの使徒よ、幻影とは何か？」と尋ねたが、彼は、「現世への執着と、死を忌避することである」と述べた(39)。

あなたは、彼〔ムハンマド〕が示したことを信じないのか？　彼は、諸ウンマの脆弱さと民衆の低迷の原因は、幻影の〔ような〕魂の弱さ、そしてそれらの心が優れた道徳や正しい侠気の性質で満たされていないことだと示した。そのような原因がある限り、数が多くても資源がたくさんあっても同じことである。

ウンマは快適さの中に放たれると、贅沢に慣れ、物質の中に埋没し、現世の生活の繁栄の中で乱れてしまう。そして、不幸なことがある可能性や、周囲との諍《いさか》いや、アッラーのための努力を忘れてしまう。そして、そのウンマは尊厳や希望をなくしてしまう。

二つの力の間で

多くの者は、東洋は資金・軍需物資・兵器といった物質的な力を欠いていると思っている。これらの物質的な力は、東洋の権利を奪いその民を抑圧している諸国家に対抗するための力である。この考えは正しくて重要ではあるが、それよりも重要で必須なことは、優れた人間と高貴な魂、真理〔アッラー〕に対する信仰心、知識、確固たる意志、義務のための自己犠牲、そして忠誠から生じる精神力である。それらの上に信頼と統一が築かれ、そこから力が生じるのである。

もし東洋が真理〔アッラー〕を信じ、自らを変えようとするならば、東洋は精神の〔持つ〕力について配慮し、道徳の改善に努めるであろう。そうすれば、あらゆる側面で物質的な力が東洋に備わるであろう。歴史の頁をめくれば、これを確信できるような情報が見つかる。

ムスリム同胞団は、こうしたことを全面的に確信している。そして、そのために同胞団員は弛《たゆ》むことなく精神の純化、魂の強化、道徳の修正に努める。また、そのために同胞団員は教宣に努め、人びとが同胞団の原則に共鳴するよう望み、国家に対し魂の改革と道徳の矯正を求める。

同胞団員は、自分たちの言っていることを何一つ独創したわけではない。しかし、彼らは、偉大なる辞書、知恵の大洋、賢明な憲法、最上の典拠から言葉を引用したのである。それこそがアッラーの書物〔クルアーン〕である。すでにあなたは、この法における不朽の条項を聞いた。《本当にアッラーは、人が自ら変えない限り、決して人びと〔の運命〕を変えられない》(13章11節)。

すでに、クルアーンはこのような意味のことを諸節で多数明示した。それどころか、〔預言者モーセに率いられた〕イスラエルの民の話で、我々に何よりも明らかで、何よりも真正かつ不朽の実例を示した。これは優れた物語であり、絶望するあらゆる国家に創造の道を描き出している。

方法は明確である

アッラーがクルアーンを啓示した際、アッラーはその下僕たちにムハンマドに従うよう命じ、イスラームを宗教とするよう望み、この正しい宗教〔イスラーム〕にウンマの生活・再興・回復に必要な全ての根幹を定めた、とムスリム同胞団は信じている。このことは、アッラーの言葉によって信認されている。《かれらは文字を知らない預言者、使徒に追従する者たちである。かれはかれらのもっている(啓典)律法と福音の中に、記され見い出される者である。かれは正義をかれらに命じ、邪悪をかれらに禁じる。また一切の善い(清い)ものを合法〔ハラール〕となし、悪い(汚れた)ものを禁忌〔ハラーム〕とする。またかれらの重荷を除き、かれらの上の束縛を解く》(7章157節)。

これは、高貴なハディースにおける使徒〔ムハンマド〕の言葉の中でも、次のような言葉で信認されている。「アッラーによって、私は悪行を放棄するとすぐに、あなたがたにもそれを禁じた」(40)。

あなたがイスラームの教えを極めたならば、男女問わず個人の生活のため、その形成と道徳に関して家庭生活のため、その再生・力・弱点に関して諸国家の活動のために、正しい諸原則、適切な制度、精密な法規をイスラームが定めたと分かるだろう。そして、諸国家の為政者や指導者に関する諸般の概念について、イスラームが解説していると分かるだろう。

世界[市民]主義、民族主義、社会主義、資本主義、ボリシェヴィズム、戦争、資源の配分、生産者と消費者との結びつき、その他全て遠近を問わず諸国家の政治家や社会哲学者がかかりきりになっているこれらの議論の全ては、イスラームがその中核にあると我々は信じる。イスラームは世界に秩序を定めた。その秩序とは、良きものから受益し、危険や災禍を遠ざけることを役割としている。ここは、この言葉の詳細を述べるべき場ではない。我々は、単に我々が信じ、人びとに明示し、教宣するものを述べたに過ぎない。その詳細については、また改めて述べたい。

我々は従うことが必須である

ムスリム同胞団がこのようなことを信じているのならば、人びとにイスラームの諸原則を基礎とするために行動するよう求めるだろう。この基礎の上に、生活の諸相における近代的東洋の復興が築かれる。また、ムスリム同胞団は、イスラームの諸原則と相容れず、クルアーンの裁定と衝突するような復興を、堕落し失敗したものと信じている。このような事態からは、国家は重大な犠牲を無駄に払うことになる。復興を望む国家にとって良いこととは、イスラームの裁定に従って復興の最短の道を行くことである。

ムスリム同胞団は、イスラームの諸地域の中である地域に特化して教宣し、他の地域を放っているのではない。同胞団は、イスラームを信じるあらゆる地域において、[ムスリムの]子弟の指導者たちに教宣が届くようにと呼びかけている。同胞団は、教宣により機会をつかもうとしている。その機会とは、イスラームの諸地域が一つになって、開発・進歩・建設の根源から生じる強固な土台に依拠する未来を築く機会である。

逸脱に警戒せよ

ムスリム同胞団が最も恐れることとは、イスラーム的東洋の人びとが伝統墨守(taqlīd)の潮流に進み、この古い秩序によって復興を図ることである。この古い制度は、自己矛盾をきたしており、堕落して無益だということがはっきりしている。イスラーム国家の全ては、総合的な憲法を持っている。憲法の諸条項は、クルアーンの裁定から導き出されるべきである。憲法の第一条で「我々の公式宗教はイスラームである」と述べている国家は、残りの諸条項もイスラームに従って定めるべきである。イスラームが容認せず、イスラームの裁定が認めない全ての条項は、国の基本法と矛盾をきたさないよう削除すべきである。

法律を改革せよ

あらゆる国家には、その国民が統治を行うための法律がある。この法律は、イスラームのシャリーアに依拠するべきである。シャリーアは、クルアーンを出典とし、イスラーム法学の法源に一致しなくてはならない。イスラームのシャリーアとムスリムの法学者が定めたものは、隙間を埋め、需要を満たし、欠乏を補う。これは、よりよい結果に至るものである。アッラーが定めた刑罰(41)〔ハッド刑 ḥadd〕を執行すれば、それは犯罪を防ぎ、常習犯すら抑止するだろう。そして、諸政府は、それまでの失敗により生じた様々な問題から解放されるだろう。[これまでの]経験はそのことを明証し、確固たるものとしている。[したがって、]近代的立法の根源には、[シャリーアの施行が]必要とされるのである。アッラーは、シャリーアの施行を義務としている。《そしてアッラーが下されたもので裁判しない者は不信心者(カーフィル)である》(5章44節)。

社会の品行を改革せよ

あらゆる国家には社会生活の諸現象があり、それを諸政府が監督し、法が規制し、諸般の権威が擁護している。イスラームを受け入れた東洋の国家全ては、これらの諸現象がイスラームの教えと一致し、イスラームの定めと命令に調和するよう行動しなくてはならない。公認売春は、美徳を称賛する全ての国家にとって恥ずべき愚行である。イスラームの諸国家はどうであろうか？　イスラームの諸国家は、その宗教が売春との闘いと姦通の打擲《ちょうちゃく》を強く義務づけている。《もしあなたがたが、アッラーと末日を信じるならば。アッラーの定めに基づき、両人に対し情に負けてはならない》(24章2節)。

諸都市の大通りや繁華街の酒販店、アルコール飲料の長大な品書き、これらはイスラームが拒む有害な諸現象の端緒を明確に示している。このような害悪は、クルアーンが厳しく禁じている。

放埒と闘え

街路・人ごみ・避暑地・行楽地におけるかかる魅惑的な放埒《ほうらつ》、無秩序な快楽、享楽的な愉しみは、イスラームの教えに反している。イスラームの教えは、美徳・高貴な心・気高さ・真面目さへ向かい、頽廃を避けることを推奨している。「アッラーは、物事の向上を好み、頽廃を嫌う[42]」。

放埒な諸現象やそれに類するもの全てに対して、イスラームの諸国家はこれらとの闘いと抵抗に、その権力と法規の総力を挙げなくてはならない。諸国家は、この戦いを欠かしたり、無関心であったりしてはならない。

教育を組織せよ

あらゆる国家とムスリムには、教育、新世代の育成、将来を担う人づくりのための政策がある。こうして育てられた者たちに、国家の新しい生命がかかっている。この政策は、賢明な根源に依拠しなくてはならない。その根源とは、新世代に宗教的禁止事項、道徳的制約、イスラームの教えに対する知識、イスラームの過去の栄光と広範な文明を教えることを含む。

こうしたことは、ムスリム同胞団が望んでいることに比べ、かなり控えめなことである。ムスリム同胞団は、イスラームの諸国家に近代的復興を築く上で、教育政策に配慮して欲しいと思っている。ムスリム同胞団は、この呼びかけを民衆と政府からなる全てのムスリムに向けて発している。こうした高度なイスラーム的諸目的に到達するためのムスリム同胞団の手段は、唯一《ただひと》つである。それは、イスラームに美徳と叡智があることを示すことである。人びとがこれを記憶し、その利点に納得するまで、我々は示し続ける。それにより、人びとの活動が形成され、彼らはその裁定に敬意を払うだろう。《言ってやるがいい。「これこそわたしの道。わたしも、わたしに従う者たちも明瞭な証拠の上に立って、アッラーに呼びかける。アッラーに讃えあれ。わたしたちは多神を信じる者ではない」》（12章108節）。

あなたがたの同胞の友愛から受益せよ

イスラームは、アッラーが以下のように述べたことを、その子弟［であるムスリム］に訴えている。《あなたがたはアッラーの絆に皆でしっかりと縋り、分裂してはならない。そしてあなたがたに対するアッラーの恩恵を心に銘じなさい。初めあなたがたが（互いに）敵であった時かれはあなたがたの心を（愛情で）結び付け、その御恵《みめぐ》みによりあなたがたは兄弟となったのである》（3章103節）。

クルアーンの別の節では、次のとおり述べている。《信者たちは兄弟である》〔49章10節〕。別の節では、こうも述べている。《男の信者も女の信者も、互いに仲間である》〔9章71節〕。また、高貴な預言者〔ムハンマド〕は、「アッラーの下僕たちよ、同胞となれ」[43]と述べており、初期のムスリムたちはイスラームをこのような同胞的意味で理解した。アッラーの宗教〔イスラーム〕の諸信仰箇条は、ムスリムに愛と調和の永続的な共感、友愛と相互理解の高貴な顕現［を示し］、彼らが一人の人間、一つの心、一つの手であることを期待した。この点は、アッラーがその書物〔クルアーン〕で以下のとおり確かめるほどである。《またかれは、かれら(信者)の心を一つに結ばれる。あなたが仮令《たとえ》地上の一切のものを費やしても、あなたはかれらの心を一つに結ぶことは出来ない》〔8章63節〕。

適　用

ムハージル[44](muhājir)〔移住者〕は、家族を捨てマッカの土地を離れ自分の宗教〔イスラーム〕へと逃れたが、その先で自分の前にヤスリブの若人からなるイスラームの子弟たちを見出した。ヤスリブのムスリムは、皆そのムハージルを待望し、彼に愛情を抱き、彼が来るのを喜んでいた。ヤスリブのムスリムは、ムハージルを以前から知っていたわけでも、古い縁があるわけでも、婚姻や父系親族のような強い繋がりがあるわけでもなかったし、何かの目的や利益があったわけでもなかった。イスラームの信仰箇条こそが、ヤスリブのムスリムがムハージルを同胞となし、繋がりを持たせ、彼ら自身の仲間とみなすようにし、そして心からの兄弟としたのである。ムハージルは礼拝所にたどりついただけだったが、彼のまわりをアウス(Aws)族とハズラジュ(Khazraj)[45]族の祝福が取り囲んだ。彼らは皆、ムハージルを家に招き、自分自身よりもムハージルを優先し、その魂と家族をムハージルに捧げた。そして、ムハージルの望みに決着がつくまで寄り添った。それは、ブハーリー[46](Abū ʻAbd Allāh Muḥammad ibn Ismāʻīl al-Bukhārī　810-870)が

「ムハージルはアンサールのところに運命によってのみ訪れたのである」[47]と述べるほどであった。

クルアーンでは、アンサール[48](anṣār)〔支援者〕に対して上述の美徳を永遠に称賛しており、その美徳はアッラーの言葉の中で時を越えて光り輝いている。《そして以前から(アル・マディーナに)家を持っていて、信仰を受け入れた者たちは、(移住して)かれらのもとに来た者を愛護し、またかれら(移住者〔ムハージル〕)に与えられた(戦利品)に対しても心の中で欲しがることもなく、自分(援助者〔アンサール〕)自身に先んじて(かれらに)与える。仮令自分は窮乏していても。また、自分の貪欲をよく押えた者たち。これらの者こそ至福を成就する者である》(59章9節)。

これこそがイスラームの子弟〔ムスリム〕のやり方であり、彼らの魂の内に信仰上の友愛を見出した者たちの最初の隊列であった。ムハージルとアンサールとの間に違いはなく、マッカの者とイエメンの者との間にも違いはない。高貴な使徒〔ムハンマド〕は、イエメンのアシュアル(Ash'ar)族について、以下のとおり絶賛した。「そうだ、アシュアル族〔のなんと素晴らしいことか〕。彼らは遊牧民に対するジハードであろうが、定住民に対するジハードであろうが、ジハードの戦利品を一つに集めて鞄に入れ、それを皆で平等に分けた[49]」。

あなたがクルアーンと偉大な預言者〔ムハンマド〕の伝承を読むならば、あなたがこの宗教の子弟〔ムスリム〕から名誉と祝福の歩みを学ぶならば、あなたは、あなたの眼前に現れて心と魂を満たすものを見るであろう。

友愛は人道主義を宣言する

上述の信仰箇条は、我々が収穫すべき二つの果実をなした。我々はあなたに、その二つの果実の甘さ・美味しさ・素晴らしさ・利点を話す。果実のうちの一つは、この信仰箇条がなしたイスラームの植民地主義は、歴史上のいかなる入植とも全く異なるということである。それは、目的においても、振る舞いにおいても、経営においても、結果と利点においても異なっている。ムスリムの入植者は、真理の言葉を称揚するために領土を征服した。そして、その領地の地平をクルアーンのスンナで照らした。すなわち、その土地の人びとの心にムハンマドの導きの太陽を昇らせ、分裂を終わらせ、不正を一掃し、正義・公正な待遇・愛・友愛でその領地を包んだのである。そこには、勝利した征服者も、敗北した敵もいない。そうではなく、愛し合い、調和し合う同胞がいるのである。ここから、民族主義の考えはイスラームの同胞精神の前において、積もった雪が強い日光を浴びて消えるように溶け去る。イスラームの同胞精神とは、クルアーンがそれを信奉する者全てに呼びかける精神である。

これこそが、ムスリムの征服者である。彼らは、自分たちが征服した者たちから攻められる前に攻める。彼はアッラーのために、自分自身と家族を捧げ、民族的分派主義や民族意識から解放されている。彼は民族意識のために攻撃するのでも、民族意識のために打ち負かすのでも、人種のために勝利するのでもなく、ただアッラーのためだけに行うのである。アッラーは唯一にして並ぶものはない。より美しいのは、目的に対する誠実さである。欲望から魂を解放することについては、以下のハディースでも伝わっている。「ある男が預言者の許に来て言った。「使徒よ、私はアッラーのためにジハードするのを好む。あなたに、私の来世の姿を教えて欲しい」。アッラーの使徒は沈黙し、応えなかった。そこに以下の啓示が下った。《凡そ誰でも、主との会見を請い願う者は、正しい行いをしなさい。かれの主を崇る場合に何一つ(同位に)配置して崇拝してはならない》(18章110節)[50]」。あなたは、個人が称賛や賛辞を欲する願望について、イスラームがどのように考えているか理解しただろう。称賛や賛辞は、多神崇拝という隠された魂の性質である。これは魂から浄化されるべきだし、高貴な目的によって昇華させるべきである。ところで、目的のために、自分自身を忘却する以上に誠実なことがあろうか？　自らに宗教を関係づけ、魂から解放され、魂のざわめきや執着や執心を抑制し、自らのジハードをアッラーのためだけに行う者が、ジハードの次に部族意識のために戦ったり、人種や民族意識のために攻撃したりする、とあなたは思うのか？　そんなことは決してない。

たとえ征服された者であっても、その者がイスラームを頼り、その導きに従うと天命が望むならば、その者の国土を支配し、従属を強い、資源をほしいままにするような外国人へ、自分の国土を明け渡すようなことはない。しかし、［アッラーのためのジハードによって征服されたならば、］その者は自分が国土を明け渡したとは考えない。なぜなら、［ジハードによる］征服者と被征服者の魂と心は一つのものとなっており、あなたの権利は我々の権利、あなたの義務は我々の義務、と心から呼びかけるからである。［征服者・被征服者の］両者ともにアッラーの目的の中では消え、アッラーの［定めた］原則のためには区別がない、とアッラーの書物〔クルアーン〕は明示する。そして、アッラーの光の人道主義を広めるため、征服されたという考えを捨てるのである。クルアーンの太陽は人道主義の上に輝き、それを知れば、完全なる幸福と進歩があるだろう。

イスラームの祖国の地平

第二の果実とは、クルアーンの宗教を信じる同胞がいる土地全てはイスラームの地だと、イスラームの友愛精神が全てのムスリムに信じさせることである。イスラームは、イスラームの地に住む子弟〔ムスリム〕全てにイスラームの地を保護し、繁栄させることを課している。ここから、イスラームの祖国の地平は広がり、地理的条件に基づく愛国主義や血縁に基づく愛国主義を超越し、高貴な原則と正しく純粋な信仰箇条に基づく愛国主義となるのである。アッラーが世界にもたらした真実とは、導きと啓蒙である。イスラームにおいてその子弟〔ムスリム〕がこの意味を感じたならば、彼らはそれを心に刻み、イスラームの地を侵略から防衛するために必要な義務を自らに課すだろう。そして、イスラームの地から強奪者を排除し、敵の野望からイスラームの地を守るだろう。

長い道のり

ムスリム同胞団の教宣の言葉が読者諸賢に目的を明示し、多少なりともその目的へ進む方法を示せた、と私は期待したい。多くの熱心な同胞たちに対し、私はこれまでにもイスラームとその栄光について長い間話してきた。その話はここにおける演説に似ている。読者諸賢はここでの言葉を「我々は人びとを何へ呼びかけるのか」という題名の言葉だと思うだろう。

私が語りかけた人びとは、ありがたいことに関心を払ってくれた。我々は、この言葉を一つ一つ理解し、目的の高貴さとそこへ至る道の成功を確信しつつ、議論を終えるに至った。彼らがこの道の成功を確信しながらも、その長い道のりを異口同音に認めていると分かった時、私の驚きはいかばかりだったろうか。この国では、激しく破壊的な流れは強力で、そのため失望が心を占め、絶望が魂を覆っている。こうした絶望的な感情は、高貴な読者諸賢がこれまでに出会ったことのないものである。私は、この演説が希望に満ちたものとなること、勝利への確信に満ちたものとなることを望んでいる。事の成否は、後にも先にもアッラーの下にある。私は、論題を次の二つの肯定的な見解に絞ることとする。

社会哲学的見解

社会科学者たちは、今日の真実は昨日の夢、今日の夢は明日の真実という。このような見解は、現実がそれを明証し、証拠と実践がその有効性を強化する。実際に、この見解は、人道主義の進歩とそれが完全さの道へと進むための核心でもある。発見や発明が実際に起こる数年前に、ある学者たちがその業績にすでに到達していたと信じるだろうか。実際にその発見が確定され実践され支持されるまで、学問上の権威もそれを否定するだろう。このような事例は多くあり、また当然のことである。話を長引かせないために、この話はここまでとする。

歴史的見解

諸国家の復興は全て弱い状態から始まっており、観察者は［弱い国家が］復興へ至ることは難しいと考えるものである。このような見解とともに、我々は歴史についてもすでに話してきた。忍耐・決意・叡智・耐久が復興をもたらすのであり、脆弱で方策の少ない諸々の復興運動が、運動の担い手たちが望んだ最高の幸運と成功に達したのである。乾燥した不毛な砂漠であるアラビア半島が啓蒙と知恵を育み、その子弟［ムスリム］の精神的・政治的影響力が世界の諸国の多くを制すると、一体誰が信じただろうか？　［初代正統カリフの］アブー・バクル（Abū Bakr al-Ṣiddīq ʻAbd Allāh ibn Abī Quḥāfa　573頃-634）は穏やかな人物で、人びとは彼に逆らい、配下はその命に背いた。アブー・バクルが一日にして一一の軍団を派遣し、叛乱を鎮圧し、罪人を矯正し、無法者を躾《しつ》け、背教者に報復し、アッラーの喜捨を集められると、一体誰が思っただろうか？　日蔭者で脆弱な［第四代正統カリフ］アリーの［子孫を支持した］一派とアッバース家の一派[51]が一朝一夕にして強力な王を打倒できると、一体誰が思っただろうか？　彼らはそれまで、殺され、追われ、追放され、脅迫されていた一派だった。一体誰が、サラーフッディーン・アイユービー[52]（Ṣalāḥ al-Dīn al-Ayyūbī　1138-1193）がヨーロッパの諸王の前に長年立ちはだかり、彼らを追い払うと想像しただろうか？　ヨーロッパの諸王は、大国二五カ国が結集するほどの軍勢を率いていたのである。

これらは全て古い歴史である。近代史には、より素晴らしい例がある。家族は亡命し、民は追放され、国は滅ぼされたアブドゥルアズィーズ・アール・サウード（ʻAbd al-ʻAzīz Āl Saʻūd　1876/80-1953）王[53]が、二十数名の男を率いて王国を奪回し、イスラーム世界で栄光と統一と復活の希望になると、一体誰が思っただろうか？　ドイツの一労働者だったヒトラーが権力の頂点を極めると、一体誰が思っただろうか？

他の道はあるのか

次に、同じ結果を語る消極的な見解を二点紹介しよう。二つの見解とも、情熱の心を強く正しい方向へと導く。第一は、この道がどんなに長かろうと、正しく構築された復興以外の道はないとの見解である。経験がこの見解の正しさを証明している。義務こそ第一なのである。

第二の見解とは、義務の遂行を第一とし、その後の報奨を第二、個人的利益を第三とする見解である。人が行動すれば義務を果たしたことになり、アッラーはそれを認め、そこに疑問が生じないということである。いつ条件が満たされるのか、利益が残るのかはアッラー次第である。この見解を信じる人のあずかり知らないところで好機がきて、彼の行いを実りあるものにするかもしれない。その一方で、もし彼が行動をやめてしまえば、彼には義務不履行の罪がかけられなくてはならない。その場合、その人物はジハードの報奨を失い、個人的な利益を喪失する。どちらの方がよいであろうか？　クルアーンは、この問題についてはっきりと言及している。《「何故あなたがたは、アッラーが絶滅され、また激しい懲罰をしようとされる民に訓戒するのか」。かれら(布教者)は言った。「あなたがたの主に、罪の御許しを願うためである。そうすればかれらは主を畏れるであろう」。それでかれらが与えられている訓戒を無視した時、われは、悪を避けた者を救い、不義を行う者には恥ずべき懲罰を加えた。(それは)かれらが主の掟に背いていたためである》(7章164―165節)。

出現する国家の物語

脆弱さ

我々は今、傲慢な暴君を前にしている。その暴君は、アッラーの下僕たちを隷従させ、抑圧し、奴隷や家財のようにしている。この暴君に高貴な民衆の一部が隷従している。アッラーはその栄光ある民衆に、奪われた自由、侵害された尊厳、失われた栄光、過ぎ去った誇りを回復させせようと欲した。この民衆の自由の夜明けの最初の来光は、偉大な指導者であるムーサー[54]（Mūsā）が乳飲み子として現れたことであった。《われは信仰する者のために、ムーサーとフィルアウン[55]の物語の一部をありのままあなたに読誦しよう。本当にフィルアウンは、この国において専横を極め、その民を諸党派に分け、かれらの中の一派を押さえて男児を殺し、女児は生かして置いた。本当にかれは非道であった。われは、この国で虐げられている者たちに情けを懸度《かけた》いと思い、かれらを（信仰の）指導者となし、（この国の）後継ぎにしようとした》（28章3―5節）。

指導力

その後、我々はこの指導者を前にした。彼は成人し、自ら不正を拒み、それに抗議した際には、神がかり的な加護を受けた。また、彼は自由とともに［エジプトから］逃走した。そこで、アッラーは彼のために創造し、啓示の重荷を負わせた。そして、彼の［率いる］民を救済した。ムーサーは確信に裏打ちされた信仰心に満ちて戻ってきて、暴君［ファラオ］に対峙し、自分の民に自由と尊厳を与え、自分を信じ、従うよう求めた。なんと恐るべき鋭さの皮肉であろうか。クルアーンは、以下のとおり伝えている。《あなたはイスラエルの子孫を奴隷としておきながら、それがわたしに好意を示す恩恵であるとでもいうのですか》（26章22節）。自分の奴隷ではなくアッラーの下僕たちを支配している暴君よ、私の民を隷従させ、私のウンマを見下し、私の民族を蔑《さげす》むことが、あなたが私に言う恩恵だというのか？これこそが、預言者の口から出た真理の叫びであり、この叫びは暴君の王座を揺さぶり、［エジプト］王国を動揺させた。《それであなたがた両人は、フィルアウンの許に行って言ってやるがいい。「わたしたちは、万有の主から遣わされた使徒であるから、イスラエルの子孫を、わたしたちと一緒に行かせて下さい」と。かれは言った。「あなたは幼少の時、わたしたちの間で育てられたではないか。あなたの生涯の多くの年月を、わたしたちの間で過ごしたではないか。それなのにあなたは酷いことをしでかしたものだ。あなたは恩を忘れる者の仲間である」。かれ（ムーサー）は言った。「わたしが、それを行ったのは邪道に踏み迷っていた時のことである。それでわたしは恐ろしくなって、あなたがたから逃げだした。だが、主はわたしに知識を授けて、使徒の一人となされたのである」》(26章16—21節)。

闘い

現在、我々は、正義に反するものへの強い怒りを目の当たりにしている。この怒りがいかに生じたのか、いかに正義に仇をなすのか、いかに正義の民を苦しめ、その支援者を苛《さいな》むのか。そして、いかに正義の民はこれら全て「の不正義」に耐えるのか。また、正義の民の指導者たちは、その民の心を弱らせないために、どのように甘美な希望や願望を説明するのか。《フィルアウンの民の長老たちは言った。「(王様よ)あなたはムーサーとその民が国内を乱し、あなたとあなたの神々を捨てるのを放っておくのですか」。かれは言った。「わたしたちはかれらの男児を殺して、女児を生かしておこう。わたしたちは、かれらにたいして権威をもっている」。ムーサーはその民に言った。「アッラーの御助けを祈り、耐え忍べ。本当に大地はアッラーの有《もの》である。かれは御好みになるしもべたちに、これを継がせられる。最後は(主に対し)義務を果す者に、帰するのである」》(7章127—128節)。

信仰心

恐るべきことに、我々はこの永遠の事例から、確信と忍耐、正義との絆への執着、そしてこの指導者の教宣を信じた信奉者たちが信仰心と信仰箇条のためには命にも執着しなかったことを、目撃しているのである。彼らは、我が身を惜しまず暴君に挑んだのである。《それであなたの決定されることを実施して下さい。だがあなたは、現世の生活においてだけ、判決なさるに過ぎません。本当にわたしたちが主を信仰するのは、わたしたちの誤ちの御赦しを請い、またあなたが無理じいでした魔術に対して、御赦しを請うためであります。アッラーは至善にして永久に生きられる方であられます》(20章72―73節)。

勝　利

我々がこの物語の全てを見れば、この段落で物語の結果を見るだろう。勝利・喜び・成功・成果・朗報が被抑圧者にもたらされる。夢見る者たちのための希望が実現する。明白な真理の叫びが地平線へと響き渡る。《イスラエルの子孫よ、われはあなたがたを敵から救》(20章80節)った。

〔一九三四年〕

第3章　光へ向かって

前文

ヒジュラ暦一三六六年ラジャブ月[56]、ムスリム同胞団最高指導者ハサン・バンナー導師は、エジプト・スーダン国王ファールーク一世[57](Fārūq ibn Fu'ād　1920-1965)、当時のムスタファー・ナッハース・パシャ首相[58](Muṣṭafā al-Naḥḥās 1879-1965)、イスラーム世界諸国の国王・首長・統治者、およびそれら諸国の世俗・宗教界の偉大なる指導者の多くに対して、この論考を送付した。我々はこれを今一度印刷し、出版する。依然として、ここに含まれる見解や指導は、全てのアラブ人やムスリムにとって力強い希望であり続けている。これが実現することを我々はアッラーに願う。

＊＊＊

慈悲深く慈愛あまねきアッラーの御名において。

アッラーに称賛あれ。我らが主ムハンマド、彼の一族、教友へ祝福と平安あれ。《主よ、あなたの御許から慈悲を与えられ、わたしたちの事態に正しい道を御授け下さい》(18章10節)。ヒジュラ暦一三六六年ラジャブ月、エジプトの首都カイロにて。

閣下。
あなたに平安とアッラーの慈悲・恩恵があらんことを。

我々にこの論考を高位［にある閣下］へ送付させたのは、国家を導くことへの確固たる希望ゆえである。この新時代において、アッラーはあなたに対して国家の指導に関心を抱かせ、全ての物事をあなたに任せている。それは最も優れた方法に基づき、最良の方法論を導き出し、衝撃や妨害から守り、長い苦痛を伴う試みを避ける正しい導きである。

我々は、自分たちの任務を果たし、助言を提示する以外のことを何も望まない。アッラーの報奨こそ善であり、より長く続くものである。

指導者の責任

閣下。

アッラーは、あなたにこの国家の指導を任せ、あなたを信頼し、国家の公益・諸事・現在・将来を預けた。アッラーの下で、あなたはこれら全てに責任を負っている。現在の世代があなたの道具だとすれば、来たる世代はあなたの成果物である。この信頼はどれほど強いものか。そして、［指導的立場にある］者が国家に対して負う責任はどれほど大きいことか。「あなたがた全ては導く者であり、従う者への責任を負っている」[59]。昔、公正な導師〔ウマル・イブン・ハッターブ[60]('Umar ibn al-Khaṭṭāb 592–644)〕は、「もし雌ラバがイラクで転んだならば、私はアッラーの下でそのラバに責任を負う。なぜなら、道を整備しなかったのだから」と言った。ウマル・イブン・ハッターブは、自らの責任の大きさについて、次のように表現した。「私はこの責任から完全に逃れられることを実に望んでいる。何も負わず、そして負わされないという状態を」。

序

一　移行期

国家の生存にとって最も危険な時期であり、そして最も詳細な考察を要するのは、ある状況から別の状況への移行期である。そこでは、新たな時代のための方法論が定められ、原則や規則が策定される。それに基づいて国家の成長が追求され、国家はそれに従うのである。その原則・規則・方法論が明確・健全・確固なものであれば、その国家は長く続く命、高尚で栄光ある行いを享受できる。そして、こうした勝利へ導いた国家の指導者はその善行ゆえに、大いなる報奨、不朽の名声、正当な歴史的評価、良き評判を享受する。

二　交差点において

これは二つの方向に向かう重要な任務である。

第一に、政治的制約から国家を解放すること。そうすることで、国家は自由を手に入れ、失った独立と主権を回復することができる。

第二に、国家の再建。そうすることで、国家は諸国家の中で自らの［進む］道を採り、社会的に成熟した状態で他の国家と競うことができる。

現在のところ政治闘争は終わっている。そして、あなたがたは国家とともに新しい時代に直面しており、あなたがたの前には二つの道がある。そのいずれも、あなたがたをして国家の方向づけをさせ、その道に従わせるものである。

また、そのいずれも、特徴・長所・影響・結果・宣伝すべきものを伴っている。一つは、イスラームの道(ṭarīq al-Islām)とその原則・規則・文化・文明である。もう一つは、西洋の道(ṭarīq al-Gharb)とその生活の諸相・制度・方法論である。

最初の道、すなわちイスラームの道とその規則・原則が進むべき唯一の道であり、現在と将来の国家をそれに向けて方向づけなければならない、と我々は信じる。

三　イスラーム的指針の長所

もし我々がこの道を国家とともに進めば、多くの利益を得ることができよう。イスラーム的な方法論は、これまでにも実践されてきており、歴史がその健全さを明証している。

それは人類の中で最も強く、優れ、慈悲深く、敬虔で、恵まれた国家を人びとに作り出してきた。それは人間の心において神聖さと安定性を持つものであり、それに方向づけられた際には、全ての者にとって把握・理解・応答・服従が容易になるものである。民族主義への誇り、誠実な愛国主義への称賛については言うまでもない。すなわち、我々は自らの規則と原則に従って生活を確立するのであり、他者[の規則と原則]から得るのではない。ここにおいては、政治的独立の後に、優れた意義を持つ社会的で充実した独立があるのだ。

この方法論に従うことにより、まずアラブの統一が強化され、次いでイスラームの統一が強化される。全イスラーム世界はその心・精神・共感・支援で我々を助けてくれる。我々自身の中にお互いに助け合う同胞を見出す。ここには、賢者が放棄しない大いなる道徳的利益がある。

この方法論は完全かつ包括的なものである。そして、国家の公的な活動にとって、精神的かつ実践的に最も優れた制度の確立を保証する。これはイスラームを特徴づける長所であり、それは諸国家の体制を二つの重要な原則の上に設ける。すなわち、善行を勧め、悪行を避けるという二つのことである。

我々がこの道を進むならば、この[イスラームの]道を知らず進むことのできない他の諸国家が陥る死活的な問題を回避できる。そして、現行の制度が解決できない込み入った諸問題の多くを解決できる。私はここでバーナード・ショー[61](George Bernard Shaw　1856–1950)の次の言葉を引用したい。「現代世界はどれほど(ムハンマドのような)人物を必要としていることか。彼は、コーヒーを一杯飲む間に、複雑に絡まり合った問題を解決するのである」。

結局のところ、我々がこの[イスラームの]道に従えば、我々の後ろにはアッラーの支援がある。それは、脆弱な状態にある我々を力強くし、困難の中で我々を助け、我々の苦難を緩和し、我々を常に前方へと促す。《あなたがたは、敵を追うことに弱音を吐いてはならない。あなたがたが苦難に陥った時は、かれらもまた同じように苦しんでいる。しかもあなたがたは、アッラーからの希望が持てるが、かれらにはない。アッラーは全知にして英明であられる》(4章104節)。

四　今日の西洋文明

この議論をまとめると、次のように言える。西洋文明はその科学的な卓越性によって長い間輝いてきた。科学のもたらす成果によって、全世界を従属させてきた。しかし、現在、西洋文明は破綻し、退潮の中にある。その原則は崩壊し、その体制と規則は破壊されている。その政治的基礎は、独裁制によって破壊されている。

経済的基礎は、危機により吹き飛ばされている。何百万もの哀れな失業者や飢えた者が西洋文明に反対する証言をしている。逸脱するイデオロギーや各地で発生する革命は、その社会的基盤を根絶やしにしている。人びとはこれ[ら諸問題]へどのように対処すべきか[分からない状態]に陥り、道に迷っている。彼らの会議は失敗し、条約は続かず、協定は破られている。国際連盟は精神も影響もない亡霊である。また、彼らの中の強者は、一方の手で他者と平和条約や安全保障条約を調印しつつ、もう片方の手で激しくその相手を殴っている。このように、不正で強欲な政治のために、世界は痛苦〔の海〕の中に浮かぶ船のようになっている。その船長はあらゆる所から吹き付ける暴風を受けている。全ての人類は、苛まれ、不幸であり、畏れ、混乱している。欲望と物質の火に焼かれている。人類は、不幸という汚れを洗い落とし、幸福へ導く正統なイスラームの甘美を真に欲している。

かつて、この世界を指導する力は東洋が有するものであったが、それはギリシアとローマの勃興の後に西洋に移った。その後、ムーサー、イーサー〔イエス〕、ムハンマドという預言者の登場によって再び東洋に移った。しかし、それから東洋は深い眠りに落ちてしまった。そして、西洋は新たに目覚め、世界の主導権を継承したのであった。しかし、それ〔西洋の主導権〕は不正で、専制的で、圧政的で、無知で、混迷している。アッラーの旗の下で、クルアーンの旗を頭上にはためかせ、確固たる強い信仰心の兵士たちに支えられることで、強い東洋の力を拡大するしかない。そうすれば、この世は幸福で完全なものになり、《わたしたちをこの(幸福)に御導き下された、アッラーを讃える。もしアッラーの御導きがなかったならば、わたしたちは決して(正しく)導かれなかったでありましょう》(7章43節)と全世界は喝采するであろう。

これは全くもって幻想などではない。それどころか、それは真に歴史の示すところである。もしそれが実現されなければ、《やがてアッラーは、民を愛でられ、かれらも主を敬愛するような外の民を連れてこられるであろう。かれらは信者に対しては謙虚であるが、不信心者に対しては意志堅固で力強く、アッラーの道のために奮闘努力し、非難者の悪口を決して恐れない。これは、アッラーが御好みになられた者に与えられる恩恵である》(5章54節)。我々はこの美徳を得る者になることを熱望している。高尚なる書物〔クルアーン〕には、《あなたの主は、御望みのものを創られまた選ばれる。(だが)かれらは選ぶことは出来ないのである》(28章68節)と書かれている。

イスラームは復興する国家へ必要なものを与えることを保証する

この世において、イスラーム以上に、制度・原則・慈悲・配慮を通じて、復興する国家に対して必要なものを与える体制はない。イスラームは、全ての復興する国家へそれらを与えるのだ。クルアーンは、特にこの点に関する描写に溢れており、時には一般的に時には詳細にその事例を含んでおり、詳細かつ明白な方策を扱っている。

一　イスラームと希望

復興する国家は大きな希望を必要とする。クルアーンは、生命・熱情・希望・決意によって死に体の国家から脱却させ、［復興する］諸国家へこの配慮を与えてきた。このことは、誤りによる不信仰や絶望へ至る道を拒絶していることを示せば、十分に分かるであろう。最弱の国家も、もしアッラーの言葉を聴くならば、［次のようになろう。すなわち、］《われは、この国で虐げられている者たちに情けを懸《か》け《た》いと思い、かれらを（信仰の）指導者となし、（この国の）後継ぎにしようとした。そしてこの国にかれらの地歩を確立させ》（28章5―6節）た。

また、アッラーは次のようにも言っている。《それで気力を失ったり、また絶望してはならない。あなたがたが信者ならば、必ず勝利を得るのである。あなたがたがもし損傷を被っても、相手方もまた同様の打撃を受けている。われは人間の間に（種々の運命の）こんな日を交互に授ける》（3章139―140節）。

アッラーは、次のようにも言っている。《かれこそは、啓典の民の中の不信心な者を、その住まいから最初に追い出し放逐された方である。あなたがたはかれらが退去するものとは考えなかった。またかれらにしても、その砦だけでアッラー（の攻撃）を防げると思っていた。だがアッラーはかれらの予期しなかった方面から襲い、かれらの心に怖《おじ》気《け》を投げ込み、それでムスリムたちと一緒になって、自分(自ら)の手で、かれらの住まいを破壊した。あなたがた見る目を持つ者よ、訓戒とするがいい》(59章2節)。

そして、アッラーは次のようにも言っている。《それともあなたがたは、先に過ぎ去った者たちが出会ったような(試みが)まだ訪れない先に(至上の幸福の)園に入ろうと考えるのか。かれらは災難や困窮に見舞われ、(不安の中に)動揺させられて、使徒も、一緒の信者たちも、「アッラーの御助けは、何時《いつ》(来る)だろう」と叫んだ程であった。ああ、本当にアッラーの御助けは近付いている》(2章214節)。

最弱の国家も、もしこれらの言葉全てを聴き、適応性があり現実的な物語を読めば、信仰と精神において最強の国家に必ずなろう。また、困難がいかに厳しくとも、また戦いがいかに手ごわくとも、それへ立ち向かわせるものをこの希望の中に必ず見るであろう。そして、熱望する完全な状態へ至るだろう。

二　イスラームと民族的栄光

優れた国家がその長所と歴史を誇るように、復興した国家は民族主義への誇りを必要とする。それによって、国民にはその国家像が刷り込まれ、彼らは高尚で優れた国家へ血と心を捧げ、その善・誇り・幸福のために努力するだろう。我々は、真正なイスラームのように公正で優れて慈愛ある体制をはっきりと見たことはない。その威厳と高尚さを知っている国家について、アッラーはその教えにおいて正しいと認め、クルアーンに次のように述べている。《あなたがたは、人類に遣された最良の共同体である》(3章110節)。また、アッラーは次のようにも述べている。《このようにわれは、あなたがたを中正の共同体(ウンマ)とする。それであなたがたは、人びとに対し証人であり、また使徒は、あなたがたに対し証人である》(2章143節)。《凡《およ》そ栄誉は、アッラーと使徒、そしてその信者たちにある。だが偽信者たちには、これが分らない》(63章8節)。最も価値ある国家とは、アッラーから与えられた栄光のために、現世のあらゆる物事を喜んで犠牲にする国家である。

現代の諸国家は、青年・男性・子供の全てにこの国家像を根づかせることに努めてきた。それゆえ、「全てに冠たるドイツ[62]」、「全てに冠たるイタリア」、「統べよ、ブリタニア[63]」と我々は聞くのである。しかし、イスラームの基本概念が喚起する感情とこれらの言葉やイデオロギーが喚起する感情との違いは、ムスリムの感情がアッラーに繋がるために高みに上ろうとしているのに対し、非ムスリムの感情が字面どおりの意味の中に留まっている点である。さらに、こうした感情を作り出す中で、イスラームはその目標を定め、義務を厳格に規定している。そして、それが人種的な狂信主義や誤った自尊心ではなく、世界を善に導く指導力であると明らかにしている。これに関して、アッラーは次のように言っている。《あなたがたは正しいことを命じ、邪悪なことを禁じ、アッラーを信奉する》(3章110節)。これは、善を支援し、悪と戦うこと、そして至高な理想を尊重し、念頭に置いて行動することを意味している。この感情は、初期世代《サラフ》のムスリムの間で支配的であったため、あらゆる国家で伝えられる中で最大限の公正と慈愛を、「その時代に」生み出したのであった。他方、西洋諸国の心に支配的なイデオロギーは、誤った狂信主義以外の目標を定めず、それゆえ争いや弱い国家への攻撃を生み出してきた。この点において、イスラームの基本概念は善行を採ってきた。また、それを国家の子供たちに刷り込むことを欲し、彼らを悪行や圧制から遠ざけてきた。イスラームは、イスラームの祖国の国境を拡大し、その自由と栄光のために善行と自己犠牲に努めてきた。イスラームの理解によれば、祖国とは次の諸点からなる。

(一)まず、特定の国。

(二)次いで、他のイスラーム諸国へ拡大する。それらは、全ムスリムにとって祖国であり、住処となる。

(三)そして、最初のイスラーム帝国へ拡大する。それは、初期世代のムスリムが高貴で偉大な血をもって建国し、アッラーの旗を掲げた帝国である。今なお、その遺産はその素晴らしさと栄光を語り続けている。その全ての地域において、なぜ[帝国の]回復のために動かないのか、とムスリムはアッラーの前で問われるのである。

(四)そして[最後に]、ムスリムの祖国は、この世の全てを含むまでに拡大する。あなたには、次のアッラーの言葉が聞こえないのか。《だから、迫害と奸計がなくなるまで、また(かれらの)教えがすべてアッラーを示すまで、かれらと戦え》(8章39節)。イスラームは、全人類にとっての善として、特定の国への愛国主義と一般的な民族主義とを調和させてきたのである。《人びとよ、われは一人の男と一人の女からあなたがたを創り、種族と部族に分けた。これはあなたがたを、互いに知り合うようにさせるためである。アッラーの御許で最も貴い者は、あなたがたの中《うち》最も主を畏れる者である》(49章13節)。

三　イスラームと軍

同様に、復興する国家は軍を必要とし、また軍事精神を国民に刷り込むことを必要とする。戦争への備えなくして平和を保障できないこの時代、そして国民全てのスローガンが「力こそが正義を実現する最も確かな方法である」というこの時代では、特にそうである。イスラームはこの点を見逃していない。それどころか、厳格な義務としており、礼拝や断食といかなる区別もしていないのである。イスラームがクルアーン、預言者のハディースやスィーラ(64)において配慮する以上に、この[軍事という]点に関心を抱いている体制は古今において存在しない。あなたは、次のアッラーの言葉に、それが示されているのを見出すであろう。《かれらに対して、あなたの出来る限りの(武)力と、多くの繋いだ馬を備えなさい。それによってアッラーの敵、あなたがたの敵に恐怖を与えなさい》(8章60節)。また、次のようにも、アッラーは言っている。《戦いがあなたがたに規定される。だがあなたがたはそれを嫌う。自分たちのために善いことを、あなたがたは嫌うかもしれない。また自分のために悪いことを、好むかもしれない》(2章216節)。

礼拝、ズィクル[信仰告白《シャハーダ》やアッラーの名の連禱《れんとう》]、信仰行為、アッラーとの交信において朗誦される聖なる書物[クルアーン」において、《だから来世のために、現世の生活を捨てる者に、アッラーの道のために戦わせなさい》(4章74節)という明確な命令で始まる宣言のように［明確な］軍事的な宣言を、あなたは見たことがあるだろうか。そして、その後に報奨を明確にしている。すなわち、《アッラーの道のために戦った者には、殺害された者でもまた勝利を得た者でも、われは必ず偉大な報奨を与えるであろう》(4章74節)。

そして、人びとの心に、国民と祖国の救済という最も高尚な感情を促す。《あなたがたはどうして、アッラーの道のために戦わないのか。また弱い男や女や子供たちのためにも。かれらは(祈って)言う。「主よ、この不義をなす(マッカの)住民の町から、わたしたちを救い出して下さい。そしてわたしたちに、あなたの御許から一人の保護者を立てて下さい。またわたしたちに、あなたの御許から一人の援助者を立てて下さい」》(4章75節)。

そして、彼ら［ムスリム］に対して、その目標が高尚であることと、［ムスリムの］敵の目標には根拠がないことを示す。ムスリムは自らの生命のような価値あるものを犠牲にする。アッラーの満足という生命と同等、いやそれにも勝る価値のあるもののために、［ムスリムは］犠牲を払うのだ。他方、非ムスリムは目標もなく戦う。それゆえ、彼らは精神において［ムスリム］より弱く、心に迷いを抱いている。これについて、アッラーは言っている。《信仰する者はアッラーの道のために戦い、信仰しない者は、ターグート〔邪神〕の道のために戦う。さあ、悪魔の味方に対して戦え。本当に悪魔の策謀は弱いものである》(4章76節)。

そして、［アッラーは、］義務を果たすことに臆病で、安易な義務を選び、英雄的な義務を放棄する者を非難し、その姿勢が誤っていることを示す。勇敢さは彼らに全く害を与えず、それどころかそれによって大きな報奨が得られることを［アッラーは］示す。義務の不履行は何ももたらさない。いかなる場合も、死は間近にあるのだ。アッラーは、次の章句で直接的に言っている。《「あなたがたの手を控えなさい。そして礼拝の務めを守り、定めの喜捨をしなさい」と告げられた者を、あなたは見なかったのか。いざかれらに戦闘が命じられると、見よ。かれらの中の一派は、丁度《ちょうど》アッラーを恐れるように、人間を恐れ始める。いやもっとひどく恐れる。そして言う。「主よ。あなたは、何故わたしたちに戦闘を命じられますか。何故しばらくの間、わたしたちを猶予なさいませんか」。言ってやるがいい。「現世の歓楽は些細なものである。来世こそは、（アッラーを）畏れる者にとっては最も優れている。あなたがたは、少しも不当に扱われないのである」。あなたがたが何所《どこ》にいても、仮令《たとえ》堅固な高楼にいても、死は必ずやって来る》（4章77—78節）。

これほど強く明確に、指揮官が欲する熱情・誇り・信仰の全てを兵士の心に呼び起こす軍事的な宣言があるだろうか？

軍事的な営為の柱が、伝統的に規律と服従の二点であるならば、アッラーは次の二つのクルアーンの章句を言っている。《本当にアッラーの御好みになられる者は、堅固な建造物のように、戦列を組んでかれの道のために戦う者たちである》（61章4節）。《災あれ（かれらは死んだ方がいい）。服従することと、公正に言うこと（の方が大事である）》（47章20—21節）。

装備の整備、力の蓄え、弓射の指導、馬具の装着、殉教の高尚さ、ジハードの報奨、ジハードの負担への報酬、ジハード従軍者家族への配慮、様々なジハードに関する完全な理解について、イスラームは述べている。もし、あなたがそれを読めば、クルアーン、ハディース、スィーラ、法学において、数限りなく述べられていることに気づくだろう。《本当に主は、凡《すべ》ての事物をその御知識に包容なされます》（7章89節）。

この点について、現代の諸国家は強く関心を抱いており、この諸原則に基づいて建国されている。ムッソリーニのファシズム、ヒトラーのナチズム、スターリンの共産主義の基礎が純粋に軍事主義的なものであることを、我々は見てきた。しかし、これら全てとイスラームの軍事主義との間には大きな違いがある。イスラームは力［の行使］を正当なこととすると同時に、平和をより好んでいる。アッラーは、直接的な力［の行使］についての章句の後に、次のように言っている。《だがかれらがもし和平に傾いたならば、あなたもそれに傾き、アッラーを信頼しなさい》(8章61節)。

アッラーは、勝利の価値と顕現について明確にしており、次のように言っている。《アッラーは、かれに協力する者を助けられる。本当にアッラーは、強大で偉力ならびなき方であられる。(かれに協力する者とは)もしわれの取り計いで地上に(支配権を)確立すると礼拝の務めを守り、定めの喜捨をなし、(人びとに)正義を命じ、邪悪を禁ずる者である。本当に凡ての事の結末は、アッラーに属する》(22章40—41節)。

また、アッラーは国際的な戦争法規の基礎を定め、次のように言っている。《また人びとの中《うち》あなたに対し裏切る恐れがあるならば、対等の条件で(盟約を)かれらに返せ。本当にアッラーは裏切る者を愛されない》(8章58節)。使徒[ムハンマド]、彼の後継者たち、兵士たちの指揮官は、慈愛と優しさの顕現において最も顕著な者である。「裏切るな。過激になるな。苛酷に扱うな。女性・子供・老人を殺すな。果樹を伐採するな。負傷者を殺すな。隠者[に会えば彼ら]を素通りし、彼らに構うな[65]」。

このように、イスラームの軍事主義とは、正義・法・秩序の警官なのである。他方、現代ヨーロッパの軍国主義について、全ての人びとはそれが不正の軍隊で強欲な兵士ということを知っている。どちらの方が善き根拠に基づき、高潔さで優れているであろうか？

四　イスラームと公衆衛生

復興する国家は優秀な軍を必要としており、その軍を支える柱は身体の健全さと頑強さである。これに関して、クルアーンは、自由・独立・建国への戦いという試練の実行に備えた奮闘する国家の話を述べている。アッラーは思想的・道徳的に素晴らしい指導者をその国家のために選び、身体の頑強さを試練実行のための柱の一つとした。イスラエルの子孫に関して、クルアーンが彼らの指導者であるタールート[66](Tālūt)について述べるところである。《アッラーは、あなたがたの上にかれを選び、かれの知識と体力を強められた》(2章247節)。

この点について、使徒〔ムハンマド〕は多くのハディースにおいて言及している。また、彼は、精神的な強靭さとともに肉体的な頑強さを維持するよう信徒に促している。ハディースは次のように言っている。「強い信者は弱い信者より好ましい(67)」。また、「まことにあなたの身体はあなたに対する権利を持っている(68)」とのハディースもある。使徒は、しばしばウンマに対して、公衆衛生の原則について明らかにしている。特に防疫学について彼は明らかにしたが、これは医学の持つより優れた側面である。ハディースには、「我々は空腹でなければ食べず、また食べるときには食べ過ぎない者である(69)」とある。預言者ムハンマドは飲料水を探す際、ハディースにあるように、「彼〔ムハンマド〕は美味な水を探した(70)」。彼は、よどんだ水での排泄行為を禁じた。彼は、伝染病に侵された土地や住民の隔離を宣言することで、彼らがそこを離れたり、部外者がそこへ立ち入ったりしないようにした。彼は、伝染病に関する警告を行い、ハンセン病患者から距離を取ることを求めた。最後に、彼は、弓射・水泳・馬術・走術など多くの運動に対して関心を抱いた。彼のウンマに対して、運動について興味を持ち、それを実践するように促した。次のようなハディースがある。「弓射を学んだにもかかわらず、それを忘れてしまった者は、私の民ではない(71)」。彼は、アッラーに近づくための禁欲、隠遁、身体に害ある苦行を厳しく禁じた。彼はこのようにウンマを穏健へと導いた。こうしたことは、イスラームが国家全体の健康を考え、その維持を強調していることを語っている。また、国家の善と幸福に寄与する全てを受け入れる用意があることを語っている。

五　イスラームと科学

国家は力を必要とするのと同様に、科学も必要とする。科学は、国家の力を支え、より良い方向へ向け、必要な発明や発見を生み出す。イスラームは科学を無視することはなく、それどころか、科学を力と同様の義務とし、支援している。〔これについては、〕最初に下されたクルアーンの章句だけで十分であろう。《読め、「創造なされる御方、あなたの主の御名において。一凝血《ぎょうけつ》から、人間を創られた」。読め、「あなたの主は、最高の尊貴であられ、筆によって（書くことを）教えられた御方」》（96章1―4節）。

アッラーの使徒〔ムハンマド〕は、ウンマから非識字者をなくそうと、バドルの戦いで捕まった多神教徒の賠償として、捕虜の一人につきムスリムの子息一〇人に読み書きを教えさせたことがある。アッラーは知者と無知者を平等には扱わない。アッラーは、《言ってやるがいい。「知っている者と、知らない者と同じであろうか」。（しかし）訓戒を受け入れるのは、思慮ある者だけである》（39章9節）と言っている。イスラームは、ウラマー〔イスラーム法学者〕のインクと殉教者の血に同じ価値を置いている。クルアーンは、次の二節で科学と力を関連づけている。《各団のうち一部が、出動し、そして残留者は宗教に就いて理解を深め、皆が帰った時かれらに警告を与える。恐らく出動した者は注意するであろう。信仰する者よ、あなたがたに近い不信者と戦え。そして、あなたがたが意志堅固で力強いことを、かれらに知らせなさい。アッラーは主を畏れる者と共におられることを知れ》（9章122―123節）。

クルアーンは世俗的な知識と宗教的な知識とを区別していない。それどころか、ともに奨励している。この世界に関する諸知識を一つの章句にまとめ、それを学ぶことを促している。学ぶことを、アッラーを畏れそして知るための道としている。アッラーは、次のように言っている。《あなたがたは見ないのか。アッラーは天から雨を降らせられる》（35章27節）。ここでは、天文学、天球、天地の関係について言及している。また、次のようにアッラーは言っている。《それでわれは、色とりどりの果物を実らせる》（35章27節）。ここでは、植物学・驚異・不思議さ・化学について言及している。《また山々には、白や赤の縞があり、その外多くの色合いをもち、真黒いところもある》（35章27節）とのアッラーの言葉では、地質学、地層、地面の様相や状態について言及している。《また人間も鳥獣家畜も、異色とりどりである》（35章28節）とのアッラーの言葉では、人間・昆虫・動物などの分類を持つ生物学や動物学について言及している。これらの章句がこの世界に関する知識を無視していると思えるだろうか？　さらに、《アッラーのしもべの中で知識のある者だけがかれを畏れる》(35章28節)と、アッラーは続けている。

あなたは、このように素晴らしい［クルアーンの章句の］構成を見たことがなかろう。そこでは、アッラーは人びとにこの世について学ぶことを命令し、促している。そして、森羅万象《しんらばんしょう》の細部・秘密を知る者を、アッラーについて知り畏れる者としている。アッラーよ、ムスリムをその宗教について教えたまえ。

六　イスラームと道徳

復興する国家は、道徳をより必要とする。それは、確固たる力強い道徳、そして高尚で偉大な精神である。復興する国家は新たな時代の要請に直面するであろう。しかし、深く固い信仰、大きな自己犠牲、強い忍耐から生じる正しく力強い道徳に基づくことなく、その要請に応えることは不可能である。イスラームのみがこの完全な心を形成するというのも、イスラームは心の健全さと清浄さを成功の礎としているからである。アッラーは次のように言っている。《本当にそれ(魂)を清める者は成功》(91章9節)する。

また、アッラーは道徳の変革と心の浄化に付随して、国家に関する諸事の変革を行った。アッラーは次のように言っている。《本当にアッラーは、人が自ら変えない限り、決して人びと(の運命)を変えられない》(13章11節)。あなたは、高尚な道徳の個人的側面に関するクルアーンの章句を聞くだろう。そして、心の変革・準備・浄化に抗《あらが》えなくする力を見るだろう。たとえば、アッラーは次のように言っている。《信者の中には、アッラーと結んだ約束に忠実であった人びとが(多く)いたのである。或る者はその誓いを果し、また或る者は(なお)待っている。かれらは少しも(その信念を)変えなかった。(これは結局)アッラーが、忠誠な人々に対しその忠誠さに報われるということである》(33章23―24節)。

寛容・自己犠牲・忍耐・辛抱・困難との闘いについて、《かれらがアッラーの道のために、渇き、疲れ、餓《う》えに会う度に、また不信者を怒らせる行(攻略)に出向く度に、敵に何らかの打撃を与える度に、かれらに対してもそのことが善行として記録されるのである。本当にアッラーは、正しい行いの者への報奨を無益にされない》(9章120節)と、アッラーは言っている。

イスラームのように、良心を呼び起こし、感情を活性化し、最も善き監視者を心に置くことに努めるものはない。イスラーム以外に、心の奥深くや物事の秘密に達する法体系を有するものはない。

七　イスラームと経済

覚醒した国家は、経済問題に関する規則を必要とする。それは、この時代では最重要の問題である。イスラームはこの問題を無視していない。それどころか、全てを完全な形で定めている。あなたは、財産の保全、その価値の説明、それを重視することの必要性に関して、アッラーの言葉を聞くであろう。《アッラーから保管を委託された財産を、精神薄弱者に渡してはならない》(4章5節)。

収支のバランスについて、アッラーは次のように言っている。《あなたの手を、自分の首に縛り付けてはならない。また限界を越え極端に手を開いてはならない》(17章29節)。

また、アッラーの使徒(ムハンマド)は、「倹約する者は困窮しない」[72]と言った。「清き者の財産は、まことに清いものである」[73]とのアッラーの使徒の言葉にあるように、個人について言えることは、国家についても言える。イスラームは、優れた経済体制を歓迎しており、それを促進するよう国家を奨励し、決して妨害しない。また、イスラーム法学には、経済活動の諸規則が十分なほどにある。

希望・愛国主義・科学・軍・公衆衛生・経済に関するこれらの強化策を実行するならば、疑いなくその国家は最強の国家となり、将来はその手の中にあるだろう。特に、エゴイズム・敵愾心・利己主義・横暴から浄化され、そして全世界のために善を望むようになっていれば、その国家はますますそうなるであろう。イスラームはこのように保証するが、これを拒絶し道から外れて復興を望む国家には保証はない。

八　イスラームの一般規則

このような完全性は、イスラームの諸規則のいくつかに見られるものである。それは特に国家の復興に関わる諸規則であり、我々が復興の時代を迎えていることを示している。それはイスラームの全規則にあるため、［それを調べるには、］膨大な冊数の本にあたることと広範な調査を必要とする。それゆえ、この素晴らしさに関しては、次の簡潔に要約された言葉だけで、我々には十分であろう。すなわち、イスラームの諸規則は、個人、家族、国家、政府、国民、国家間関係に関連するものである。その全てにおいて、イスラームの諸規則は包括的かつ詳細に取りまとめ、公益を重視し説明している。それは、人間が知っている古今の諸規則の中で最も完全で高尚なものである。この見解は、歴史において明証されており、国家の活動のあらゆる局面における綿密な研究に裏づけられている。

この見解はかつて個人的なものに過ぎなかったが、現在は一般的な見解となっている。それは、公平な人びと全てが証言するところである。研究者は研究に没頭すればするほど、先駆者たちが想像できなかった素晴らしい側面を、この永遠なる諸規則の中に見出すであろう。アッラーの言うことはまことに真実である。《われは、わが印《しるし》が真理であることが、かれらに明白になるまで、（遠い）空の彼方において、またかれら自身の中において（示す）。本当にあなたがたの主は、凡てのことの立証者であられる。そのことだけでも十分ではないか》（41章53節）。

イスラームは少数派を保護し、外国人の権利を保障する

閣下。

イスラームに固執し、それを生活制度の基礎にすることは、ムスリム国家における少数派の存在に矛盾し、現代の復興を力強く支える国民統合と相容れない。このように考える者がいるかもしれない。しかし、真実は全くもって異なる。国家の過去・現在・未来を知る全知なるアッラーが下したイスラームは、すでにこの問題に注意を払い、それを克服している。真正で思慮深い「イスラームという」憲法は、少数派の保護を定める明文をはっきりと含んでいる。次のアッラーの言葉以上の明確さが必要であろうか。《アッラーは、宗教上のことであなたがたに戦いを仕掛けたり、またあなたがたを家から追放しなかった者たちに親切を尽し、公正に待遇することを禁じられない。本当にアッラーは公正な者を御好みになられる》(60章8節)。

この明文は、少数派の保護を含むだけでなく、彼らへの親切と善行を奨励している。次のように、イスラームは全人類の統一を善としている。《人びとよ、われは一人の男と一人の女からあなたがたを創り、種族と部族に分けた。これはあなたがたを、互いに知り合うようにさせるためである》(49章13節)。イスラームは同様に、全宗教の統合を正しいこととしている。また、狂信主義を根絶し、ムスリムに天啓の諸書[74]全てを信仰するように命じた。アッラーは次のように言っている。《言え、「わたしたちはアッラーを信じ、わたしたちに啓示されたものを信じます。またイブラーヒーム、イスマーイール、イスハーク、ヤアコーブと諸支部族に啓示されたもの、とムーサーとイーサーに与えられたもの、と主から預言者たちに下されたものを信じます。かれらの間のどちらにも、差別をつけません。かれにわたしたちは服従、帰依します」。それでもしかれらが、あなたがたのように信仰するならば、かれらは確かに正しい

導きの中にいる。だがもし背き去るならば、かれらは離ればなれとなるであろう。かれらのことはアッラーに御任せしておけ。かれは全聴にして全知であられる。アッラーの色染めというが、誰がアッラーよりも良く色染め出来ようか》（2章136―138節）。

そして、横暴さや敵愾心のない宗教的な統合を、とりわけ正しいこととした。《信者たちは兄弟である。だからあなたがたは兄弟の間の融和を図り、アッラーを畏れなさい。必ずあなたがたは慈悲にあずかるのである》（49章10節）。

このイスラームは穏健さと深い正義とが合わさって成り立っており、それに従うことが国民統合の維持に対する阻害要因となることはありえない。反対に、それまで世俗的な権威だけから認められてきた統合に対して、宗教的な正統性を与える。

イスラームは、我々が誰と戦い友好を破棄すべきか、そして誰と関係を築いてはいけないのかについて、詳細に定めている。初期の啓示に次のようにある。《アッラーは只《ただ》次のような者を、あなたがたに禁じられる。宗教上のことであなたがたと戦いを交えた者、またあなたがたを家から追放した者、あなたがたを追放するにあたり力を貸した者たちである。かれらに縁故を通じるのを（禁じられる）。誰でもかれらを親密な友とする者は不義を行う者である》（60章9節）。

このような［敵対的な］外来者が国内にいること、国民の間に大きな不穏が生じること、国家体制が侵害されること。真っ当な人間ならば、こうしたことを享受するよう国家に強いることはないだろう。

これが、イスラームの非ムスリム少数派への姿勢である。それは明確であり、曖昧な点はなく、不公正ではない。イスラームの外国人に対する姿勢は、彼らが正直で誠実な限りは平和的かつ友好的である。しかし、外国人の良心が腐敗し、彼らの犯罪が増える場合、クルアーンは彼らに対する我々の姿勢を次のように定めている。《信仰する者よ、あなたがたの仲間以外の者と、親密にしてはならない。かれらはあなたがたの堕落を厭わない。あなたがたの苦難を望んでいる。憎悪の情は、もうかれらの口からほとばしっている。だがその胸の中に隠すところは、更に甚しい。われは既に種々の印を、あなたがたに鮮明にした。只あなたがたの理解する力が問題なだけである。それ、あなたがた(ムスリム)はかれらを愛しているが、かれらはあなたがたを愛してはいない》(3章118―119節)。

このように、イスラームは最も詳細・有益・明確にこの問題を扱ってきた。

イスラームは我々と西洋の関係を損なわない

我々の生活において、イスラームの諸制度がほぼ定着すると、それは我々と西洋諸国の関係を疎遠にし、政治的関係を不透明化する。このように考える者がいるかもしれない。しかし、これもまた偏見に深く根付いた考えである。これらの国々が我々に不信感を抱いているならば、我々がイスラームに従おうが従うまいが、彼らは満足しない。他方、彼らが我々の誠実な友人であり、確固たる相互信頼が存在したならば、その国の広報官や指導者は、次のように明言するだろう。他国の権利を侵害しない限り、全ての国家は国内で適用される体制を決定する自由があると。国際的なイスラームの高尚さは歴史上最上のものであり、それが高尚さを保護・維持するために定めた諸規則は最も堅固で確固たるものである。これを知るか否かは各国の指導者次第である。

イスラームは、約束の堅持とその履行について言及している。《約束を果しなさい。凡ての約束は、(審判の日)尋問されるのである》(17章34節)。次のようにも言っている。《(しかし)あなたがたの盟約した多神教徒で、破約したことなく、またその後、あなたがたに敵対する者を助けなかった者は別である。(これらの者に対しては)期間が満了するまで、かれらとの盟約を果しなさい。本当にアッラーは、主を畏れる者を愛でられる》(9章4節)。また、次のようにも言っている。《それでかれらがあなたがたに誠実である間は、あなたがたもかれらに誠実であれ》(9章7節)。また、避難民への寛大な扱いや保護を求める者との親密な関係について、次のように言っている。《もし多神教徒の中に、あなたに保護を求める者があれば保護し、アッラーの御言葉を聞かせ、その後かれを安全な所に送れ》(9章6節)。これが多神教徒に関する規定であるが、啓典の民[75]についてはどうなるだろうか？

イスラームは上述の諸規則を定め、それに従うことを重視している。西洋人はこれを、彼ら自身を保護する安全保障の一つとして、みなさなければならない。この真っ当な考えによって国内社会における生活が統治されるならば、ヨーロッパ人自身のためでもあると言えよう。それは彼らにとっても善であり、より永続的なものである。

東洋の覚醒の源は、西洋のものとは異なる

閣下。

いくつかの東洋の国家をイスラームからの逸脱と西洋の模倣へ駆り立てる諸要因の中には、次のようなものがある。それは、指導者たちによる西洋のルネサンス研究に由来する。すなわち、宗教の一掃、教会の破壊、教皇権からの自由、聖職者の管理、国家における宗教的権威の発現の根絶、宗教と政治全般の完全な分離なくして、［西洋の］ルネサンスはなかったという信念である。それが西洋諸国では真実だったとしても、イスラーム諸国では決して真実ではない。というのも、イスラームの教えの特徴は他の宗教とは異なるからだ。イスラームにおいて宗教者(rijāl al-dīn)の権威がおよぶ領域は限定的であり、原則や諸規則を変更することはできない。それゆえ、イスラームの基本原則は何世紀にもわたって、時代とともに歩み、進歩を提唱し、知識を支え、彼らを守ってきた。あそこ〔西洋〕で起こったことがここ〔東洋〕で起こることに当てはまるとは言えない。この点に関する研究は、多くの本にすでに述べられている。本論考で我々に重要なのは、［問題の］主題について簡潔に議論することである。それは、主題を読者の頭にとどめ、

疑問を晴らすためである。真っ当な人間全員がこの原則に関して同意すると、我々は確信している。それゆえ、この［西洋の］感情が我々の現代の復興を導くものではありえない。我々を導くものは、素晴らしい道徳、優れた科学、完全な力という強固な柱にまず拠らなければならない。これは、イスラームが命じていることである。

宗教者は、宗教そのものではない

国民がムスリム宗教者に従い、愛国主義の復興への反対姿勢、愛国主義への批判、強奪者への協力、自己利益や国家の公益に反する現世的な欲望の優先などに陥っている、と西洋の道に従う者たちは主張し始めた。これは宗教者自身の弱みという点では真実であるが、宗教自体の弱みではない。では、宗教はこれについてどのように命じているだろうか？　かつてのウラマーは、王や王子に挑み、その妨害に挑戦し、彼らを批判し、命令し、禁じ、彼らからの贈り物を拒絶し、彼らに真実を明らかにし、ウンマの要請を示した。現代の宗教者は、［このような］イスラームのウンマにおける高名で卓越したウラマーの足跡にかなったことをしているのか？　いや、彼らは圧制と不正に直面して、両手を挙げて［降伏して］いるのだ。イスラームの東方国家のイブン・アシュアス[76]（ʻAbd Allāh ibn Muḥammad ibn al-Ashʻath　?-704）の隊列にいた法学者の一団や、イスラームの西方国家の裁判官《カーディー》であったイブン・ヤフヤー・ライスィー・マーリキー[77]（Yaḥyā ibn Yaḥyā al-Masmūdī al-Laythī　769-849）の抵抗を歴史は忘れていない。

これが、宗教の教えるところであり、過去のムスリム法学者の足跡である。現代の宗教者が主張することが、この［足跡の］中にあろうか？　宗教が逸脱者に対する責任を負うことは正当だろうか？

もしこの主張がある者にとって事実であったとしても、全ての者にとって真実とは言えない。また、特定の状況下で起こったとしても、全ての環境で起こるとは言えない。これは東洋における復興の現代史であり、それは全国家におけるムスリムの宗教者の姿勢にある。エジプトのアズハル[78]、南シリア［パレスチナ］と北シリア［レバノン］のウラマー高等評議会、インドのアブー・カラーム[79](Abū al-Kalām Āzād　1888-1958)と優れたウラマー仲間たち、インドネシアのムスリム指導者たち、彼らの姿勢は忘れられることはなく、また特異なものではない。したがって、単純に愛国主義の名目で、国家を宗教から逸脱させるための口実として、この主張を用いてはならない。宗教者に対して破滅をもたらす姿勢を取る代わりに、彼らを改革し、彼らと和解することの方が、諸国家にとって有益ではなかろうか？「宗教者」という言葉のように[西洋の]模倣を通じて我々の中へ忍び込んできた表現もあるが、それは我々の使用法には存在せず、また合致していない。西洋では、それは特に「聖職者(iklīsūs)」を意味してきた。一方、イスラームの使用法では、全てのムスリムを含む。全てのムスリムは「宗教者」なのである。

大胆であるが成功への歩み

閣下。

これまで見てきたことからも明らかなように、我々がイスラームの道という真実の道を外れ、ヨーロッパの道という強欲と虚栄の道に従うことについて、もはや言い訳はできない。ヨーロッパの道には、虚飾や安っぽい装飾、享楽や贅沢、解放と自由、心が喜ぶ快楽がある。これら全ては心が愛するものであり、アッラーは次のように言っている。《様々な欲望の追求は、人間の目には美しく見える。婦女、息子、莫大な金銀財宝、(血統の正しい)焼印を押した馬、家畜や田畑。これらは、現世の生活の楽しみである》(3章14節)。

しかし、イスラームの道には、栄光と不落、真実と力、恩恵と正当性、堅固さと素晴らしさと高尚さがある。国家とともにこの道を歩め。アッラーがあなたがたに成功をもたらしますように。《言ってやるがいい。(ムハンマドよ)。「わたしはこれらよりも善いものを、あなたがたに告げようか。アッラーを畏れる者たちには、主の御許に楽園があり、川が下を流れている。かれらはその中に永遠に住み、純潔な配偶を与えられ、アッラーの御満悦を被るのである。アッラーはしもべたちを御存知であられる」》(3章15節)。

贅沢は国家を堕落させる。ヨーロッパを揺るがしているのは、享楽と欲望である。《われが一つの町を滅ぼそうとする時は、かれらの中で裕福に生活し、そこで罪を犯している者に(先《ま》ず)命令を下し、言葉(の真実)がかれらに確認されて、それからわれはそれを徹底的に壊滅する》(17章16節)。

アッラーは、終末の日まで、世界への慈悲として使徒を遣わした。使徒とともに、終末の日までの光と導きとして、真実の書〔クルアーン〕を送った。アッラーの使徒〔ムハンマド〕の指導力はスンナとして生き続けている。クルアーンの権威は、その正しさが明証されることで、力強いものとなっている。《それを凡ての宗教の上に宣揚するため》(48章28節)というアッラーの言葉を実現するまで、近かろうが遠かろうが、人類が誇りと謙虚さをもって、この両者〔預言者とクルアーン〕に向かうことは疑いない。

アッラーの使徒〔ムハンマド〕の名の下に、苛《さいな》まれ病に罹っている国家の救済のために、クルアーンから生まれた治療薬を最初に差し出す者になれ。

これは勇気を要する一歩だが、アッラーが望むならば、それは成功への歩みである。アッラーは、その命令において圧倒する者である。《その日、ムスリムたちは喜ぶであろう。アッラーの勝利を(喜ぶであろう)。かれは御望みの者を助けられる》(30章4―5節)。

実践的な改革への歩み

閣下。

現代の我々の復興において国家に行き渡らなければならない感性を、これまで明らかにしてきた。この感性が課す実践的な指示と結論のいくつかを、我々は最後に示したい。ここでは、我々はいくつかの問題の触りにしか言及しない。これらの問題全てが専門家の努力と能力による広範囲かつ詳細な研究を必要とするものだと、我々は十分に知っている。同様に、国家が必要とし要請することの全てや復興の諸相について、精査していないことも知っている。これらの要請は一晩で達成できる容易な些事であるとは、我々は考えていない。同様に、それら多くの前に様々な障害があることを我々は知っている。それは、強い忍耐力、偉大な知識、真摯な決意を必要とするものである。これら全てを我々はすでにしており、また[対処が]可能である。さらに、決意が真実であれば道が開けることを、そしてアッラーが望むなら、強い決意の国家が善の道を採れば望むところへ間違いなく至ることも、我々は知っている。進め、アッラーはあなたとともにある。真正なイスラームの精神に基づく改革の主たる目的は次のとおりである。

一　政治・司法・行政

（一）党派主義の根絶。国内政治勢力を一つの方向、一つの隊列に向ける。

（二）全てのカテゴリーにおいてイスラームの立法(al-tashrīʻ al-islāmī)と合致させるための法改正。

（三）軍の強化。青年人口の増加。彼らの心にイスラームのジハードに基づく熱情を喚起する。

（四）全イスラーム諸国との関係強化。特に、失われたカリフ制を真摯に考える道を開くため、アラブ諸国との関係強化。
(五) 政府部局におけるイスラームの精神の普及。これにより、全職員がイスラームの教えに責任を負っていると感じる。
(六) 政府部局職員の個人的行為の監視。公私の区別をなくすこと。
(七) 政府部局における夏季と冬季の労働時間を早めること。これにより、宗教義務の履行を助け、過度の夜更かしをなくす。
(八) 賄賂と縁故主義の根絶。[役職への]任命は、能力と正当な理由のみによる。
(九) 政府の全業務においてイスラームの規定・教えの尺度を重視すれば、行事・招聘・公式会議・刑務所・病院に関する諸規則がイスラームの教えに反することはない。労働時間帯は、礼拝の時間にぶつからないように分けられるべきである。
(一〇) 行政・軍ポストへのアズハル出身者の雇用、およびその訓練。

二　社会・教育

(一) 人びとが公共道徳を尊重するよう条件を整える。それに関する法の保護を強化するよう指導を行うこと。道徳に対する犯罪への刑罰の厳格化。
(二) 女性問題の改善。それは、イスラームの教えに一致した形で、女性の発展と保護を合わせる改善である。これにより、社会の最重要問題であるこの問題を、奇妙な概念や誇張的で浪費的な意見には委ねない。
(三) 公認・非公認の売春の廃止。いかなる状況であれ、姦通は犯した者が鞭で打たれる忌まわしい犯罪であるとみなすこと。

（四）ゲーム、くじ、競争、カジノなどあらゆる種類の賭博の廃止。
（五）アルコールと薬物との戦い。それらの禁止と、その悪影響からの国家の解放。
（六）華美と放縦への抵抗。女性をあるべき姿に導くこと。教師・生徒・医師・学生、その他類似の者については、特に厳格化する。
（七）女子学生のカリキュラムの再考。教育の多くの局面において、女子学生と男子学生のカリキュラムの分離が必要である。
（八）男女学生の混合の禁止。結婚できない男女の密会は、罰せられる犯罪とみなされる。
（九）あらゆる手段による結婚と出産の奨励。家族を保護・支援し、結婚問題を解決するための立法措置。
（一〇）道徳的に好ましくない舞踏場やダンスホールの閉鎖。踊りやそれに類似する行為の禁止。
（一一）劇場や映画の監視。台本やフィルムの厳格な選択を行う。
（一二）歌謡の見直し。厳格な選択と監視。
（一三）国内で流される講義・歌・題材の良き選択。優れた愛国的・道徳的教育のために、ラジオ局を利用する。
（一四）煽情的な小説、悪影響の疑いのある本の発禁。不徳を広め、忌まわしい欲望に利する新聞の発禁。
（一五）夏の保養地の秩序化。これにより、夏季休暇の根本的な意味を台無しにする無秩序と放縦を根絶する。
（一六）全てのカフェの営業時間の厳格化。来客の行動を監視し、彼らにとって有益なこととは何かを指導する。現在のように長時間営業するカフェの営業許可を取り消す。
（一七）非識字者の読み書き習得のためのカフェの利用。そのために、義務教育課程の教員と学生の中で活力ある青年を支援する。
（一八）経済、道徳、その他全てにおける悪習への抵抗。人びとの志向をそれ以外の有益な慣習へ変え、公益と合致するよう彼らの心を教育する。結婚・葬儀・誕生・ザール祭祀(zār)[80]・祝祭日などにおける慣習が対象となる。政府は、これに関する正しい模範とならなければならない。

（一九）監視の要求に関する熟考。ラマダーン〔断食月〕で断食を破ること、故意に礼拝をしないこと、宗教を侮辱することなど、イスラームの教えを侵犯し攻撃したことが明らかな者に対して、刑罰を与える。

（二〇）村落部の義務教育学校とモスクの緊密な連携。職員、清潔さ、生徒の世話などについて、両者の完全な改革を行う。これにより、低学年は礼拝の訓練を受け、高学年は知識を授けられる。

（二一）宗教教育の基礎科目化。どのような種類［の学校］であれ、全ての学校と大学において、これを実施する。

（二二）無料公立小学校でのクルアーン暗唱の奨励。クルアーンの暗唱を宗教学・［アラビア語］言語学に関する学位取得の条件とする。また、全ての学校において、少なくともクルアーンの一部を暗唱することを義務化する。

（二三）確固たる教育政策の制定。その政策は、教育水準を上げ、［国内の］様々な要素を［同じ］目標・目的に向けて団結させ、様々な文化［の関係］を親密にし、最初の教育段階を優れた愛国精神と正しい道徳［の教育］に充てる。

（二四）全ての教育段階におけるアラビア語への配慮。最初の教育段階において、外国語ではなくアラビア語を使用する。

（二五）イスラームの歴史、祖国の歴史、愛国主義の学習、イスラーム文明の歴史への配慮。

（二六）国内における制服の段階的導入方法に関する検討。

（二七）言語・風習・服装・女性家庭教師・看護婦などについて、家庭内における外国かぶれの根絶。これら全ては、上流階層家庭において特に修正されなければならない。

（二八）ジャーナリズムを正しく方向づけること。作家・文筆家がイスラーム・東洋に関する題材を扱うよう奨励する。

（二九） 公衆衛生への配慮。健康に関する宣伝を多様な手段を用いて行う。病院・医者・移動式診療所の数を増やし、治療を受けやすくする。

（三〇） 村落への配慮。それは、［村の］組織、清潔さ、［飲料］水の浄化、文化・レクリエーション・教育の方策についてなされる。

三 経済

（一） 慈悲深きシャリーアの教えに基づく、収支面でのザカート〔喜捨〕運用制度の改革。養老院・救貧院・孤児院のような慈善事業や、軍の強化のために、ザカートを使用する。

（二） 利子《リバー》の禁止。この目標に向けて、銀行を改革する。政府自らが貸付銀行や事業向け貸付などの事業を行い、利子廃止の模範となる。

（三） 経済事業の奨励と増大。それにより、国内失業者へ雇用を創出する。外国人の手中にある事業を、純粋な国内事業者の手に移す。

（四） 独占企業の不正からの民衆の保護。独占企業の活動範囲に制限を設け、彼ら〔民衆〕のために可能な限りの利益を獲得する。

（五） 若年公務員の雇用状況改善。これは彼らに対する給与の増額や昇給・報酬の維持によってなされる。また、高齢公務員の給与は減額する。

（六） 公務員ポストの大幅削減。必要なポストだけに制限する。公務員の仕事を公平かつ綿密に配分する。

（七） 農工業への指導の奨励。農業労働者と工場労働者の生産性の向上を重視する。

（八） 労働者の技術的・社会的問題への配慮。様々な点における彼らの生活水準の向上。

（九）未耕作地や未開発鉱山など天然資源の利用。
（一〇）必要な計画の立案と実行に対しては、潤沢に〔物資を〕供給する。

これがムスリム同胞団のメッセージであり、我々はそれを提示した。発展と進歩に向けて国家とともに歩むことを望む委員会や政府に対して、我々は自らの身、才能、持てるもの全てを委ねる。我々は呼びかけに応え、自己犠牲も厭わない。そうすることで、我々は自らの望みを遂行し、自らの言葉を発することを望んでいる。宗教とは、アッラー、使徒〔ムハンマド〕、クルアーン、ムスリムの指導者と民衆に対して誠実であることを意味する。アッラーとは我々を満足させ、十分なものである。アッラーの選んだ下僕に平安あれ。

ハサン・バンナー
〔一九四七年〕

第4章　青年へ

慈悲深く慈愛あまねきアッラーの御名において。

アッラーにすべての称賛あれ。我らが主ムハンマド、彼の一族、教友、彼を援助せし者へ祝福と平安あれ。

《言ってやるがいい。「わたしは忠告する。あなたがたはアッラーの御前に、二人ずつまたは一人ずつ立ってよく考えなさい。あなたがたの同僚は、精神薄弱者ではない。かれは厳しい懲罰の(下る)以前に、あなたがたに警告するに過ぎない」。言ってやるがいい。「わたしは、どんな報酬もあなたがたに要求しない。それは(凡て)あなたがたのものである。わたしは報酬を、只アッラーから(戴く)だけである。かれは凡てのことを立証される」。言ってやるがいい。「本当にわたしの主は、(しもべに)真理を投げかけられ、見得ないものを知り尽くされる」。言ってやるがいい。「真理(イスラーム)は下り、偽り(邪神)は何らその後創造することもなくまた再び繰返すこともない」。言ってやるがいい。「仮令《たとえ》わたしが迷っても、只わたし自身(を損なう)だけである。また、もし導かれているならば、それは主がわたしに啓示された御陰である。本当にかれは全聴にして至近におわす方であられる」》(34章46—50節)。

青年よ

彼の外に神のいないアッラーがあなたがたへ称賛を与えんことを。改革者の指導者でありジハードの戦士の主である我らが主ムハンマド、彼の家族、教友、彼に従う者に祝福と救いがあらんことを。

青年よ

次のような場合に、ある思想は成功するであろう。その思想を信じることが強固である場合、そのための誠実な献身が多くある場合、それへの情熱が大いなるものとなる場合、その実現のために自己犠牲と行動を伴う決意がある場合である。それは、四つの根本的な柱からなる。それは、青年の特性である信仰・誠実さ・情熱・行動である。なぜならば、信仰の基礎は賢明な心であり、誠実さの基礎は純粋な心であり、情熱の基礎は強固な意識であり、行動の基礎は青年の決意であるからだ。そして、これら全てを持つのは青年だけである。したがって、青年は古今において、全ての国家でその復興の柱であり、全ての復興でその力の秘密であり、全ての思想でその旗手なのである。

《われはかれらの物語の真実をあなたに語ろう。かれらは主を信じる青年であったから、われはなお一層かれらを導いた》(18章13節)。

したがって、あなたがたの義務は数多くあり、責任は大きく、国家の権利はあなたがたによって増進し、誠実さはあなたがたの下でより重いものとなる。したがって、熟考すること、活発に行動すること、態度を明確にすること、救済へ前進すること、国家に完全なる権利を与えることが、あなたがたにとっての義務となる。

強い力を有し繁栄を謳歌《おうか》している国家では、[次のような]青年が育つであろう。その青年は、国家に対して関心を払う以上に、自らに関心を払う。そして、娯楽や遊興に興ずるであろう。彼は平穏な心の持ち主であり、心の満ちた者である。しかし、他国家が主人[のように振る舞う国家]であり、敵[である他国家]が全て好き勝手できるような国家では、[次のような]青年が育つであろう。この奮闘し行動する国家は、失われた権利、強奪された伝統、失われた自由、気高き栄光、高尚な理想の回復のために、可能な限り努力するのである。その際、青年たちにとって、自らに対して払う以上の関心を国家に対して払うことが、最大の義務の一つとなる。そうすることにより、青年は、勝利の場における現世の利益と、アッラーの報奨による来世の利益を得るのである。幸運なことに、おそらく、我々［の国家］は後者である。したがって、熱心に奮闘する国家において、我々の目は、権利と自由のために、絶え間ない努力へと見開かれるのである。青年よ、信徒にとって最も近くにある勝利のために、熱意ある行動者にとって最大の成功のために、備えよ。

青年よ

復興する国家――それは復興の暁にある――において、おそらく最も嘆くべき危険なものは、教宣の相違、呼びかけの混乱、方法の多様性、行動指針と手段の不統一、リーダーシップを巡る対立の多さである。これらは全て、努力における分裂［をもたらすもの］であり、目標への到達を困難とする力を撒き散らすものである。したがって、これらの教宣を研究し均衡を取ることは、改革を望む者が避けることのできない基本的な義務である。

したがって、ヒジュラ暦一四世紀[81]におけるイスラームの教宣を明確にまとめてあなたがたに説明することは、私の義務の一つなのである。

ムスリム同胞団の教宣、もしくはヒジュラ暦一四世紀におけるイスラームの教宣

青年よ

すでに、我々は論争や疑義のない信仰［イスラーム］を信じており、動くことのない山よりも堅固で、心の秘め事よ

りも深遠な信仰箇条を信じている。そこには一つの思想しかない。それは、悲惨なこの世を救い、道を見失っている人類を導き、人びとに正しい道を示す。したがって、その思想は、広く伝えるために明瞭にする価値があり、人びとが精神的・経済的な奉仕によって促進してきたものである。それは、逸脱や害悪がなく、従う者が誤ることのない正統のイスラームである。

《アッラーはかれの外に神がないことを立証なされた。天使たちも正義を守る知識を授った者もまた(それを証言する)。偉力ならびなく英明なかれの外に、神はないのである。本当にアッラーの御許の教えは、イスラーム(主の意志に服従、帰依すること)である》(3章18―19節)。

《今日われはあなたがたのために、あなたがたの宗教を完成し、またあなたがたに対するわれの恩恵を全うし、あなたがたのための教えとして、イスラームを選んだのである》(5章3節)。

我々の思想は純粋にイスラーム的なものである。それは、イスラームに基づき、イスラームから導き出され、イスラームのために奮闘し、イスラームの教えの称揚のために行動する。制度においてイスラームを放棄してはならない。導きとしてイスラーム以外に満足してはならない。統治においてイスラーム以外に従ってはならない。《イスラーム以外の教えを追求する者は、決して受け入れられない》(3章85節)。

イスラームとムスリムに対して、大きな出来事が連続して起こり、大災難が次々に発生する時代がすでに到来している。イスラームの敵は、イスラームの恩恵を根絶し、その美しさを覆い隠し、ムスリムを誤った方向へ導こうとし、イスラームの[及ぶ]領域を破壊し、その戦士を弱めようとしている。ある時には破壊することによって、ある時には[不当に]過剰なものとすることによって、またある時には誤った方法で解釈を行うことによって、イスラームの導きとその力を歪めようとしている。このようにして、イスラームの政治権力を破滅させ、その世界帝国を解体させ、ムハンマドの[率いる]イスラームの軍隊を解散させ、植民地主義を掲げる劣等な不信仰者の手中にイスラーム諸国を陥れようと励んでいる。

我々同胞団の最優先の義務は次の二つである。一つは、人びとに対して、［イスラームについて誤った］過剰や過少や混乱のないよう完全かつ明瞭な形で、この［同胞団が唱える］イスラームを説明することである。これは、我々の思想における理論的側面である。もう一つは、人びとに対して、その［イスラームの教えの］実現を求め、実行を促し、行動へ導くことである。これは、我々の思想における行動的側面である。

ここにおいて、我々を支える柱は次のとおりである。虚偽の全くないアッラーの書〔クルアーン〕、アッラーの使徒〔ムハンマド〕に由来する真正のスンナ、この［イスラームの］ウンマの初期世代《サラフ》たちの［従った］真の道である。アッラーが望むことの実行、任務の遂行、人びとを教え導くことのみを、これ［らの柱］の下で、希求しなければならない。

我々は、自らの思想の実現のために努力し、そのために生命を賭して奮闘し、全ての人びとに教宣を行い、全てを犠牲とし、気高く生き、気高く死ぬ。我々の恒久的なスローガンをここに定めよう。「アッラーが我らの目的、預言者〔ムハンマド〕が我らの指導者、クルアーンは我らの憲法、ジハードは我らの道、アッラーのための死は我らの最高の望み」。

青 年 よ

アッラーと、アッラーへの信仰と、アッラーの宗教〔イスラーム〕による教育において、アッラーはあなたがたに力を与えた。そして、あなたがたのために、この世における最も優れた位階、人類の中の指導的立場、生徒への教授者としての威厳を記した。《あなたがたは、人類に遣された最良の共同体である。あなたがたは正しいことを命じ、邪悪なことを禁じ、アッラーを信奉する》（3章110節）。《このようにわれは、あなたがたを中正の共同体〔ウンマ〕とする。それであなたがたは、人びとに対し証人であ》（2章143節）る。

したがって、まずあなたがたに呼びかけることは次のとおりである。自分自身を信じること。自らの立場を理解すること。あなたがたの敵が屈服を求めてくるならば、自分がこの世の主人だと信じること。あなたがた以外の者が現世生活の諸相や敬虔さから得られる成果についてあなたがたに勝ろうとするならば、自分が人類の教授者であることを強く信じることである。

青年よ。あなたがたの信仰を新たにせよ。あなたがたの目標、目的、信仰における第一の力、統一された信仰により得られる結果、明瞭で力強い勝利をもたらす統一の成果を明らかにせよ。信じよ、同胞となれ、知れ、その後に勝利を期待せよ。それは、信徒の喜びである。

全世界は道を見失い、荒廃している。そこに既存の諸制度は、全て[混乱した現状の]治療ができない。イスラームなくしてその治療はありえない。アッラーの御名において、救済に向けて前進せよ。全ての人びとは、救済者を待ち望んでいる。光と幸福を持つイスラームの使信なくして、救済者は現れることがない。

青年よ

ムスリム同胞団の方法論は、その段階が明確に定められている。我々は、自らが望むところを完全に知っており、またこの望みを実現するための方法を知っている。

(一) まず我々は、思想・信仰・人格・感情・行動・振る舞いにおいて、ムスリム男性を欲する。これは、我々の[考える]個人の形成である。

(二) 次に我々は、思想・信仰・人格・感情・行動・振る舞いにおいて、ムスリム家庭を欲する。ここでは、我々は、男性に関心を払うと同時に女性に関心を払い、青年に関心を払うと同時に子供に関心を払う。これは、我々の[考える]家族の形成である。

（三）次に我々は、同様に全てにおいて、ムスリム民衆を欲する。ここでは、我々の教宣があらゆる家庭へ届くよう、我々の声があらゆる場所で聞こえるよう、我々の思想を容易に［人びとが理解］するよう、大小を問わず［全ての］村・町・県・都市に我々の思想が浸透するよう、尽力する。この努力を怠ったり、やめたりすることはない。

（四）次に我々は、ムスリムの政府を欲する。その政府は、この［ムスリム］民衆をモスクへと導く。また、かつてアッラーの使徒［ムハンマド］の教友、［初代正統カリフである］アブー・バクル、［第二代正統カリフである］ウマルの下で行われたのと同様に、イスラームの導きへと民衆を促す。イスラームの原則に基づかず、イスラームの原則から導き出されていない、いかなる政治体制も我々は認めない。我々は、政党制度や［西洋の］模倣を認めない。これらは、不信仰者やイスラームの敵による統治や活動を強く促進するものである。そこで、我々は、あらゆる局面でイスラーム的な統治体制の復活と、この体制の原則に従うイスラーム政府の形成に尽力する。

（五）次に我々は、イスラームの祖国のあらゆる箇所と固く結束することを欲する。［現在、］イスラームの祖国は、西洋の政策により分割され、破綻させられている。また、ヨーロッパの野望により抑圧されている。我々は、この［状況の］政治的強化や、［西洋］国家間の取り決めを認めない。それは、イスラームの祖国から、強奪者たちが容易に併呑できる脆弱な小国家を作り出すものだ。また、我々は、これらの国々の民衆の自由の［奪われた］長い苦難や、そこにおける他国の独断［的行動］に対して、口を閉ざすことはない。エジプト、シリア、イラク、ヒジャーズ[82]、イエメン、トリポリ[83]、チュニジア、アルジェリア、マラケシュ[84]、「アッラーのほかに神はなし」と言うムスリムのいる土地は全て、我々の大きなイスラームの祖国である。我々は、その解放、救済、束縛からの自由、相互連帯のために努力する。

ドイツ帝国[85]は、ドイツ人の血が流れる全ての者のために、守護者になることを強く決心していた。一方、イスラームの信仰箇条は、強いムスリムに対して、クルアーンの教えに従う全ての者のために、守護者になると自任すること

か？

信仰箇条とは、イスラームにおける全ての物事である。信仰とは、愛のないものか、それとも憎しみのないものなのを義務としている。また、イスラームの慣習においては、信仰を欠く人種的連帯を形成することが許されていない。

(六) 次に我々は以下のことを欲する。かつて幸運にもイスラームを受け入れ、「アッラーは偉大なり」や「アッラーのほかに神はなし」とのムアッズィン(86)の声が鳴り響いていたが、不幸にもイスラームの光が奪われ、その後不信仰者の手に戻ってしまった土地を、高くたなびくアッラーの旗が取り戻すことである。アンダルシア、シチリア、バルカン、南イタリア、地中海の島々は全て、イスラームの下へ戻らなければならないイスラームの入植地である。また、地中海と紅海は、かつてのようにイスラームの湖に戻らなければならない。もし、[イタリア・ファシスト党の]ムッソリーニ氏が自らの任務を、独断的な野望に基づくことなく、ローマ帝国と、かつて帝国を形成していたものを回復することと考えていたならば[よかっただろうに]。これに対して、我々の任務とは、正義と公正そして人びとの間における[イスラームの]光と導きの普及に依拠し、イスラーム帝国の栄光を回復することである。

(七) 次いで我々が欲するのは、我々の教宣が、世界中に広く知れ渡り、全ての人びとに届き、遠隔の地にも普及し、全ての抑圧者を屈服させることである。これは、争いがなくなり、アッラーに全てを捧げる者が[多く]現れ、信徒[ムスリム]がアッラーの勝利を喜び、それを望むアッラーが勝利するためである。アッラーは偉力あり慈悲深い御方である。

これら全ての段階に、それぞれの歩み・枝葉・手段がある。我々は、ここで詳しくは述べない。アッラーは救済者であり、我々にはアッラーだけで十分である。アッラーはなんと威厳があろうか。

この[我々の]方法論について、それが人びとの心に深く根ざす幻想やまやかしであるとする臆病な無能者は少ないだろう。そう考えることは、我々もイスラームも知ることのない弱さである。しかし、それは国家の中核に投げ込まれており、国家の敵を国内で力づける脆弱性、信仰の中核の破壊要因、ムスリムの堕落をもたらす病となっている。そこで、我々は、次のように明瞭かつ平易に伝える。全てのムスリムは、この[我々の方法論を否定する]ように信じてはならず、そう行動してはならない。それは、イスラームに何も依拠していないものである。それゆえ、イスラームに依拠する別の思想を研究し、そのために行動する。

青年よ

あなたがたは、かつての人びとや、アッラーの望みを実現できた人びとと比べても、弱くはない。決して弱くなるな。目を高く上げよ。アッラーの言葉にこうある。《人びとが、かれらに向かって言った。「見なさい、あなたがたに対して大軍が集結している。かれらを恐れるべきである」。だがこのことが却ってかれらの信仰を深めた。そして「わたしたちには、アッラーがいれば万全である。かれは最も優れた管理者であられる」と言った》(3章173節)。

我々は、ムスリム男性を生み出すために、自分自身を育てる。我々は、ムスリム家庭を生み出すために、自らの家族を育てる。我々はムスリム民衆を生み出すために、自分たちの民衆を育てる。我々は、ムスリム民衆の一部である。我々は、目標の達成へ向けて、また自ら[勝手に定めたの]ではなくアッラーが我々のために定めた目標へ向けて、堅実な足取りで前進する。アッラーの許しと助けがあれば、そこへたどりつけるであろう。アッラーは、不信仰者が嫌がろうとも、アッラーの光を完全なるものにすることを望んでいる。

そのために、すでに我々は、揺るがない信仰、止むことのない行動、弱まることのないアッラーへの信頼、アッラーが殉教者に会う最も幸福な日の[ための]心を備えている。

また、同胞団の方法論は国内外を問わず政治の重要な要素であり、我々はそれをイスラームから導き出してきた。また、我々は、政教の分離が正統イスラームの教えによるものではないと理解している。自らの宗教[イスラーム]に忠実で、イスラームの精神と教えを理解したムスリムは、それ〔政教分離〕を知ることはない。そして、我々が転向することを望む者は、我々を［その方法論から］引き離そうとしている。その者は、イスラームの敵かイスラームを知らない者のどちらかでしかありえない。

青年よ

ムスリム同胞団は「ダルウィーシュの集団[87]（jamāʻa darāwīsh）」であり、イスラームの五行〔信仰告白・礼拝・断食・喜捨・巡礼の五つの信仰行為〕の狭い範囲に自ら［の活動］を限定し、その関心事は、礼拝、断食、ズィクル、アッラーへの称賛のみであると考える者は、誤っている。初期のムスリムたちは、このように［狭く限定して］イスラームを理解せず、信じてはいなかった。彼らは、信仰箇条、五行、［イスラームの］祖国とその民であること、人格・物質［的な面］・文化・法・寛大さ・力において、イスラームを信じていたのである。彼らは、生活の諸相を対象とする制度として、そして来世と現世における命令を定める完全な体制として、イスラームを強く信じた。また、イスラームを実践的かつ精神的な制度として強く信じていた。彼らの下には、宗教・国家・クルアーン・剣があったのである。彼らは五行の命令を怠ることなく、また彼らの主人の［定めた］宗教的義務の実行において努力を惜しまなかった。礼拝の善行に努め、クルアーンを読み、尊厳と栄誉に満ち崇高なアッラー［の名］を命じられたように唱えた。過剰な行き過ぎはなく、［定められたものの］色を変えることも、［誤って］深めることもない。彼らは、アッラーの使徒〔ムハンマド〕の次の言葉をよく知っている。「この宗教は強固であり、穏やかに浸透するものである。樹林は、その土地を切り刻まれることも、そのまま放置されることもない[88]」。彼らは現世［における行い］から、来世において彼らに害を与えることのない利益を手に入れるのである。彼らは、《言ってやるがいい。「アッラーがしもべたちに与えられた、かれからの（賜物）や、食料として（与えられた）清浄なものを、誰が禁じたのか」》（7章32節）という尊厳と栄誉に満ち崇高なアッラーの言葉を知っているのである。また、［我々の］同胞たちは、善は集団のために述べられていることを知っている。これは、「夜は修道士、昼は騎士」という教友たちの言葉である。それゆえ、同胞たちはそうあろうと努める。アッラーは救済者である。

ムスリム同胞団は祖国と愛国主義を快く思っていないと考える者は、誤っている。ムスリムは、祖国への忠誠・奉仕・献身、そして祖国のための誠実な行動者への尊敬において、最も真摯な者である。愛国主義において、どこまで行動するのか、国家においてどのような力を求めるのかを、ムスリムはすでに知っている。ムスリムとそれ以外の単純な愛国主義を唱える者との違いは、ムスリムの愛国主義の礎はイスラームの信仰箇条であるということだ。彼ら〔ムスリム〕は、たとえばエジプトのような祖国のために行動し、そのために奮闘しジハードに没頭する。これは、エジプトがイスラームの地の一部で、その国々における指導的国家だからである。彼らは、ここまでの［エジプトを対象とする］思考の範囲内でやめない。同時に、全てのイスラームの地、そしてイスラームの祖国を念頭に置いている。他方、祖国に関する単純な［愛国主義の］思考は全て、一国家の範囲内で止まっており、祖国のための行動を、模倣・表層・虚栄心・利益により義務として考えている。決してアッラーを崇拝する者のために下された宗教的義務には依拠しないのである。あなたがたには、ムスリム同胞団の愛国主義で十分だ。同胞団は、次のような不可欠で確固たる信条を強く抱いている。たとえわずかでもムスリムの土地を放棄することは、イスラームの地の回復のために許されない罪であり、その回復に先だって根絶すべき罪である。これを行うことなく、同胞団にアッラーの救いはない。

ムスリム同胞団を怠慢で怠惰な教宣者と考える者は、誤っている。［我々の］同胞たちは、ムスリムが万事において指導者とならなければならないと、常に示そうとしている。彼らは、知識・力・健全さ・金銭などの万事において、指導力・行動・ジハード・先導を行わずには満足しない。また、その遅れは全ての局面において、我々の思想に対する害悪であり、我々の宗教の教えに反するものである。我々は人びとに対して、この［現在勢いの］強い物質主義を拒絶する［と明言する］。物質主義は、人びとが自分自身にのみ注意を払うようにする。また、才能・時間・努力について、人びとが個人的な利己主義にのみ関心を持つようにする。そこでは、諸事において、各人は自分のためにのみ行動し、国家に関する事柄に関心を抱くことはない。預言者〔ムハンマド〕はこう言っている。「ムスリムの［与えられた］命令に関心を持たなかった者は、ムスリムではない(89)」。また、次のようにも言っている。「まことにアッラーは万事において善行を書かれた(90)」。

ムスリム同胞団を国内の人種的分裂を唱える教宣者と考える者は、誤っている。我々は、イスラームが全人類の連帯への称賛について最も詳細な関心を示したことを知っている。たとえば、アッラーの次のような言葉においてである。《人びとよ、われは一人の男と一人の女からあなたがたを創り、種族と部族に分けた。これはあなたがたを、互いに知り合うようにさせるためである》(49章13節)。この言葉は全人類の善におよび、アッラーの慈愛は全人類に達するのである。また、この宗教の重要なことは、心の分裂や怒りから最も縁遠い宗教であるということである。そこでは、クルアーンは確固かつ高尚なものとして、この［人類の］統一におよぶ。たとえば、アッラーの次のような言葉においてである。《使徒たちの誰にも差別をつけない》(2章285節)。イスラームは怒っている時や、言い争っている時においても、攻撃することを禁じている。アッラーは、《人びとを憎悪するあまり、あなたがたは(仲間にも敵にも)正義に反してはならない。正義を行いなさい。それは最も篤信に近いのである》(5章8節)と言っている。

人びとの信仰箇条や宗教が異なる場合には、イスラームは、人びとに慈善と善行を命じている。《アッラーは、宗教上のことであなたがたに戦いを仕掛けたり、またあなたがたを家から追放しなかった者たちに親切を尽し、公正に待遇することを禁じられない》(60章8節)。また、［イスラームは］ズィンミー〔庇護民〕への公正を命じている。そうすることによって、彼らの取り扱いをよいものにしている。「我々のものは彼らのものであり、我々に課されたものは彼らにも課される」のである。我々［同胞団］は、これら全てを知っている。したがって、人種的集団や派閥的連帯意識へ〔人びとを〕呼びかけるのではない。我々は、この統一のために、我々の宗教〔イスラーム〕で買ったことや、我々の信仰箇条を取引したことや、ムスリムの利益を損なったことはない。我々はその統一を真実・公正・正義・〔全ての人びとの〕満足をもって買ってきたのである。また、我々は、これ以外〔の方法〕で努力する者をやめさせ、その思考の誤りを彼のために説明する。それは、アッラーのため、使徒〔ムハンマド〕のため、信徒のためでもある。

ムスリム同胞団が特定の組織のために活動し、特定の集団に依存していると考える者は、誤っている。ムスリム同胞団は、目標に向かって、主の定めた導きに従って活動している。その導きとは、あらゆる時と場所において、常にイスラームとムスリムのためのものである。我々は、アッラーが我々に与えたものを、アッラーのために使う。また、我々は、これまで、ある人だけのために手を差し伸べることや、〔特定の〕個人・組織・集団に援助を求めることがなかったことを誇りとしている。

青年よ

これら不変の礎によって、崇高なる教えに向かって、我々はあなたがた全てに対して呼びかける。もし、あなたがたが我々の思想を信じ、我々の歩みに従い、我々とともに正統イスラームのために進み、我々のもの以外の全ての思想を放棄し、あなたがたの信仰箇条のために全ての努力を捧げるならば、それはあなたがたにとって現世と来世での善となろう。また、アッラーが望むなら、初期世代《サラフ》たちの下で実現されたことを、あなたがたの下でも実現するだろう。あなたがたの中から生まれる誠実な行動者は、イスラームのためにあらゆる努力をするだろう。イスラームはその熱意を称揚している。また、行動者が誠実な者の中から生まれるなら、その行動者はイスラームの活性化のために身を捧げるであろう。

混迷する教宣や成功の見込みがない方法論に戸惑うことを、あなたがたがきっぱりと拒絶するならば、アッラーの軍隊は［その数の］多寡に関係なく、前進してゆくだろう。《偉力ならびなく英明であられるアッラーの御許からの外には、助けはないのである》（3章126節）。

ハサン・バンナー
〔一九四一年〕

第５章　クルアーンの旗下にあるムスリム同胞団

受け継がれた栄光を渇望する青年たちへ。
道の交差点で困惑する国家へ。
栄光の奇跡の一時代を築いた深紅の血の継承者たちへ。
現世における成功と来世における繁栄を信じる全てのムスリムへ、我々は示す。

殉教者イマーム・ハサン・バンナーの講演

過去の燃え盛る力から、今日の動揺する若者への伝言。
そして輝く未来へ決起する準備。
青年よ、生を求め途方に暮れた者よ。
アッラーの宗教〔イスラーム〕の勝利を切望する者よ。
主〔アッラー〕の前にその魂を捧げる者よ。
導きと良識がここにある。
叡智と清算がここにある。
犠牲の高揚とジハードの喜びがここにある。

そして、無言の軍団を急がせよう。

そして、諸預言者の旗の下に行動しよう。

そして、あなたを「ムスリム同胞団」の陣営に召集しよう。

《迫害と奸計がなくなるまで、また(かれらの)教えがすべてアッラーを示すまで》(8章39節)。

ムスリム同胞団

慈悲深く慈愛あまねきアッラーの御名において。

アッラーに称賛あれ。預言者ムハンマド、彼の一族、教友へアッラーの恵みと平安があらんことを。(原註1) イスラームはあなたがたに生命、すなわちアッラーからの生命を与えた。そして、あなたがたにアッラーの平安・慈悲・恩寵を与えた。

(原註1) カイロのムスリム同胞団の施設で、西暦一九三九年四月四日にあたるヒジュラ暦一三五八年二月一四日(火曜日)に行われた、多数が参加した集会でイマーム[のハサン・バンナー]先生が行った講演原稿。


ムスリム同胞団よ。

全ての人びとよ。

我々は、多くの深刻な出来事が大きく鳴り響くまっただ中にいる。この出来事とは、暗闇の中から、今日生まれたものである。また、我々は様々な教宣からなる洪水の濁流の中にいる。こうした教宣は世界各地で繰り返されており、その教宣によって、世界各地で望まれた潮流が広がる。それ〔様々な教宣〕は、希望と約束と表明の全てを備えたものである。

ムスリム同胞団は我々の教宣を提示する。

それは静かである。しかし、吹き荒れる嵐よりも強い。

それは謙虚である。しかし、揺るぎない山の威容よりも力強い。

それは限りがある。しかし、全ての地理的領域の境界よりも広い。

それは誤った、虚偽の表明から自由である。しかし、真実の崇高さ、啓示の警告、アッラーの保護によって守られている。

我々の教宣は、欲望・独断・私的な目的・個人的利益からのものかもしれない。しかし、それは教宣の信奉者や誠実な行動者を継承するものであり、それには現世での支配と来世での楽園がある。

最初の教宣の光の中で

ムスリム同胞団よ。

全ての人びとよ。

教宣の明瞭な響きに耳を傾けよ。それは、遠くからの最初の教宣の声の響きであり、かつての響きと同じものである。《(大衣に)包《くるま》る者よ、立ち上って警告しなさい。あなたの主を讃えなさい》(74章1―3節)。

〔アッラーの〕言葉の神秘が鳴り響く。《だからあなたが命じられたことを宣揚しなさい。そして多神教徒から遠ざかれ》(15章94節)。そして、全人類に向けられた啓示の言葉がそれを称賛する。《人びとよ、わたしはアッラーの使徒として、あなたがた凡てに遣わされた者である。天と地の大権は、かれのものである。かれの外に神はなく、かれは生を授け死を与える御方である。だからアッラーと御言葉を信奉する、文字を知らない使徒を信頼しかれに従え。そうすればきっとあなたがたは導かれるであろう》（7章158節）。

我々はイスラームの教えのどこにいるのか？

ムスリム同胞団よ。

全ての人びとよ。

アッラーは、あなたがたにイマームを送り、裁きを下し、諸権威を決定し、啓典を授け、許容されたもの〔ハラール halāl〕を与え、禁忌〔ハラーム harām〕を与え、善と繁栄の場へ導き、平らな道へ先導した。あなたがたはアッラーのイマーム〔ムハンマド〕に従い、アッラーの裁きを実行し、アッラーの啓典を実現させ、アッラーの書物〔クルアーン〕に敬意を表し、アッラーのハラールとハラームを受け入れたか？

正直に答えなさい。そうすれば、あなたがたの前で真実が明らかになるだろう。あなたがたが、決定的な状況下で規範として採用する制度は、ただ伝統的なだけの制度である。それは、イスラームに関係がなく、イスラームから導出されず、そしてイスラームに依拠しない制度である。

国内統治制度。

国際関係制度。

司法制度。

軍事・防衛制度。

国家と諸個人に関する経済・財政制度。

文化・教育制度。

家庭制度。

そして、私的行為における個人の習慣に至るまで。

支配者・被支配者の両者を支配し、生活上の諸現象を形作る一般的な精神。この全てが、イスラームとその教えから、かけ離れているのである。

他に何があるだろうか？

貧者や弱者が集う立派なモスクだろうか？　彼らはそこで、アッラーの導き以外の霊的思考や服従から自由に礼拝をしているのか？

それは、休みや飲食物によって特徴づけられる毎年の断食の日々だろうか。そこでは、精神の再生や魂の純化に励む者はめったにいないのではないか。

《信仰して善行に勤しむ者は別だが、それは稀です》（38章24節）。

このような偽りは、数珠・服装・あごひげ・祝祭・宗教儀礼・表現・言葉などにみられる。

それは、アッラーがその崇高な慈悲や偉力を世界へおよぼすことを望んだイスラームなのか？

それは、人びとを暗闇から光へ脱出させるよう目指したムハンマドの導きなのだろうか？

それは、国家の病や民衆の問題を治癒し、最も詳細な原理や最も堅固な原則を改革のために設けたクルアーンの立法なのか？

西洋追従のうねり

ムスリム同胞団よ。

そして、全ての人びとよ。

現状への無関心、イスラーム諸国家の幻想、贅沢と享楽への耽溺の中で、横暴で強力なうねりと破壊的で強力な［西洋の］潮流が、思慮深い［イスラームの］知性よりも優勢であったことを我々は認める。［西洋の］諸原則と唱導が確立され、規則と哲学が明示され、文明が形成された。これら全ては、その息子たち〔ムスリム〕の胸中で、イスラームの思想と競合した。イスラームの地の中心へこの［西洋］諸国が侵攻し、あらゆる所からムスリムを包囲し、ムスリムの国土・家・部屋へ押し入った。そして、ムスリムの心・知性・聖地までも占領した。彼らは誘惑・煽動・力・権威を獲得する準備ができていた。それは、ムスリムが事前に準備できなかったものである。［その結果、］西洋諸国はイスラーム諸国を完全に破壊した。イスラーム諸国のうちで中核を担う国々が誤って導かれた。それにより、他の残りのイスラーム諸国は深刻な影響を受け、イスラームから離れた雑多な世代がイスラーム諸国で台頭した。彼らは国家に関わる諸事を指導し、思想的・精神的・政治的な実践の場で主導的な地位を占めた。彼らは民衆を自らの望むところへ推し進めた。他方、民衆は自らが望むところも、その行く末も分かっていない。そして、圧制の思想へ［導く］唱導者の次のような声が高まった。「イスラームとその教えの残滓《ざんし》から我々を自由にせよ。我々とともに喜んで、嫌がることなく、生活に必要な［西洋の］義務・思想・外観を受け入れよう。あなたがたの頭や心から古臭い思想の残滓を取り除こう。頑固で偽善的な詐欺師になるな。そうすれば、あなたがたは、西洋人の行動をとりながら、ムスリムの言葉を話すようになれるだろう」。

我々は、次のようなことを知っている。すなわち、我々がイスラームの導きや原理原則から遠ざかったこと。イスラームは我々が有益なことを学ぶのを拒絶しないこと。我々が叡智を獲得することを拒まないこと。しかし、イスラームは、アッラーの宗教〔イスラーム〕と無関係なものの模倣・信仰・義務・規定・裁きを拒否する。なぜなら、現世に魅了され、《悪魔の誘惑に惑わされた者》（6章71節）に、我々は後れを取ることになるからである。

確かに、学問・芸術・思想が発展し、資産が増加し、現世が華やかになり、土地が潤い、人びとの暮らしは贅沢になった。しかし、この幸福から何がもたらされるのだろうか？　この生活から人びとは何を保証されたのだろうか？　彼らの心に安寧は訪れたのだろうか？　寝床でゆっくり眠れたのだろうか？　涙は乾いたのだろうか？　罪は罰せられ、社会は犯罪者の悪から守られたのだろうか？　貧しい人びとが豊かになり、空腹に耐えかねた数百万の人びとは満たされたのだろうか？　世間に氾濫する娯楽や魅惑は、悲しみに暮れた人びとを慰めたのだろうか？　民衆は休息や平穏を味わい、侵略者の攻撃や圧制者の不正から安全になったのだろうか？　民衆よ、この享楽的な文明に他より優れている点はあるのだろうか？

これで全てなのか？　［いや、まだある。］科学や数学の領域においてすら、このような［西洋の］制度・教え・哲学が相互矛盾している、と我々は考えなかったのだろうか？　また、それは、長い時間と多大な犠牲を費やした後に、人類を苦難・失望・貧困の苦しみへ後退させる、と我々は考えなかったのだろうか？

我々の任務

我々ムスリム同胞団の任務とは何か？

総　論

我々の任務は、物質主義・享楽・欲望に由来する文明の抑圧的な潮流に対峙している。その文明は、イスラームの民の心を奪い、預言者［ムハンマド］とクルアーンの導きを遠ざけ、世界からその光を奪い、進歩を何百年も遅らせた。

その結果、イスラームの教えは我々の土地から取り除かれた。事態はさらに深刻となっている。しかし、我々はこれを傍観しない。世界が預言者〔ムハンマド〕の名を称賛するまで、この享楽的な文明を追い払い続ける。この世の全てがクルアーンの教えを理解し、イスラームの威光が世界に広まるまで。そうなれば、ムスリムの求めていたものが実現される。そこには争いはなく、人びとがアッラーの教えに従う。《前の場合も後の場合も、凡てはアッラーに属する。その日、ムスリムたちは喜ぶであろう。アッラーの勝利を(喜ぶであろう)。かれは御望みの者を助けられる》(30章4―5節)。

詳細な解説

これが、我々ムスリム同胞団の任務の総論である。より詳しく言えば、エジプトがイスラーム諸国と諸民族の筆頭であることに鑑《かんが》み、それは最初にエジプトにおいて行われる。その後、他国でも同様に行われる。

アッラーの教えを実現するための国内制度。《それでアッラーの下されるものによって、かれらの間を裁き、決してかれらの私慾に従ってはならない。アッラーが、あなたに下される(教えの)どの部分についても惑わされないよう、かれらに用心しなさい》(5章49節)。

クルアーンの教えを実現するための国際関係秩序。《このようにわれは、あなたがたを中正の共同体〔ウンマ〕とする。それであなたがたは、人びとに対し証人であり、また使徒は、あなたがたに対し証人である》(2章143節)。

クルアーンの章句に由来する司法のための実用的制度。《だがあなたがたの主に誓《か》けてそうではないのである。かれらは信じないであろう。かれらの間の紛争に就いてあなたの裁定を仰ぎ、あなたの判決したことに、かれら自身不満を感じず、心から納得して信服するまでは》(4章65節)。

総動員を実現する軍事・防衛体制。《あなたがたは奮起して、軽くあるいは重く(備えて)出動しなさい。そしてあなたがたの財産と生命を捧げて、アッラーの道のために奮闘努力しなさい》（9章41節）。

富・財産・国家・個人のためのアッラーの言葉に基づく自立した経済体制。《アッラーから保管を委託された財産を、精神薄弱者に渡してはならない》（4章5節）。

無知と不正を根絶し、何よりもアッラーの書物〔クルアーン〕の教えと調和する文化・教育制度。《読め、「創造なされる御方、あなたの主の御名において」》（96章1節）。

ムスリムの子供・女子・男子を育て、アッラーの言葉を実現する家族・家庭制度。《あなたがた信仰する者よ、人間と石を燃料とする火獄からあなたがた自身とあなたがたの家族を守れ》（66章6節）。

アッラーの教えを実現する個人と振る舞いに関する規則。《本当にそれ（魂）を清める者は成功》（91章9節）する。

統治者であれ被統治者であれ、アッラーの教えに基づき全国民に求められる公共心。《アッラーがあなたに与えられたもので、来世の住まいを請い求め、この世におけるあなたの（務むべき）部分を忘れてはなりません。そしてアッラーがあなたに善いものを与えられているように、あなたも善行をなし、地上において悪事に励んではなりません》（28章77節）。

我々は求める

ムスリムの個人、ムスリムの家庭、ムスリムの民衆、ムスリムの政府、イスラーム諸国を導く国家［を我々は求める］。その国家は、分裂したムスリムを糾合し、栄光を回復し、失われた土地、奪われた祖国、収奪された国土を回復する。さらに、世界がイスラームの教えを受け入れて幸福になるまで、ジハードの旗とアッラーへの教宣の旗を掲げる。

我々の備え——人びとよ、これが我々の目的であり、方法論である

この方法論を実現するための我々の備えとは何か？

我々の備えは、かつての教友たちの備えと同じである。ムハンマドと教友たちは限られた資源と人員で大変な努力をして戦った。この努力こそは、我々が今後持つべき武器である。彼らは、深く、強く、穢《けが》れなく、不朽であり、アッラーとその勝利と支援を信じていたのである。《アッラーがもしあなたがたを助けられれば、何ものもあなたがたに打ち勝つ者はない》(3章160節)。

［ムハンマドの］指導力、およびその正しさとイマームとしての役割に関して、《本当にアッラーの使徒は、立派な模範であった》(33章21節)。

方法論、およびその強みと有用性に関して、《アッラーからの御光と、明瞭な啓典が今正《まさ》にあなたがたに下ったのである。これによってアッラーは、御好みになる者を平安の道に導》(5章15―16節)く。

同胞意識、およびその誠実さと神聖さに関して、《信者たちは兄弟である》(49章10節)。

報酬、およびその高尚さと力強さと豊富さに関して、《かれらがアッラーの道のために、渇き、疲れ、餓えに会う度に、また不信者を怒らせる行(攻略)に出向く度に、敵に何らかの打撃を与える度に、かれらに対してもそのことが善行として記録されるのである。本当にアッラーは、正しい行いの者への報奨を無益にされない》(9章120節)。

彼ら［ムハンマドと教友たち］こそが、現世と来世の救済という天命の選択を課せられた集団であり、［イスラームの］ウンマが人類のために生み出した善である。

彼らは、信仰への呼びかけを聞き、信じた。我々は、アッラーが信仰をもって我々に愛を示すことを望み、先人た

ち同様に我々の心を信仰で満たすことを望む。

信仰心こそ、我々が最初に備えるものである

ジハード、自己犠牲、奉仕、心、財産を捧げることによってのみ教宣は勝利する、と彼らは最も真摯に揺るぎなく学んだ。そこで、彼らは命を投げ出し、魂を捧げ、アッラーのために努力した。ジハードは義務であった。彼らは、慈悲深きアッラーが彼らに呼びかける声を聞いた。《言ってやるがいい。「あなたがたの父、子、兄弟、あなたがたの妻、近親、あなたがたの手に入れた財産、あなたがたが不景気になることを恐れる商売、意にかなった住まいが、アッラーと使徒とかれの道のために奮闘努力するよりもあなたがたにとり好ましいならば、アッラーが命令を下されるまで待て」》（9章24節）。

彼らはこの警告に耳を傾け、全てのことを慎んだ。それゆえ、彼らの精神は良好で、心は満足し、アッラーへの忠誠の誓い《バイア》(bay'a)に幸福であった。

彼らの一人は死を甘受して、叫ぶ。休むことなくアッラーのもとへ駆けつけよう。彼らの一人は自分の財産を全て捧げて、言った。私が家族へ残すのは、アッラーと預言者だけである。

彼らの一人は剣を首に突き付けられ、次のように言った。

ムスリムとして殺されるなら本望だ。いかなる死であろうとも、アッラーの膝が私の倒れる場所なのだ。

それゆえ、彼らはジハードを信じ、大きな自己犠牲を払い、多大な努力をした。我々もそうなりたい。

ジハードは、我々が備えるものである

我々はアッラーの勝利を信じ、その助力を確信する。《アッラーは、かれに協力する者を助けられる。本当にアッラーは、強大で偉力ならびなき方であられる。(かれに協力する者とは)もしわれの取り計いで地上に(支配権を)確立すると礼拝の務めを守り、定めの喜捨をなし、(人びとに)正義を命じ、邪悪を禁ずる者である。本当に凡ての事の結末は、アッラーに属する》(22章40―41節)。

幻想と真実の間で

これらの説明を聞けば、人びとはそれが全くの幻想・想像・虚偽であると言うだろう。信仰心とジハードしか持たない者たちがどのようにして、団結し武装した軍隊に立ち向かえるのか。ライオンの眼前にいるような絶体絶命の者が、いかにして敵の心臓に到達できようか。

多くの人びとはそう言うだろう。もしかすると、彼らには何らかの言い訳があるのかもしれない。彼らは自身を諦め、有力な勢力との対峙を諦めたのかもしれない。他方、我々はこれこそが真実であると言い、それを信じ、行動する。我々は、次のアッラーの教えを読む。《あなたがたは、敵を追うことに弱音を吐いてはならない。あなたがたが苦難に陥った時は、かれらもまた同じように苦しんでいる。しかもあなたがたは、アッラーからの希望が持てるが、かれらにはない》(4章104節)。

アッラーは我々の先人たちに力を与えた。世界の諸地域を征服した者は、数が多かったわけでも、装備が優れていたわけでもなかった。しかし、彼らは信仰者であり、ジハードの戦士であった。預言者ムハンマドが慣れ親しんでい

たことに、我々は今日も慣れ親しむことであろう。「この命令の出現にフバイブ(Khubayb)は幸せになった。騎乗の者が［イエメンの］アデンからオマーンまでの旅で、アッラーと羊に関して狼［を恐れる］以外に、恐れるものはなかった」(91)。彼らはその時、隠れようとした。

スラーカ・イブン・マーリク(92)(Surāqa ibn Mālik)〔スラーカ・イブン・ジュウシュム(Surāqa ibn Ju'shum)〕がホスロー(93)の王冠を約束された日、宗教〔イスラーム〕へ入信した彼には、アッラーと仲間しかなかった。

彼はローマ帝国〔ビザンツ帝国〕の城壁を見下ろして叫んだ。多神教徒らは、身分の貴賤を問わず軍を起こして彼を囲んだ。《その時目は霞み、心臓は喉もとまで届い》(33章10節)た。

他に何があるか？

時代の耳が預言者ムハンマドの教宣に耳を傾け、クルアーンの節が時代の口の中で繰り返された。そして、［アッラーの］導きの太陽が、彼の信奉者と支持者の魂の全てに昇り、宇宙が光を解き放ち、平和が現世にはばたき、人類は公正な統治によって繁栄の甘美を味わった。そして、預言者ムハンマドの初期の教友の［統治］下、被支配者は安全が保障された。ローマ〔ビザンツ帝国〕の諸宮殿は征服され、ペルシャの諸都市は攻め落とされ、領土が拡大し、教宣が行き渡った。諸宮殿・諸都市は自発的に［アッラーの］救済の導きに降伏し、これらの諸都市に預言者の息吹が吹き込まれた。そして、神聖な啓示の息吹とともに、アッラーの慈悲の庇護下となった。《アッラーは不信心な者たちを、怒りのうちに(アル・マディーナから)何ら益するところなく撤退なされた。戦いには、アッラーは、信者たちの戦闘を(強風や天使によって)凡てにわたって、守って下さる。アッラーは強大にして偉力ならびなき方であられる。またかれは、かれら(連合軍)を後援した啓典の民を、それらの砦から追い、その心中に恐怖を投じられた。あなたがたは或る者を殺し、また或る者を捕虜とした。またかれは、かれら(啓典の民)の土地、住宅、財産またあなたがたの未踏の地を、あなたがたに継がせられた。アッラーは凡てのことに全能であられる》(33章25―27節)。

人びとよ、我々は今日、こうした準備を進めるだろう。そして、我々の先人たちがかつて勝利したように、我々も勝利するだろう。支援はアッラーからのみ与えられる。アッラーの約束は、我々に実現されるだろう。《われは、この国で虐げられている者たちに情けを懸度《かけた》いと思い、かれらを(信仰の)指導者となし、(この国の)後継ぎにしようとした。そしてこの国にかれらの地歩を確立させ》(28章5―6節)た。《だから耐え忍べ。本当にアッラーの約束は真実である。確《しっか》りした信心のない者たちのせいで、あなたまでが動揺してはならない》(30章60節)。

もし我々に政府があったら

我々にイスラーム的に正しい政府があれば、イスラームにおいてそれが真正であれば、[その]信仰が本物であれば、思考と実践において[それが]独立的であれば、素晴らしく偉大な知識の真髄がそれに教えられるなら、それが継承する偉大なイスラーム的制度が教えられるなら、国民の満足が保証されるならば、全人類に導きが保証されるならば、現世をイスラームの名によって支えるよう、我々は政府に求めただろう。他の諸政府にイスラームについて探究させるよう、我々は政府に要求しただろう。頻繁な教宣・説得・案内・使節の派遣、その他の教宣の手段によって、イスラームを進めるよう、我々は政府に求めただろう。また、イスラームの政府があったなら、その政府は他の諸政府の間で精神的・政治的・実践的に中心的な地位を占めただろう。その政府は民衆の生活を向上させ、彼らを栄光と光へ推し進め、熱情・真面目さ・行動を促しただろう。

共産主義を採用し、推進し、そのために資源を使い、国民を動員するような国家を見つけるのは、奇妙なことだ。諸国家がナチスのファシズムを神聖視し、戦争を行い、信奉者に誇りを抱かせ、あらゆる教育制度を従属させたのは、不思議なことである。その他の社会的・政治的なイデオロギーが強力な支持者を見つけたのも、不思議である。彼らは信奉するイデオロギーに魂・思想・言論・財産・メディア・労力を捧げている。彼らがそのイデオロギーのために生き、死んでいるのも不思議なことだ。

我々は、教宣の義務を果たしているイスラームの政府を見たことがない。人類的諸問題の正しい解決として、イスラームを人びとに勧めるような政府を見たことがない。イスラームは教宣を義務としている。教宣の制度が構築され、周知される前に、［自ら］教宣を行うことがムスリムの義務である。《また、あなたがたは一団となり、（人びとを）善いことに招き、公正なことを命じ、邪悪なことを禁じるようにしなさい。これらは成功する者である》（3章104節）。

しかし、我々の統治者はこのようなことをまだ行っていない。彼らは全て外国人に養われ、外国の思想に屈服し、その影響下にあり、外国の歓心を得るのを競ってはいないか？　おそらく、我々は誇張していないだろう。彼らには自主独立の思想は思いつきもしなかっただろうし、それが方策であったこともない。

我々はすでに、エジプトの支配者たちへ望みを託した。この願いに現実的な効果がなかったのは、当然のことである。自分の心・家庭・公私の諸事でイスラームを喪失した人は、他人に影響を与えることが最もできない。

同胞よ、これは政治家の任務ではない。これまでの経験から、彼らが無能であることは明らかである。これは、新しい世代の任務なのである。新世代は、教宣を改良し形成し、魂と心の独立、思想と理性の独立、ジハードと実践の独立を知った。そして、彼らの心はイスラームとクルアーンの偉大さで満たされた。彼らはムハンマドの旗の下に結集した。自ら努力し他人を幸せにするイスラームの統治者が、彼らの中から生まれよう。

我々の思想の本質

ムスリム同胞団よ。

全ての人びとよ。

たとえイスラームの教えにおいて政治があるとしても、我々は政党ではない。

慈善と改革の活動は最も重要な手段の一つであるが、我々は改革主義の慈善団体ではない。

身体と精神の鍛錬は最も重要な目的の一つであるが、我々はスポーツ団体ではない。

我々は、この種の団体の何ものでもない。こうした団体は、限られた期間・目的で作られるものであり、［時には］単に組織を作りたいという気持ちによって作られることもある。

人びとよ。思想と信条、制度と方法論、このようなものは場所・性別・地理的条件で規定されるものではない。それは、最後の審判の日まで終わらない。なぜなら、それはアッラーが定めた秩序であり、預言者〔ムハンマド〕の方法論だからだ。

人びとよ、驕ることなかれ。預言者の教友が掲げたように、預言者の旗を掲げよ。教友が広めたように、その旗を広げよ。教友が従ったように、クルアーンに従え。教友が伝えたように、教宣を伝えよ。《時が来たら、あなたがたはそれが真実であることを必ず知るであろう》（38章88節）。

ムスリム同胞団よ

これが、あなたがたの立ち位置である。心を萎縮させるな。他人と比べるな。信仰者にふさわしくない教宣の手段を採るな。アッラーの光と預言者〔ムハンマド〕のスンナから生じた教宣と、目先のことで正当化される教宣とを対比するな。あなたたちはすでに、教宣を行い、努力し、ささやかな努力の成果を見た。それは、預言者の指導力、クルアーンの制度の優越性、行動を再開させる義務、アッラーへの誠実さを呼びかける声である。そして、アッラーのために真摯に殉教を望んだ清らかな若者たちの血である。このような成功は、あなたがたの予想を超えている。努力を続けよ、行動せよ、アッラーはあなたがたの味方である。あなたがたの行動は、あなたがたを害さないであろう。今我々を支持している者は、すでに勝者である。敬虔だが今日は躊躇した者も、明日には我々に加わるだろう。もちろん、早く加わる方がより良い。我々の教宣を嫌い、矮小化し、その勝利を諦めた者の誤りは、いつか確定するだろう。そして、アッラーが、誤った者たちへ、我々の真実を突き付けるだろう。教宣を否定する者が死んでいたとしても、アッラーの報いがあるだろう。

実践的な信仰者よ、忠実なジハードの戦士よ、我々の下へ集え。忠実な者たちがいる。ここには、［アッラーへ通じる］平らで真っすぐな道がある。［その道では、］力と努力は、抑制されないのだ。《本当にこれはわれの正しい道である、それに従いなさい。（外の）道に従ってはならない。それらはかれの道からあなたがたを離れ去らせよう。このようにかれは命じられる。恐らくあなたがたは主を畏れるであろう》（6章153節）。

ハサン・バンナー

〔一九三九年〕

第6章　新たな局面における我々の教宣

慈悲深く慈愛あまねきアッラーの御名において。

必要なことがある。我々の研究をイスラーム思想へ向ける前に、それに関する不明点への回答を何度も求める前に、その他の思想を批判の俎上に載せる前に、私は言おう。我々の思想を理解するための基礎へ近づけるよう、我々の思想の目的・特徴・手段について手短な情報を集める必要がある。

聖性と普遍性

我々の教宣の特徴は聖性と普遍性であると私は指摘する

（一）教宣の特徴は神聖さにある。教宣の依拠する原則が我々の全体の目的であり、人びとがアッラーを自覚し、この「アッラーへの」服従によって高貴な精神性を得ているからである。それによって、頑迷な停滞や、優れた人間的な純粋性を奪い去る物質主義の軛《くびき》から、人びとは救われる。我々ムスリム同胞団は皆、心から「アッラーは我々の目標である」と称賛する。それゆえ、この教宣の第一の目標は、人びととアッラーとの絆を思い出させることである。人びとがこの絆を忘れたため、アッラーは彼らを見失わせたのである。《人びとよ。あなたがた、またあなたがた以前の者を創られた主に仕えなさい。恐らくあなたがたは（悪魔に対し）その身を守るであろう》（2章21節）。それは、停滞と物質主義が全人類へ近づけないようにする。また、人類が適切な解決策を見つけられずに困っている諸問題を解決するために必須な第一の鍵である。

（二）教宣の特徴が普遍的なのは、それが人類全体へ向けられているからだ。教宣の下にある人類は兄弟である。すなわち、人類の起源は一つであり、その父祖は一つであり、彼らの血統は一つである。アッラーへの畏れを持たないか、全ての者に完璧な善や完全な美徳を提供しない限り、他者に対して優越を主張することはできない。《人びとよ、あなたがたの主を畏れなさい。かれはひとつの魂からあなたがたを創り、またその魂から配偶者を創り、両人から、無数の男と女を増やし広められた方であられる。あなたがたはアッラーを畏れなさい。かれの御名においてお互いに頼みごとをする御方であられる。また近親の絆を（尊重しなさい）。本当にアッラーはあなたがたを絶えず見守られる》（4章1節）。それゆえ、我々は国籍による人種主義を信じない。我々は人種や肌の色による優越意識を支持しない。我々は、人類間の公正な友愛を呼びかける。

西洋の指導者の一人が、人間を創造的な者、保守的な者、破壊者に分類した上で、自民族を創造的な者、他の西洋民族を保守的な者、我々東洋の諸民族を破壊者と位置づけたものを私は読んだ。この分類はもちろん事実無根であり、全くもって不当である。なぜなら、居住地・環境・感覚・文化が異なっていても、人間は皆［アダムからの］一つの血統、一つの種に属しているからである。人間は［文明で］教化されることによって、より高い段階へ至ることが可能であるが、［他者にはない］特別の条件や環境の中で改革できるような者は人類には存在しない。また、［彼の言う］破壊者が存在するこの東洋こそが、文明の発祥地・勃興地であり、伝道の発信地であり、それら全ての西洋への出口である。傲慢な不信心者でもなければ、こうした事実を無視できない。全く馬鹿げた主張である。それは、人間の独断や思慮のない感情による攻撃であり、最終的に進歩の基礎になったり、文明の礎になったりはしない。他者に対してこうした感情を抱く者がいる限り、安全も、平和も、安心もない。人間が［人類は］兄弟であるとの認識に戻るためには、人びとはその考えを掲げなければならない。そうすれば、大いなる安全の下で落ち着くことができる。人びとは、次のように述べるイスラームの道のように、そこへ至る道を見つけられない。《人びとよ、われは一人の男と一人の女からあなたがたを創り、種族と部族に分けた。これはあなたがたを、互いに知り合うようにさせるためである。アッラーの御許で最も貴い者は、あなたがたの中《うち》最も主を畏れる者である》（49章13節）。

預言者〔ムハンマド〕は、はっきりと言った。「アサビーヤへ呼びかける者は我々の中にはなく、そのために死ぬ者もいない」[94]。ジュバイル・イブン・ムトイム[95]（Jubayr ibn Mut'im　?-676/7/8/9）の伝承に基づくアフマド〔・イブン・ハンバル〕のハディースへの註釈。

それゆえ、ムスリム同胞団の教宣は人間的な聖性を持つものである。

超自然的な感性と科学的な感性の間で

人間の知性は、人間が地上に現れてから今日まで継続的に低下してきた。おそらくは確実にアッラーの導きがそれを正すまで、三〔ママ〕つの局面の間での混迷に屈してきたのである。

（一）迷信、「何でも信じやすい」素朴さ、超自然的存在や未知の力への完全な屈服という段階。その段階では、人間は全ての現象を超自然的存在や未知の力に結びつけ、それによって説明し、自分自身では行為も思考も思いつかない。これは、人間がこの地上に生まれた最初の生活段階であり、人間はその状態にも、また自分自身についても無知な状態である。おそらく、諸民族は現在に至るまでこのように生活しているのである。

（二）停滞、物質主義、未知の超自然的存在の否定、が次の段階である。人知を超越する超自然的な力への攻撃、人間に関わる全現象への理屈による反抗、森羅万象を説明しようとする試みの段階。長期間の経験・研究・思索によって人間が達成した経験的法則により、物質主義的に〔解釈を〕試みる段階。しばしば、この思考は近代において人間の精神を支配した。近代では、人間は自然における未知の存在の発見に至り、多くの生物の特徴を知った。広大な不毛の砂漠の中の砂粒のように〔自らの知識はちっぽけであり、〕まだ知らないことがあると分かっていても、人びとはそこ〔自然界〕にある知識へ達したと考えたのである。

この段階では、人びとは、アッラーの恩寵を受けたもの、自らに関連する諸事、諸預言、自らが関係する事物、来世、報い、およびこれらが全て包摂される精神的世界を無視した。人びとは、純粋な物理法則の計算に基づき、表層的な解釈の範囲内で、〔精神的世界よりも〕下位の世界だけを見た。

これら二種類の思想はいずれも、自らを取り巻く世界に対する人間の明らかな誤り、愚かな行き過ぎ、無知であった。しかし、正統のイスラームが現れ、問題を正しく分類した。イスラームは精神的世界の真実を定め、全ての被造物の主であるアッラーと人間との関係性を明らかにし、人間と来世での生命との繋がりを明瞭にした。また、アッラーへの信仰を魂――この魂は実際には精神的世界に発し、信仰なしには美徳に至らない――の美徳の基礎とした。そして、未知の隠された世界について、知性に近しく理性的な真実と矛盾しないものとして描いた。そして、もし人間が真実に基づいて生き、善のために活用するのであれば、イスラームはこの物質主義的な世界の長所や人間にとっての善を定めた。イスラームは、天上と地上の王国に関する健全な認識を呼びかける。この認識は、アッラーの認識に最も近いとみなされている。正統イスラームのこの立場は、諸思想の中で最も必要な人間の理性による。それは、それら〔諸思想〕を現実の現象や論理に一致するよう実践・完成・発展させるものであり、人間の子孫へ有用なものとして高く評価した。これは、超自然的存在への信仰と理性の行使である。それゆえ、我々は一つの世界ではなく、実質的に二つの世界で暮らしているのである。実際、我々は、存在の意味を詳しく説明する能力がなく、我々を取り巻く根源的な真実の全てを認識する能力はない。自らの無力さがなくなり、アッラーの偉大さを確認できるよう、我々は理解のためにある一つの未知から別の未知へ移るのである。我々は心の底から、信仰への愛着が燃えるように強いことを感じている。なぜなら、信仰は我々の魂が作り出したものであり、魂が活力を持つ上で最重要なものの一つである。それは、食物・空気・水が等しく身体に必要なのと同様である。さらに、アッラーによる監督と認識を心に喚起する信仰〔イスラーム〕なしに、人間社会は平穏にならない、と我々は気づく。それゆえ、アッラー、預言者、聖霊[96](rūḥ)、来世における生命、行為に対する報いを再び信じるのが、人間の義務となる。《一微塵《みじん》の重さでも、善を行った者はそれを見る。一微塵の重さでも、悪を行った者はそれを見る》(99章7—8節)。人間がこの厳然たる問題を知り、認識し、熟考し、発見し、利用するために、そして多くの善や優れた特質を見つける際に利用するために、自分たちの理性を自由に働かせなければならない時、これらの全ては起こるのだ。《寧《むし》ろ(祈って)言いなさい。「主よ、わたしの知識を深めて下さい」》(20章114節)。形而上学的な精神と科学的な精神の二つを合わせるこうした種類の思索へ至るよう、我々は人びとに呼びかける。西洋は過去において、物質的なもの以外は知覚・認識せず、物質的なもの以外の存在に気づかない態度で暮らした。その結果、その子孫の心の中で、人間的な同情心が死に、同情的な精神性が弱まった。そして、科学・知識・快楽・装飾・発見・発明・軍隊・金銭によって、西洋は世界を完全に支配し、どこにおいても、人間の思想をこのような色に染め上げた。今や現世の全てはこの炎に焼かれており、新たなところから東洋・西洋の人びとに訴えかける教宣が現れるのである。それは、物質と精神を混ぜ合わせ、可視・不可視の存在を信じ、アッラーについて新たに知るよう訴える。《それであなたがたは、アッラーの庇護の下に赴け。本当にわたしはかれからあなたがたに遣わされた公明な警告者である》(51章50節)。

この教宣の民族主義的・アラブ主義的・東洋主義的・世界〔市民〕主義的立場

我々の教宣が呼びかけるのは、次のことである。物質主義を捨て、それに抵抗し、その抑圧に疑問を投げかけ、その支配を抑えること。また、アッラーの庇護を求め、アッラーを信仰し、アッラーに依存し、全ての行動をアッラーが監視しているのを称賛することである。我々の教宣にはこのような聖性があるが、同様に人類間の友愛を呼びかけ、全人類の幸福を目指す人間性もある。なぜなら、それはイスラーム的だからだ。イスラームは全ての人間へ例外なく向けられたものである。特定の民族に向けられたものでも、特定の人びとに向けられたものでもない。《万民への警告者とするために、かれのしもべに識別を下された方に祝福あれ》(25章1節)。《言ってやるがいい。「人びとよ、わたしはアッラーの使徒として、あなたがた凡てに遣わされた者である。天と地の大権は、かれのものである。かれの外に神はなく、かれは生を授け死を与える御方である。だからアッラーと御言葉を信奉する、文字を知らない使徒を信頼しかれに従え。そうすればきっとあなたがたは導かれるであろう」》(7章158節)。《われは、全人類への吉報の伝達者また警告者として、あなたを遣わした。だが人びとの多くは、それが分らない》(34章28節)。

預言者の派遣が普遍的であることと、彼の伝道の範囲に鑑《かんが》みれば、我々の教宣は目的と範囲に関して普遍的である。それは、人類全体に向けられ、人類全体の兄弟関係を築き、人類全体の幸福を目指す。人種や肌の色の違い[による区別]を認めず、民族や祖国の違いを区別しない。

見解や学説を示す多くの言葉が、唱道者や人びとに繰り返されている。このような言葉のどこに、我々の教宣は位置づけられようか。多くの言葉や見解が、我々の教宣の中に位置づけられる。我々がその思想に好意的であり、考慮に入れているからではない。それは、一般的かつ包括的な性質を持つ我々の教宣を達成するために、我々が活動しているからなのだ。

（一）エジプト主義(miṣrīya)あるいは民族主義には、我々の教宣における抵抗や闘争に関して、その立場・地位・権利がある。我々はエジプト人であり、生まれ育ったこの高尚な土地にいる。エジプトは、イスラームを神聖な教えとして受け入れた信仰篤い国である。多くの歴史的局面で、敵を排除し寄せ付けない国であった。そして、最も大きな同情心や寛大さで、その信仰[イスラーム]を受容し守る国だった。エジプトは、イスラームによらなければ良くならないし、イスラームという薬や治療法がなければ治療もできない。エジプトでは、多くの［恵まれた］条件によって、イスラーム思想の涵養《かんよう》と発展が見られた。それなのに、我々がエジプトやその利益のために働かないのは、いかがなものであろうか？　我々ができる限りの力でエジプトを後押ししないのは、いかがなものであろうか。イスラームの下に集いそれを讃える者がすべきことはエジプトの安全とは一致しない、などと主張されるのは、いかなることであろうか！　我々は、この愛する祖国に忠誠を尽くし、働き、その利益のために努力することを誇りとする。これこそが希求される復興の最初の段階であり、我々が生きている限りこれを続ける。エジプトはアラブの祖国全体の一部である。我々はエジプトのために働くと同時に、アラブや東洋やイスラームのために働くと信じ続ける。

我々が古代エジプトの歴史を考える際、歴史に先んずる古代エジプト人が知識や科学を持った人びとだったと認めても、我々を損なうことは何らなかった。それゆえ、我々は、勤勉さ・科学・知識を持った歴史として古代エジプトを歓迎する。しかし、古代エジプトの歴史を生活方法として取り入れ、他者にそれを推奨するような考えに対しては、我々は強く反対する。すでに、アッラーがエジプトにイスラームの教えを示し、イスラームに帰依させ、イスラームへの理解に光を与え、高尚さと勤勉さを高め、それによってエジプトの歴史に伴っていた汚点、不信心、偶像崇拝の穢《けが》れ、無知の習慣を終わらせているからだ。

（二）アラブ性（‘urūba）［に基づくアラブ主義］、あるいはアラブ世界。それは、我々の教宣において、際立った位置や十分な価値を有する。アラブは、最初のイスラームのウンマであり、選ばれた民族である。預言者［ムハンマド］が「もしアラブが衰えるなら、イスラームもまた衰える」[97]と言ったように、イスラームはアラブ民族の言葉の集成やその覚醒なくしては、勃興しなかっただろう。我々はアラブの祖国の土地全てを、我々の土地の中核、我々の祖国の核心とみなしている。

地理的な国境や政治的な区分は、我々の精神の中では、決してイスラームとアラブの一体性という思想を壊さない。

［というのもその一体性は、］いかに陰謀を図る者や［誤った］民族主義者[98](shuʻūbīyūn)が捏造しようとしても、一つの希望と目標に向けて精神を結びつけ、この国々全てを一つの［祖］国としているからである。

これに関して、預言者〔ムハンマド〕がより明確にアラブ性の意味を定義したところでは、それは言葉とイスラームである。

マーリク派のイブン・アサーキル[99](Thiqa al-Dīn ʻAlī ibn al-Ḥasan ibn ʻAsākir al-Dimashqī 1105–1176)は預言者〔ムハンマド〕の言を伝えた。それは、「人びとよ、主は一つであり、父祖は一つであり、宗教は一つであり、アラブ性には父も母もなかった。それは言葉であり、したがってアラビア語を話せば、アラブなのである[100]」。

これによって、我々はペルシャ湾から大西洋岸のマラケシュやタンジール[101]まで広がるこの民族は皆アラブであると知る。信仰心がアラブを集め、言葉がアラブを統一している。それゆえ、それは類似し、関係を保ってアラブ性を構成している。また、ばらばらに隔てられず、境界で分割されない、一体性を持つ土地の秩序だった広がりも、アラブ性を形作っている。アラブ性・イスラーム・世界全体の公益のために行動すると、我々は確信している。

（三）東洋主義は、その概念が一過的で特異な概念であったとしても、我々の教宣の中に位置づけることができる。しかし、この［東洋主義の］概念は、西洋による東洋分割の主張が生み出し、創り出したものである。それゆえ、西洋はその文明を誇張して自慢し、東洋諸国と西洋諸国とを区別し、世界を東洋と西洋へ分割した。「東洋は東洋であり、西洋は西洋である。この二つが一つになることは不可能である」との格言まである。

この特異な概念は、自分たちが西洋と対立する、と［いう考えを］東洋の者たちに受け入れさせる。西洋が公正に立ち戻り、抑圧的・偏見的な手段を捨てることになれば、この特異な優越意識はなくなろう。そうすれば、新たな思想、つまり民族間で各々の利益や発展に協力する思想が取って代わろう。

（四）世界［市民］主義や人道主義は、我々の神聖な目標、偉大な目的、一連の改革の最終目的である。現世はそれに向かうだろう。それはあり得ないことではない。諸国家・諸人種・諸民族が集うことで、これは実現される。そこには弱者も含まれ、弱者は加わることで力を得ることができる。これにより、そこでは協調的な統合へ向かう空気が見出される。世界［市民］主義の思想の優位性が促進され、人びとが信奉していた民族主義的な思想に取って代わる。かつて、人びとは原初的な単位の集団を［帰属先として］信じるしかなかった。その後、人びとは大きな集団を形成し、友愛的な統一・調和を実現するために、原初的な集団を捨てなければならなかった。それは歩みである。たとえ遅くなっても、必ずそれはやって来る。我々はそれ〔世界市民主義〕を目的とし、我々の関心を向ける。我々はこの人道主義の［考えに向かって］建設を始めるが、いつそれが完了するかについては責任を負わない。そのために啓典があるのだ。

現在、人びとの感情を掻き立て、揺り動かすような民族的な優越主義を支持する主張や制度が多く存在するとしよう。もしそうなら、この圧制的な力から苦い教訓を学ぶことになるだろう。それは、人びとが理性を取り戻し、協力と友愛に立ち戻るのに十分［な理由］である。

かつてイスラームは、この道をこの現世に定めた。まず、信仰を一つのものとした。次いで、秩序と行為を一つのものとした。行為の端々《はしばし》に、魅力的で高貴な概念が現れた。

人間の主は一つであり、宗教の源泉は一つであり、預言者は全て神聖で栄光に満ち、諸啓典は全てアッラーによるもので、追求される目的は［信徒の］精神の統合である。《かれがあなたに定められる教えは、ヌーフに命じられたものと同じものである。われはそれをあなたに啓示し、またそれを、イブラーヒーム、ムーサー、イーサーに対しても（同様に）命じた。「その教えを打ち立て、その間に分派を作ってはならない」》（42章13節）。

クルアーンはアラビア語であり、この教え〔イスラーム〕の礎である。礼拝の励行は、アッラーへの最良の帰依である。これこそが、信仰と言語の統一にとって、実用的な手段である。

礼拝、喜捨、巡礼、断食。これらの全ては、人類の一体性の確認、言葉の統一、格差の解消、障壁の除去のために希求された社会的な立法である。

それゆえ、我々の教宣には、一つ一つ実現し、全てを克服し、目的に達したいと思う諸段階がある。

我々は、イスラームの教宣を包摂するムスリム国家の樹立を望む。アラブの言葉を集め、その善のために行動し、領土内のムスリムをあらゆる敵から守ることを望む。そして、地上に争いがなくなり、宗教が全てアッラーのものとなるまで、アッラーの言葉を広め、その福音を伝えることを望む。

精神の覚醒——信仰、力、希望

人びとは、教宣の実践的な諸現象や多様な形式に注目する。しかし、教宣を支えその栄養となり、勝利や拡大[の有無]を左右するにもかかわらず、その精神的な動機や霊的な直覚力への視点をほとんど無視している。教宣の研究から離れた者や、その根底にある理由の探求をやめた者でなければ、異論を唱えられないであろう。諸現象の背後に全てがあるとすれば、教宣の中にこそ、その動機となる精神があり、それを動かし、支配し、推進する内的な力がある。このような魂・精神・意識の真の覚醒なくして、国家が成立することは考えられない。《本当にアッラーは、人が自ら変えない限り、決して人びと(の運命)を変えられない》(13章11節)。

速やかな精神の覚醒こそ、我々の教宣で最も重要であると私は主張する。それは、教宣の成長・出現・拡大において、我々が頼りにする最も重要なことである。したがって、我々が最初に望むのは、精神の覚醒と高揚、意識と心の真の覚醒なのである。我々が実践的な改革の様々な局面において何を望んでいるのかを話すことは、我々が精神を集中することほど[重要]ではない。

我々が望むのは、精神が活性化し、強くなり、若々しいこと。そして、心が新しくなり、弾んでいること。意識が熱意に満ち、熱く燃え盛り、精神が野心的で高揚し、覚醒していることである。理想を高く、目的を崇高なものと思い描け。それに向かって登り、努力し、至るために。あなたがたは、目的や理想を定める必要がある。意識や精神を管理する必要がある。議論の余地のない、疑義の生じない、不確実さのない信仰箇条が明らかになるよう、集中する必要がある。このような行いがなければ、覚醒は光や暖かさのない砂漠に迷い込むことになろう。では、目的の定義とは何か、その極みは何か⁉

我々は、自らの教宣が最初の教宣の道に従うことを求めている。アッラーの使徒〔ムハンマド〕が千数百年前にマッカの谷で唱えた古い教宣を、我々の新たな教宣が真に反映するよう、努めている。我々は、知性や想像力を栄光ある預言者の時代にさかのぼらせようとしている。それは、導き手の主人であり、諸使徒の誇りである最初の教師〔ムハンマド〕の下で、改革の教訓を新たに得るためであり、教宣の歩みを新たに学ぶためである。

聖なる預言者〔ムハンマド〕が先人たちの心に灯した神聖な太陽の炎光は、暗愚と暗黒の後に光り輝いたのだろうか。〔預言者の〕精神的な生活から押し寄せる豊富な水〔のような教え〕は、心を動かし、心を支配し、花を咲かせ、心や意識の葉を芽吹かせ、同情心や善意を育んだのだろうか⁉

預言者〔ムハンマド〕は、先人たちの心に、次のような三つの意識を投げかけ、それを輝かせ、刻み込んだ。

（一）預言者〔ムハンマド〕が伝えたのは、次のことである。先人たちの心に到来したものが真実であり、去ったものが過ちであること。彼のメッセージが多くのメッセージに勝り、彼の道が多くの道の中で最も優れていること。彼のシャリーアが全ての人びとの信念を実現できる最も完全な調和を持っていること。そして、この考えが精神の中で最も確実であり、胸中で信頼性を増すということが、アッラーの書〔クルアーン〕で読める。《それであなたに啓示したものを、しっかりと守れ。本当にあなたは、正しい道を辿っている。これはあなたにとっても、またあなたの人びとにとっても、正しく訓戒である。やがてあなたがたは、（責務につき）問われるのである》（43章43―44節）。《そこであなたは(凡て)アッラーに御任せしなさい。本当にあなたは、明白な真理の(道の)上にいるのである》(27章79節)。《その後われは、あなたに命じ(正しい)道の上に置いた。それであなたはその(道)に従い、知識のない者の虚しい願望に従ってはならない》(45章18節)。《だがあなたがたの主に誓《か》けてそうではないのである。かれらは信じないであろう。かれらの間の紛争に就いてあなたの裁定を仰ぎ、あなたの判決したことに、かれら自身不満を感じず、心から納得して信服するまでは》(4章65節)。先人たちはこの章句を信じ、ムハンマドを信じ、出発点とした。

(二) 預言者〔ムハンマド〕は、先人たちの心に伝えた。彼らが真実の持ち主である限り、彼らは光り輝く福音の先兵であり、それ以外の者が暗闇をさまよっている限り、彼らの手中に地上を精神的に指導する天の導きがある限り、彼らは人類の教師になる必要がある。彼らは同情心に富み、愛情を持ち、生徒を導き正し、正しい方向を示し、善に向け正しい道に導かなければならない。その子弟の中から、教師となる者が生まれなければならない。

クルアーンがもたらされ、この考えを確認し、明確にした。天の霊感によって、彼らの預言者〔ムハンマド〕について学び始めたのである。《あなたがたは、人類に遣された最良の共同体である。あなたがたは正しいことを命じ、邪悪なことを禁じ、アッラーを信奉する》(3章110節)。《このようにわれは、あなたがたを中正の共同体〔ウンマ〕とする。それであなたがたは、人びとに対し証人であり、また使徒は、あなたがたに対し証人である》(2章143節)。《アッラーの(道の)ために、限りを尽くして奮闘努力しなさい。かれは、あなたがたを選ばれる。この教えは、あなたがたに苦業を押しつけない》(22章78節)。こうして、彼らは、この章句を信仰し、これから一歩を踏み出した。

(三) 預言者〔ムハンマド〕は、先人たちの心に次のように伝えた。先人たちがこの真実を信じ、ムハンマドを信じる仲間であることを誇る限り、人びとが彼らを避けた時にアッラーはともにあり、アッラーは彼らを選び、導き、助け、支持し、支え、補助する。もし、彼らに助けがない時には、アッラーは彼らを後押しする。彼らがどこにいても、アッラーはともにある。もし、彼らが地上の軍隊を起こせなければ、アッラーは天空の軍隊から援軍を下す。彼らはこの明瞭な意味を、アッラーの書〔クルアーン〕で読むだろう。《本当に大地はアッラーの有《もの》である。かれは御好みになるしもべたちに、これを継がせられる。最後は（主に対し）義務を果す者に、帰するのである》（7章128節）。《本当にこの大地は、われの正しいしもべがこれを継ぐ》（21章105節）。《アッラーは、かれに協力する者を助けられる。本当にアッラーは、強大で偉力ならびなき方であられる》（22章40節）。《アッラーは、「われとわが使徒たちは必ず勝つ」と規定なされた》（58章21節）。《凡そアッラーは御自分の思うところに十分な力を御持ちになられる。だが人びとの多くは知らない》（12章21節）。《あなたの主が、天使たちに啓示された時を思いなさい。「われはあなたがたと一緒にいるのだ。信仰する者たちを堅固にせよ」》（8章12節）。《だが信仰する者を助けるのは、われの務めである》（30章47節）。《われは、この国で虐げられている者たちに情けを懸度《かけた》いと思》（28章5節）う。彼らはこれをよく読み、アッラーを信仰し、アッラーを起点に歩み出した。

三つの感情、すなわち福音の偉大さに対する信仰、信仰への誇り、アッラーによる救済への希望。第一の指導者〔ムハンマド〕は、先人たちが胸中で信じる三つの感情を祝福し、この世における彼らの目標を定めた。彼らは、速やかに彼らへの福音を心や書物の中に収めた。彼らはアッラーからの祝福を受け入れ、アッラーの救済や支援を確信した。彼らに土地が貸与され、彼らはこの世で優れた道義的な文明や、公正で慈悲深い文明を与えられた。彼らはそこにおいて、過去のやっかいな罪を不朽の神聖な善に変えた。アッラーはその光を消さない限り、これを否定することはない。

人びとよ。この教宣において、礼拝や断食、審判や規制、慣行や宗教儀礼、秩序や人間関係(mu'āmalāt)について議論を始める前に、あなたがたに話したいことがある。それは、生きた心、生きた精神、目覚めた意識、覚醒した感情について、そして三つの基本的要素、すなわち福音の偉大さに対する信仰、信仰への誇り、アッラーによる救済への希望についてである。あなたがたは、〔これらを〕信じているだろうか？

自分自身から溢れ出るに違いないこの強い感情、我々が人びとに呼びかけるこの精神的覚醒は、生活に実践的な繋がりを持つ必要がある。間違いなく、実践的な復興は個人、家族、社会を含むのである。

（一）行動の覚醒が個人に働きかけるだろう。すると、イスラームが各々に欲する時にいつでも、際立った模範「としての個人」が現れる。イスラームが個人に求めるのは、美しいものと醜いものを認識する感覚。正しいことと誤ったことを認識する健全な理解力。現実を前にして弱まったり萎縮したりしない確固たる意志。そして、人類の義務を背負う力となり、必要な要求を実現する有用な道具となり、人間の権利や幸福の助けとなる健全な肉体である。

イスラームは、これらの成果に関わる原則に、独自の戒めを盛り込んだ。イスラームの宗教儀礼には、精神が神と繋がり、繊細な感覚・感性を育む最良のものがある。イスラームには、理性や魂を養い、現実を隠す覆いを取り去り、存在の詳細にわたる認識へ導くものがある。

イスラーム本来の性質には、確固とした意志と強くしっかりとした決意を教えるものがある。飲食や睡眠の方法、生活上の諸事に関するイスラームの機能には、それに従えば、薬の効かない危険から体を守り、病気による死から身を守るものがある。

それゆえ、我々はムスリムの兄弟に対して、次のことを義務とした。すなわち、彼らの精神力を高めるため、アッラーの命令に従うこと。彼らの覚醒を広めるため、知識が含意することを学ぶこと。彼らの意志を強めるため、イスラームの本来の性質に従って行動すること。アッラーが彼らの身体を病気や疾病から守るように、飲食や睡眠についてイスラームの規則を遵守することである。イスラームはこの原則を下した際、それを男性にのみでなく、女性にも義務とした。イスラームの個人の分野に関しては、男女とも同じである。したがって、ムスリマ〔ムスリムの女性形〕の姉妹はムスリムの兄弟と同様に、精神力の繊細さ、覚醒の高尚さ、美徳、身体の健全さを持つ必要がある。

（二）この個人の改革は、家族にも影響する。家族は個人の集まりだからである。家族の柱となる男女が〔自らを〕改革するなら、両者はイスラームの諸原則に沿う模範的な家族となれる。イスラームは、家族の諸原則を定め、決まりを下し、良い選択へ導いた。最良の道を明確化し、権利と義務を定めた。両者に結婚という果実を成熟させることを義務とした。彼らは無駄に置かれることも、無視されることもない。結婚生活における問題を癒すために的確な治療を与えた。無視や誇張なく、中庸の道を描いたのである。

（三）家族が改革されれば、国家も改革される。国家は家族の集まりだからだ。家族は小さな国家であり、国家は大きな家族である。イスラームは、国家に幸福な社会生活の諸原則を伝えた。人びとの間に兄弟の絆を作り、それを信仰の集団とした。この繋がりを愛によるものから、さらに利他主義によるものへ高めた。この絆や繋がりを分断し弱めるもの全てを廃した。権利・義務・諸関係を定めた。そこで、父親には父親の、息子には息子の、親戚には親戚の権利と義務を定めた。統治者に関する重要事項を詳細に決め、被統治者にも同様であった。詳しい宣告により、人間関係に関してイスラームの戒めを知らせ、人を人の上に置くことを奨励しなかった。それゆえ、主人も従者も、司令官も奴隷もない。アッラーの所有物である人間は、〔口内の〕たくさんの歯の〔区別のない〕ように、〔皆〕同じものである。もちろん、人びとは善行によって異なってくる。〔同様に、〕国家間関係が定められ、あらゆる種類の権利や義務が決められた。〔このように、〕大小にかかわらず、〔イスラームでは〕見逃されていることはない。

次いで、イスラームは社会問題を治療した。まず問題の発生を予防し、〔もし発生したら〕その根絶に努めた。全ての社会問題には治療法がある。その中で最初の治療は自分自身の改革であり、人びとの間の社会的協力である。

イスラームは、これら全てを把握している。苦難の道を選び、人間を苦難へと導くわけではない。人びとが困難を求めることを望まず、人びとが行動することを望んでいる。包括的な諸原則を伝え、詳細な内容を提示し、適応するための道を示し、その後で長い時間をかけて人びとを行動させるのだ。それゆえ、イスラームとは、全ての時間と場所で有効なシャリーアである。また、全ての人びとを包摂し、《われは只《ただ》万有への慈悲として、あなたを遣わしただけである》(21章107節)とのアッラーの言葉を実現するまで、教宣の普及を命じたのである。我々が示したアッラーへの認識が強まれば、また我々が示したような結果になれば、イスラームの諸制度は個人・家族・国家に広がり、福音は[人びとの]心と耳に至る。我々の思想は成功し、我々の教宣は応え、アッラーはその光を広める。

独立性と模倣性の間で

我々はムスリムの個人・家族・国家を欲している。しかし、それ以前に、イスラーム思想が広がり、全ての規則に影響を与え、イスラームの色に染めることを望んでいる。それがなければ、我々はどこにも到達できないだろう。我々は、正統なイスラームの根幹に基づき、独立した思考をすることを望んでいる。西洋の理論や志向に縛り付ける模倣の思想の根幹に依拠することを望んではいない。偉大で栄光ある国家として、我々の生活の基本的要素や特徴によって、[西洋と]区別したい。その国家には、歴史的に最古で優れたしるしがあるのだ。

我々は、正統イスラームを受け継ぎ、その色に強く確実に染まった。それは、意識や感情に浸透し、心の奥底・核心にまで染みついた。エジプトは、信条・言葉・文明において、完全にイスラームと一体化した。エジプトは、敵からイスラームを守り、イスラームの領域から敵を取り除き、イスラームに敵がおよばないようにした。エジプトの財産、住民の血を犠牲とするジハードを遂行し、イスラームをタタール人[モンゴル人]の爪や十字軍の牙から救った。全住民は敗北者の子孫に反撃し、エジプトにイスラームの学問と知識を確立した。エジプトには、イスラームの保護・擁護・後見を目指す最古の大学アズハルがある。イスラームの民の倫理的・社会的な権威はエジプトに収斂し、そして［イスラーム］全体の希望はここに始まった。

これがイスラームである。その信仰・体制・言葉・文明は、エジプトをとらえてきた偉大な遺産である。エジプトがイスラームを無視することは簡単ではない。非常に破壊的な努力を弄しても、エジプトをイスラームから引き離すことは不可能である。それゆえ、エジプトにおける生活の全てにおいて、イスラームの顕証は、強く、溢れかえらんばかりで、明瞭で、迫り来るようであった。エジプト人の名前はイスラームに由来し、エジプトの言葉はアラビア語である。この大きな礼拝所には、アッラーの御名が掲げられ、朝夕そこから［礼拝の］務めの呼びかけ〔アザーン〕が流れる。我々の感情は、イスラームへの強い感情以外の何ものでもなく、イスラームに繋がるものである。これは全て事実だ。しかし、科学と金銭、政治と贅沢、快楽と娯楽、我々が経験したことのない快適で奔放で誘惑的な生活によって、西洋文明は我々に強く深刻な攻撃を加えた。こうして、我々は西洋文明を評価し、それに対して弱くなった。この侵略は、我々に非常に大きな影響をおよぼした。イスラーム思想の影響はエジプト社会の諸事から消え去った。我々は急いで生活に関する諸規則を変更し、その大部分をヨーロッパの色に染めた。我々の生活におけるイスラームの権威を胸中とミフラーブのみに限定し、それを実際の生活から切り離し、イスラームと生活の間に厳格な区別を置いた。そのため、我々は動揺し、相反する二つの生活を送ることになった。

イスラームは、魅力と崇高さを持つ。魅惑的で、心地良く、魅力的な力を持つ。正しく、確固として揺るがない原則を持っている。注目に値する主張は、魂と感情を引き付ける。我々ムスリムは、常にそれを欲しているのだ。西洋の生活は、快楽や魔術的な力を内包し、物質主義的な様相の力を持っている。そして、我々の活力ある特性を支配し、影響をおよぼそうとする。こうした状況はエジプトにおいて明確であり、エジプトに関心を抱く者全てがそれを見知っている。このような動揺は必ず終わる。全てには終わりがあり、両極端の一方が他方に完全勝利するであろう！

我々ムスリム同胞団が心から懸念するのは、残存するイスラーム的な要素が解体され、あらゆる面で西洋的生活へ埋没してしまうという結末である。このため、[人びとの間から]要請がなされ、教宣の基盤が確立された。この点に関して、我々は諸国家や諸政府に先んじている。もっとも、今日、これらの[要請]全てが、全世界の直面する苦境・災難を前にして、人知れず踏みつけにされてきたのだが。

我々は、このような過程を残念に思っている。我々が呼びかけるのは、エジプトがイスラーム教育とその原則に戻ること。新たな復興がそれに依拠すること。そして、アッラーの意に沿うなら、将来の社会の諸原則がその支援を受け、その礎の上に築かれ、それに集中することである。

イスラームは、我々が全ての有用な事物を入手すること、つまり叡智とは信徒が発見した究極の目標であると強調する。イスラーム国家は、いかなる場所においても善を学ぶことを禁じない。そのような場合、我々が便利で有用な物事の全てを採用し、我々の宗教、生活体系、国民の必要に合致させて適用することは禁じられていない。

この動揺は、我々の実生活の諸相へ大きく広範に影響を与えている。おそらく、この問題の大きな根源は、教育と司法、家庭生活、公共文化の性質、その他諸々の中にある。エジプト以外の国で、二種類ある教育制度に従って教育を実施している国はあるだろうか(102)。エジプトでは、一方には国の半分に繋がる宗教的な教育があり、これはアズハルや関連研究所・学部である。他方には、国のもう半分に繋がる市民的な(madani)教育がある。その両者が各々の区別と特徴を持っている。前者がこの国のイスラームに関する部分を管理し、後者が西洋に従い受容したから、このような状態なのか？　イスラーム的・民族的教育に基づく前者への教育制度の統一、そしてその専門化を阻害するものは何か？　エジプト以外の国で、エジプトのように司法制度がシャリーアとその他の法に分断される国はあるだろうか(103)？　それは、前者がエジプトでの生活に関わるイスラームを管轄し、後者が西洋に従い受容した結果なのか？　シャリーア施行を基礎とする司法の統一、シャリーアを国の法・法源にすることを阻害するものは何か？

こうした矛盾し不安定な生活は、エジプトの家庭に影響を与えないだろうか。教育から多くが失われた。模倣的な態度が道徳に挑戦し、それを打ち負かしてしまった。我々の一部は限度を超えて、西洋人よりも西洋的になった。しかし、このような時代においても、エジプトの家庭の多くは、イスラームの教育や道徳を断固として守り続けている。国家を統合するためには、このような奇妙で異常な状態を制限する必要がある。統合がなければ、復興は実現できず、国家は真っ当に生きることはできない。

我々ムスリム同胞団が呼びかけるのは、復興の根拠となる基礎とは、エジプトを形成するイスラームの諸原則によって、国内での実生活の諸相を統一すること。そして、エジプトが全世界に向かって、正しい人間的生活の完璧な模範を示すことである。

我々の一般的方法――集団と思想の間で

ムスリム同胞団の方法一般について言えば、それは公益のために活動する他の集団と同様である。信頼に値し、新しい方法論を示す点で、諸国家・諸国民のために行われる革新的な教宣と同様である。

（一）ムスリム同胞団は、次のような一般的な活動を行っている。モスクの設立・建設、学校や図書館の開設・監督、協会や支部の設立・指導・後援、イスラームの高貴さや偉大さにふさわしい儀式の実施、村や町での人びとの努力や資金を増進する改革の実施。また、慈善組織や祝祭日のサダカ(sadaqa)[104]徴収を通じて、無関心な金持ちと困窮者の仲介者にもなっている。間違いなく、ムスリム同胞団は、これら全ての活動に携わっている。アッラーの加護により、その活動で特筆すべき影響力を有している。このような分野で多様かつ明確な努力をし、人びとの関心を増大させる教宣に努めている。ここにおいて、同胞団の［採る］方法とは、組織・自発的行為・有識者に頼ることである。資金や計画を促進するために、時には参加者、時には自発的協力者に頼る。同胞団がこうした努力において完璧であったとは、我々は主張していない。アッラーによって、同胞団は完璧へ向け大きな歩みを進めている。これらが同胞団であり、一般的活動を行う組織の一つとしての教宣である。

（二）同胞団は行動してうまく行かないと、そこで熟考した。同胞団の教宣の核心とは、教宣に関する世論が育つよう、心が教宣を信じるよう、魂が教宣をめぐって集まるよう、人間の心に呼びかけた思想であり信仰である。それこそが、イスラームのための行動であり、生活の諸相においてイスラームのために行動することである。

その実現方法は、金銭ではない。古くから現在に至るまで我々の歴史では、教宣は金銭を第一の信条とせず、それを条件として挙げなかった。教宣は、ある過程では金銭を必要とした。しかし、それが教宣の根幹・礎であることはない。教宣者やそれに従う者が常に金銭に乏しかったことは、歴史が教えてくれるだろう。〔教宣の〕方法は力ではなく、教宣は真理である。まず精神について語り、心を信じ、心の扉を叩くのである。杖〔で殴ること〕によって教宣を知らしめたり、槍や矢じり〔といった武器〕に頼ったりすることはない。全ての教宣とその固い決意が採る手段は、〔イスラームの〕共同体の歴史を知る者全てに、知られ、伝わり、読まれている。その要点は、信仰と行動、愛と友愛である。アッラーの使徒〔ムハンマド〕が、教友からなる最初の軍団の心へ呼びかける際、彼らに対し信仰と行動を呼びかけた。そして、彼らの精神が愛と友愛に集まった。信仰心が一つの力となった。集団が現れ、それは模範的な集団となった。たとえ地上の全人類が抵抗したとしても、その集団は言葉を明らかにし、その教宣は勝利する。古今の教宣者は、これ以上のことをなしただろうか？　人びとはその思想を高らかに語り、示し、呼びかける。また、それを信奉し、実現のために行動し集う。信奉者は数を増し、その思想は際立ち、その領域が広がる。これはアッラーの規範であり、アッラーの規範に代わるものはない。

同胞団の教宣は、新たに作られたものではない。信仰者たちの心に響き、預言者〔ムハンマド〕のスンナで繰り返される最初の教宣を反映したものである。同胞団は、ムスリム国家の〔国民の〕心へ、教宣への信頼をもたらそうとした。

これは、規範に合致した行動が明らかになり、国民の心が集まるためである。それをアッラーの力・支援・導きによって行えば、それは正しい道である。信仰と行動、愛と友愛を同胞団とアッラーはともに目指している。それこそがあなたがたの方法である。アッラーがそれを完全に支配しているのだ。

〔一九四二年〕

第７章　昨日と今日の間で

序(105)

ムスリム同胞団は彼らの教宣を説明し、思想を明らかにし、方法論を描き出す論考集を出版していた。すでにこれらの諸論考は教宣の基礎とその諸段階を集積し、その真実と目標を明確にした。

読者諸賢の前には、第一の論考がある。「昨日と今日の間で」は、イスラームの思想とその目標の発展について論じている。

この論考は第二次世界大戦勃発のわずか前に、思想を夜明けに至らせた。同胞団員はそれ以来、本論考を相互に議論した。その中には、イスラームの諸原則と、論考が描写し受容を呼びかけた改革の諸方策に関する丁寧な説明、またイスラーム国家が「クルアーンは憲法で、アッラーの使徒（ムハンマド）は模範にして指導者である」として興隆した時代に関する話がある。同様に、ムスリムが立ち上がることを阻害し、彼らの状況を変えることを阻害する諸要因について、若干の分析もある。そして、読者諸賢は本論考の結論で、正しく指導的な言葉を見出し、最初の国家を秩序立てたもの以外に、現代の国家を正しくするものはないと気づくだろう。

我々は、アッラーがその恩寵によりこの作品を正しくあらしめ、真実の宗教の導きによりムスリムの心と理性をこの作品のために開くことを願っている。

慈悲深く慈愛あまねきアッラーの御名において。

アッラーに全ての称賛あれ。我らが主ムハンマド、彼の一族、教友へ大いなる平安のあらんことを。

一　信頼ある預言者のメッセージ

一三七〇年前、文字を読めない預言者ムハンマド・イブン・アブドッラーは、マッカ市内に降《くだ》り、サファーの丘[106]の頂から呼びかけた。《人びとよ、わたしはアッラーの使徒として、あなたがた凡てに遣わされた者である。天と地の大権は、かれのものである。かれの外に神はなく、かれは生を授け死を与える御方である。だからアッラーと御言葉を信奉する、文字を知らない使徒を信頼しかれに従え。そうすればきっとあなたがたは導かれるであろう》(7章158節)。

この普遍的な教宣は、暗い過去、日の出の輝かしい未来、幸福に満ちた現在における、全ての存在に関する決定的に神聖な分水嶺であった。それは、新たな秩序の明確な告知であった。全知のアッラーが定め、警告と福音の使徒ムハンマドが伝え、光輝で明瞭なクルアーンが啓典となる。また、ムハージル〔移住者〕・アンサール〔支援者〕と、善行で彼らに従う人びとからなる初期世代《サラフ》が、その兵士となる。これは、人間の創造物ではない。アッラーが色付けしたもので、誰がアッラー以上によき染め手になろうか。《このようにわれは、わが命令によって、啓示(クルアーン)をあなたに下した。あなたは、啓典が何であるのか、また信仰がどんなものかを知らなかった。しかしわれは、これ(クルアーン)をわがしもべの中からわれの望む者を導く一条の光とした。あなたは、それによって(人びとを)正しい道に導くのである。天にあり地にあるすべてのものを所有するアッラーの道へ。見よ、本当にすべてはアッラー(の御許)に帰って行く》(42章52—53節)。

二　社会改革に関する高尚なクルアーンの方法論

クルアーンとは、包括的な社会改革の諸原則の集成である。預言者〔ムハンマド〕へすでに下され、彼によって信仰者たちへ出来事・状況・機会に応じて折々に知らされた。《こうするのは、われがあなたの心を堅固にするため、よく整えて順序よく復誦させるためである。また、かれらが譬《たとえ》を、あなたに持ち出してくる度に真理と最善の解釈(の手掛り)をあなたに与えるためである》(25章32—33節)。その結果、啓示は完成され、二二年とそれ以上にわたって、人びとの胸中と記録に保存された。アッラーはその中で、国家のための全ての事象の解釈を集めた。そこに由来する完全な社会改革の諸原則は、おおよそ次のように集約されるだろう。

(一) アッラーの聖性。
(二) 人道主義的精神の高揚。
(三) 報奨への信仰の確立。
(四) 人びとの間における友愛の告知。
(五) 全ての男性と女性の覚醒、両者間の相互理解と平等の告知、双方の詳細な義務の定義。
(六) 全ての個人に対して、生存・所有・労働・健康・自由・知識・安全の権利を定める社会保障の確立。そのための収入源の確定。
(七) 二つの本能の抑制。[すなわち]自己保存と種の保存を求める本能、および美食と快楽を求める本能の自制。
(八) 根深い犯罪と闘う厳格さ。
(九) 国家統合の確証と、あらゆる分裂要因の根絶。

（一〇）この制度に由来する真実の諸原則のため、国家がジハードを行う義務。
（一一）国家は思想を体現し、その保持により成立するという視点。特定の社会において、国家はその目標の実現に責任を負い、全国民に伝達しなければならない。

三　この制度のための実践的慣習

このクルアーン的制度は、他の実証主義的秩序、神学的哲学とは異なっていた。その諸原則と教えは、精神的な理論を放置せず、諸々の書には見られず、口先だけの演説でもなかった。それは原理を打ち立て、安定させた。その影響により利益を生み出し、その結果は実践的な振る舞いであった。制度を信奉し従う国家に対して、実践への情熱を課し、怠惰による浪費を許さぬよう義務づけた。実践する者には報奨を与えた。また、怠惰な者には罰を執行し、彼らの中の一人をイスラーム社会の境界から放逐して深淵へと投げ入れた。この秩序が負わせた最も重要な義務は次のとおりである。それらは、諸原則を打ち立てるための柵となった。

（一）礼拝、ズィクル、改悛《かいしゅん》、アッラーの赦しを請うことなど。
（二）断食、貞節、奢侈に関する警告。
（三）喜捨、サダカ、善行のための支出。
（四）巡礼、周遊、旅行、探究、アッラーの国の考察。
（五）所得、労働。物乞いの禁止。
（六）ジハード、戦闘、戦士の装備、遠隔地にいる彼らの家族と財産の保護。
（七）善行を命じ、助言を与えること。
（八）悪事を禁止し、その仲間と悪行を断ち切ること。

(九)　ムスリム・ムスリマの誰でも、各々に最も適切な生活に関する教育・知識を獲得すること。
(一〇)　良い社会生活と、優れた道徳の形成を全うすること。
(一一)　身体的健康への配慮と感情の抑制。
(一二)　保護と服従の双方についての、支配者と被支配者の間の社会的連帯。

ムスリムに要求されるのは、これら諸義務を実践すること、クルアーン的制度がそれらを詳述したように復活させることである。この中のどれ一つも怠らないことが課される。その言葉は全て、すでに高尚なクルアーンに現れた。預言者、教友と、善行で彼らに従う者の行いについて、平易な明確さをもって明証している。その中のあらゆる行為、あるいはその多くは、一つの原理あるいは多数の原理を過去の視点から強化し根付かせる。過去の視点とは、この秩序がもたらされ、実践され、その結果と足跡により人びとが利益を得た時のものである。

四　最初のイスラーム国家

この傑出したクルアーン的社会制度の礎の上に、深い信仰で安定し、正確な合意で一致した最初のイスラーム国家が樹立され、制度を世界中に広めた。それにつき初代[正統]カリフ〔アブー・バクル〕は、「もし運命によりラクダの手綱が私から失われたとしたら、それをアッラーの啓典に見出すであろう」[107]と言った。その結果、彼は喜捨の支払いを拒む者と戦い、彼らに警告し、この秩序の諸原則を破壊したため背教者とみなして言った。「アッラーよ、もしアッラーの使徒〔ムハンマド〕に手綱を委ねていた者たちが、私の手綱の拒絶者であれば、剣が我が手に握られ次第、彼らと戦いましょう[108]」。

統一性は、その理念と外観の全てにおいて、この新生国家を包摂した。すなわち、社会の統一とは、クルアーンの制度と言語の普遍化による包摂であった。政治の統一とは、信徒たちの長(amīr al-mu'minīn)[109]の守護、首都のカリフ位の旗の下での包摂であった。イスラームの思想が軍、国庫、支配者の為政の集権化を否定する思想であったということは、その統一性を崩すものではなかった。というのは、全員が、唯一の信条と統一された共通の指導に従って行動したからである。

クルアーン的諸原則は、アラビア半島とペルシャ帝国の愚かしい異端信仰を追い立て、それを打倒した。狡猾なユダヤ教徒を追い立て、彼らを限られた空間へ閉じ込め、その宗教的・政治的権威を打倒して完全に終焉させた。そして、キリスト教徒と戦い、アジア・アフリカ大陸における彼らの影響力を制限し、コンスタンティノープルのビザンツ帝国の守護下のヨーロッパに孤立させた。それにより、巨大な二つの大陸にイスラーム国家の精神的・政治的権威が根付いた。

それから第三の「ヨーロッパ」大陸に攻撃を加え、東方からは「ビザンツ帝国の首都」コンスタンティノープルを攻撃して、それを疲労させるまで取り囲んだ。西方からは「ヨーロッパ」大陸に到達してアンダルス〔スペイン〕へ侵攻し、その兵士たちはフランスの中央部とイタリアの北部および南部に到達した。そして西欧に、栄誉ある国家を建設し、その建造物は科学と知識により輝いた。

イスラーム国家により、その後コンスタンティノープルの征服が独力で達成され[110]、キリスト教徒をヨーロッパの中心部の限られた地域に封じ込めた。イスラーム艦隊は地中海と紅海の両海で波を掻き分けて進み、それら二つの海はイスラームの湖となった。そしてイスラーム国家の軍隊は、それにより東西の海の鍵を握り、陸と海の支配者となることに成功した。

このイスラーム諸国家はイスラーム以外の諸国家との接触を持ち、諸文明の多くを移植した。しかし、イスラーム諸国家は相手全体に対して、その信仰の力と制度の強固さにより勝利した。それゆえ、相手を完全にアラブ化するか、またはほとんど変化させた。「イスラームが」包摂する魅力と活力と美しさによって、相手の言語と宗教を「イスラームの色に]染め上げ、改宗させることができた。また、イスラーム的制度は、その社会的・政治的統一性へ悪影響が生じなければ、[イスラーム]諸国家がそれら[相手]の諸文明から、有益なものを得ることを禁じなかった。

五　イスラーム国家の崩壊要因

これら勝利の力や広範な権威があるにもかかわらず、崩壊の要因は密かにこのクルアーンに基づく国家の内部に入り込んでいた。それら要因は徐々に広がり、浸透し、強力になり、結果的に国家を分裂させた。中央集権的なイスラーム国家をまずヒジュラ暦六世紀にタタール人〔モンゴル人〕の手で打倒させ(111)、ヒジュラ暦一四世紀に二度目の打倒をさせた(112)。いずれの場合も、分裂した国家が残された。分裂した小規模な諸国家は統一を望み、復興へと近づこうとした。

主な崩壊要因は以下のとおりである。

（一）政治的・民族的相違、および栄誉と主導権をめぐる争い。これは、イスラームが力強い警告をもたらしたにもかかわらず[起きたの]である。世俗的地位への欲望はこうした関心と結びつき、諸国家を腐敗させ民衆と国家を破壊する。《そして論争して意気をくじかれ、力を失なってはならない。耐えなさい。アッラーは耐え忍ぶ者と共におられる》(8章46節)。唯一なるアッラーの誠実さに基づく言葉・行動、名声と称賛への愛着から離れよという深い指導にもかかわらず。

（二）宗教的・学派的相違。信仰と実践の宗教から、精神も生命も伴わない形骸化した専門用語と言辞への逃避。アッラーの啓典〔クルアーン〕と使徒〔ムハンマド〕のスンナを黙殺した、硬直あるいは熱狂した見解や演説、そして錯綜した視野や論点への渇望。これらは全てイスラームが警告し、固く禁じたことである。それゆえ、アッラーの使徒

〔ムハンマド〕はこう言った。「人間は正しい導きを受けた後で道に迷わない、口論をもたらすもの以外は[113]」。
(三) 贅沢と快適さへの没入、および快楽と貪欲への関心。それはムスリムの支配者について多くの時代に記録され、彼ら以外の人びとについては記録されなかった。彼らはアッラーの言葉を読んだにもかかわらずである。《われが一つの町を滅ぼそうとする時は、かれらの中で裕福に生活し、そこで罪を犯している者に(先ず)命令を下し、言葉(の真実)がかれらに確認されて、それからわれはそれを徹底的に壊滅する》(17章16節)。
(四) ペルシャ人、ダイラム人[114]、マムルーク[115]、トルコ人など、正統なイスラームの味を賞味しなかった非アラブ人への権威と主導権の移動。彼らの心はクルアーンによって照らされなかったため、その真の意味について悟るのは困難であった。彼らはアッラーの言葉を読んだにもかかわらずである。《信仰する者よ、あなたがたの仲間以外の者と、親密にしてはならない。かれらはあなたがたの堕落を厭わない。あなたがたの苦難を望んでいる。憎悪の情は、もうかれらの口からほとばしっている。だがその胸の中に隠すところは、更に甚しい。われは既に種々の印を、あなたがたに鮮明にした。只あなたがたの理解する力が問題なだけである》(3章118節)。
(五) 実践科学と自然科学への無関心。時間の浪費、深い思索を要する哲学と不健康で幻想的な擬似科学への努力の浪費。森羅万象について考えること、創造の秘密を探求すること、大地を周遊することについて、イスラームが奨励しているにもかかわらずである。そして、彼らにアッラーの王国について熟慮することを命じているにもかかわらずである。《言ってやるがいい。「天地の凡てのものを観察しなさい」》(10章101節)。
(六) 支配者たちの権威への心酔、権力に対する自己欺瞞、他国の社会発展を観察することへの無関心。その結果、外の者が準備・装備において先んじ、彼らを驚かせた。クルアーンは彼らに注意怠りないよう命じ、不注意の者を家畜として、いやそれよりも迷える者にたとえ、不注意の結果について警告したにもかかわらずである。《われは地獄のために、ジンと人間の多くを創った。かれらは心を持つがそれで悟らず、目はあるがそれで見ず、また耳はあるがそれで聞かない。かれらは家畜のようである。いやそれよりも迷っている。かれらは(警告を)軽視する者である》(7章179節)。

(七)敵対的なおべっか使いの陰謀による自己欺瞞、彼らの行動と生活への称賛、有益ではなく有害な彼らへの思慮のない模倣。ムスリムには模倣について厳重な禁止があり、模倣される者の矛盾［への言及］や、イスラーム国家の基本要素を保全せよという明白な命令があるにもかかわらずである。この模倣の結果について、クルアーンの警告がある。《信仰する者よ、あなたがたがもし啓典の民であるからといって一分派に従うならば、かれらは信仰に入ったあなたがたを不信心者に引き戻すであろう》(3章100節)。他の章句も言う。《信仰する者よ、あなたがたがもし不信心者に従うならば、かれらはあなたがたの踵《きびす》を返させ、失敗者に後戻りさせるであろう》(3章149節)。

六　政治闘争

(一)イスラーム国家を壊滅させる企て

これらの要因は、イスラーム国家やそこでの生活の内部で作用し始めた。［イスラームに］征服された諸国は、復讐の機会、かつての征服者であるイスラーム国家を壊滅させる機会、生活の全てを彼らの習俗に替える機会が訪れたと考えた。タタール人は破壊的な奔流となってイスラーム国家を急襲し、それをばらばらに引き裂いた。そして、アッバース朝カリフの首都バグダードに達し、カリフのムスタアスィム(Mustaʿṣim　1213-1258)〔アッバース朝最後のカリフ〕を馬蹄で踏みつけた。そのため、国家の統一性は崩れ、カリフ位の［もたらす］紐帯は初めて引き裂かれた。イスラーム国家は弱小諸国家へと分裂し、あらゆる部族が［各々の］カリフ位と説教壇を持った。キリスト教徒はヨーロッパで復興し、勢力を結集した。そして、騎士、諸王、最良の軍備からなる九度の十字軍の侵攻を通じ、その軍団によってアジア・アフリカの東方にいるムスリムを襲撃した。これらの侵攻勢力は、エルサレムに十字軍国家を建国した。そして、イスラーム国家を東西から脅かし、当時最も強力な［イスラーム］国家であったエジプトの攻撃に成功した。

（二）連　勝

しかし、アッラーは不正が真実を打ち負かすことを許さなかった。エジプトはいくつかの小国家に分裂した諸勢力を傘下に収め、サラーフッディーンの指揮の下で十字軍を襲撃した。そして、エルサレムを回復し、敵にヒッティーン（Ḥiṭṭīn）［の戦い］(116)での敗北の事実を見せつけた(原註2)。次いで、タタール人との対決において、ザーヒル・バイバルス(117)（al-Ẓāhir Baybars　1220s-1277）の指揮の下、アイン・ジャールート（ʻAyn Jālūt）［の戦い］(118)で敵を追い返し(原註3)、再びカリフ制度を復活させた。その後、アッラーはイスラームのために、支配を広げた。勇敢さに優れ、激烈な力を持つ［イスラーム］国家の形成を望み、人びとをその言葉で集め、ほとんどの国家と民衆をその旗の下に召集した。その国家の野心は高遠で、キリスト教徒の本拠地への攻勢を不可避なものとした。その結果、コンスタンティノープルを征服し、その権威はヨーロッパの中心に広がり、ウィーンまで達した。これこそがオスマン・トルコの国家である。

（原註2）　ヒジュラ暦五八三年に起こった。
（原註3）　ヒジュラ暦六五八年に起こった。

（三）ヨーロッパでのルネサンスの成果

イスラーム国家は、オスマン帝国の旗と権威の下で平穏であり、その周辺で何が起きているかについては受動的で関心を払わなかった。しかし、ヨーロッパでは、西ではスペインを通じて、東では十字軍を通じて、イスラームの優れた文化と接触を持った。彼らはこの好機を逃さず、そこから利益を得ることを怠らなかった。彼らはその勢力を結集し、ガリア［フランス］の地をフランク王国の旗の下に統一した。その後は、西においてイスラームの攻撃の勢いを塞き止め、スペインのムスリムの軍列に争いの種をまき、彼らの一部を傭兵とし、ついにはアフリカ沿岸部にムスリムを追い払った。若いスペイン国家が彼らの地位を継ぎ、ヨーロッパはその勢力の結集を続け、統一された。彼らは、深く考察し、知識を得て、他国の土地を横断し、新しい土地を発見した。スペインによってアメリカの発見がなされ、ポルトガルによってインド航路が発見された。それから改革の叫びが、ヨーロッパ中で交互に迅速に続いた。非常に多くの改革者が現れ、彼らは熱心に、自然科学と実り多く生産的な知識を獲得した。これらの革命的な改革が生んだ結果は、多数の民族主義の形成と、イスラーム国家の分割を目標とする強力な国家の台頭であった。ヨーロッパはイスラーム国家を分割し、アジア・アフリカで土地を強奪した。新興諸国はこれらの目的のために連合し、この当時において神聖な段階［の連合］にまで高めた。

（四）新たな攻撃

ヨーロッパは支配を広げた。それは、土地の発見と攻撃［による強奪］の成果であり、遠く離れたインドや周辺イスラーム諸州など遠方にある多くのイスラーム国家への遠征の成果であった。そして、力強く広大なイスラーム国家を分割へ至らせる活動を本格的に開始し、そのために多くの計画を策定した。それは時に「東方問題[119]」と、別の機会には「［ヨーロッパの］病人トルコの分割」と表現された。どの［ヨーロッパ］国家も幸先《さいさき》よい機会を獲得し、根拠のない理由を不当に設定した。平和で緩慢なイスラーム国家を攻撃し、国境の一部を後退させ、その周縁部を脅かした。猛攻撃は長い期間にわたって続き、オスマン帝国は多くのイスラームの領土を剝ぎ取られ、それらの地域はモロッコや北アフリカのようにヨーロッパの支配下へ移った。かつてオスマン朝の支配下にあったいくつもの非イスラームの地域、たとえばギリシアやバルカン諸国は、この時期に独立した。

①北アフリカ（マラケシュ、アルジェリア、チュニス）はフランスの植民地となり、タンジェ[120]の国際管理地域がその中にあった。またリーフ地方[121]はスペインの植民地となった。

②トリポリとキレナイカはイタリアの植民地となった。イタリアはどんなイスラームの痕跡も同地に残ることを望まなかった。そこで、イタリア国籍の取得を義務づけ、その地を南イタリアと呼んだ。その後、［イタリアから］

数千の貧しい家族や野蛮な人間を侵入させた。
③エジプトとスーダンはイギリスの保護領に落ちた。どちらも独立した権威を全く保持しなかった。
④パレスチナはイギリスの植民地となった。イギリスはユダヤ教徒のために、そこに彼らがシオニズム(122)の民の祖国を設立するため、土地売却の自由を認めた。
⑤シリアはフランスの植民地となった。
⑥イラクはイギリスの植民地となった。
⑦ヒジャーズは弱体な政府で、支援を待ち、不正な文書と価値のない契約(123)に固執した。
⑧イエメンには、鎖国した政府と貧しい民衆しかおらず、いつも攻撃にさらされた。
⑨残りのアラビア半島の諸地域はイギリス総領事の保護下で生活する小さな首長国である。彼らは、互いに自らのテーブルから落ちた小片のために争い、胸中は相互への憤慨や嫌悪で燃えている。これは半島のフサイン国王(124)(Ḥusayn ibn ʻAlī 1853-1931)と連合国によって作成された、アラブの独立達成とアラブ人カリフの権威を支持する旨の約束と文書とともにあった。
⑩イランとアフガニスタンの政府は、あらゆる方面から分割の欲望にさらされ、不安定である。彼らはある時は一つの勢力に、またある時は別の政府に従属している。
⑪インドはイギリスの植民地となった。
⑫トルキスタンと、それと隣接する地域はロシアの植民地であり、ボリシェヴィキの圧政に従属している。それ以外にも、ムスリムは多くの場所に点在している。彼らは保護を頼りにできる国家も、また彼らの国民性を防衛するよく武装された政府も知らない。たとえば、エチオピア、中国、バルカン、そしてサハラ以南のアフリカのムスリムのような者たちである。このような状況下で、ヨーロッパは政治的抗争に勝利し、ついにイスラーム帝国

を追い詰めて大国の地位から除いた。そして、単なるイスラーム諸国家に格下げし、強力な既存の国家を消し去るという目的を達成した。

（五）再び権力の座へ

しかし、条約と文書による甚だしい敵意と侮蔑は人心を苦しめ、彼らの精神を高揚させた。これらの国々は独立を要求し、彼らの栄光と自由を再び得るための闘争を始めた。この理念のために、叛乱が彼らの領域内で燃え上がった。トルコ・エジプト・イラク・シリアで叛乱が起こった。また、パレスチナとモロッコのリーフ地方では繰り返し叛乱が起こった。あらゆる場所で精神の目覚めが広まり、イスラームの民衆はそれによっていくつかの権利を獲得した。トルコはその新しい国境の中で独立し、エジプトとイラクは独立した王国として認められ、ヒジャーズとナジュド[125]にはサウード家の国家〔サウジアラビア〕が成立した。イエメン・イラン・アフガニスタンは独立国の地位を保持し、シリアは独立の承認獲得に近づいた。[原註4] パレスチナは闘争を通じて自身を世界に認知させた。ムスリムたちは何の疑いもなく、たとえそれが少しずつで遅々たるものでも、自由の回復、栄光の復活、国家の建設という、彼らが達成を求めた高尚な目標に向かって、活発に前進した。その時、これらの歩みは特別な民族的理念を志向し、全ての国家が独立と自由の権利を要求した。そして復興のために活動した人びとの多くが、故意にその統一性の理念を無視したにもかかわらず、これらの歩みの結果は、疑いなくイスラーム世界に散在している人びとを包含する、統一された国家としてのイスラーム帝国の強化と復活であり、イスラームの旗の掲揚とその福音の伝達となるであろう。世界にはムスリムの集団ほど言語が一つで、物質的・精神的な公正さを共有し、痛みと苦しみが相互に類似する者はいない。

（原註4）　シリアはこの後自由を獲得した。諸国は独立を承認しフランスはその国土から撤退した。このようにして残りのアラブ諸国は独立した。

（六）　新たな戦争

ヨーロッパ諸国は第一次世界大戦で傷つき、彼らの大勢の中に怨恨と憎悪の種が植え付けられた。［パリで］講和会議が行われたが、締結された条約は一部の者にとっては顔への鋭い平手打ちであり、そして他の多くの者にとっては痛ましい幻滅であった。それゆえ、多くの新たな理念とイデオロギーが、強度に狂信的な姿で現れた。間違いなく、諸国間のそのような状況は、新たな対立や破壊的な戦争という結末となろう。また、彼らの一体性、思慮分別への回帰、不正義に関する躊躇の心を引き裂くであろう。イスラーム諸国にとっては、その隊列を均等にして、統一のために結集し、自由と独立を達成し、国家の再興と信徒たちの長の旗の下で一体化する機会となろう。《われは、この国で虐げられている者たちに情けを懸度《かけた》いと思い、かれらを（信仰の）指導者となし、（この国の）後継ぎにしようとした》（28章5節）。

七　社会的闘争

東では十字軍の戦争を通じて、そして西ではスペインのアラブ人との隣接と交流を通じて、ヨーロッパ諸国はイスラームおよびその民衆〔ムスリム〕と接触を持った。この接触から彼らは単に、高められた感性、結束、政治的統一という点において利益を得ただけではなかった。彼らは、偉大な知的覚醒、数多くの科学と知識も獲得した。科学と文化のルネサンス、視野の広がりが彼らの間に出現し、［キリスト］教会はこの奇怪な現象との闘争に全力をもって臨んだ。学者と人文主義者に最も厳しい罰を受けさせた。宗教裁判の法廷では戦争が行われ、彼らに対して人びとと国家の怒りを喚起した。しかし、これら全ては何の役にも立たず、真実と科学の発見の前では、その［教会の］教えは耐え抜けなかった。科学的ルネサンスは完全に勝ち誇って現れ、国家はそれによって覚醒した。国家もまた教会に対して勝利を収めるまで戦い、ヨーロッパ社会は完全に教会の権威から自由になった。［敬虔な］人びとは聖堂と柱廊の中へ駆り立てられ、教皇はヴァチカンに監禁された。聖職者の仕事は、生活の諸事の中の限定された領域に制限された。ヨーロッパはキリスト教を、ただ歴史的伝統としてのみ保持している。単純で感情的な民衆を教化するという一つの機能は、征服、植民地化、政治的願望の抑圧のための手段として存在した。

科学の領域はヨーロッパ域外へ伸張し、発明・発見の範囲は拡大した。機械は生産量を倍増させ、生活の全局面に工業的様相を与えた。これら全ては、その権威がいくつもの土地と地域におよぶ強力な国家の興隆と密接な関係をもって進行した。世界はこれらヨーロッパ諸国を熱心に歓迎し、どこでも得られる利益への貪欲さを生じさせた。全ての場所から、富は[ヨーロッパへ]流れ出た。その後、当然のように、ヨーロッパ式の生活と文明が社会の上に君臨し、特に国家・法廷・学校から宗教を排除した。唯物主義的な圧制は全ての事象における判断基準となった。もちろん、この文化は純粋に唯物主義的で、宗教として示された事物を破壊した。そして、それが広めた観念とは、正統イスラームが確立した諸原則の完全な否定、イスラームが建設し精神と物質が統合された文化の礎の完全な否定であった。このようなヨーロッパ文明の最も重要な特徴は、次のとおりである。

（一）背教、アッラーへの懐疑、精神の否定、世界にやがて来る報奨と罰への無関心。物質、有形の存在への執着。《かれらの知るのは、現世の生活の表面だけである。かれらは(事物の)結末に就いては注意しない》(30章7節)。

（二）不信仰、快楽への過度な耽溺、放縦。より低位の本能の無条件な自由、生殖と性欲への満足、女性の魅力を刺激するためのあらゆる技術、彼らの身体と思考を閉ざすほどの過剰に有害な慣行、家族の破壊と家庭の幸福への脅威。《そして信仰しない者には、(現世の生活を)楽しませ、家畜が食うように大食させて、業火をかれらの住まいとする》(47章12節)。

（三）利己主義。あらゆる人は自己のためのみに良いことを欲する。階級的な利己主義。各階級は他者の上に自らを誇り、全ての利益をその階級で占めようとする。国家的な利己主義。各国家は国民の代表として偏狭になり、他者を排斥し、弱者を併呑しようと試みる。

（四）利子。それを合法的と認め、商業取引の原理とみなし、多様な形態によって実施する。そして、それを国家と個人の一般的慣行とする。

これら純粋に唯物主義的な特徴は、ヨーロッパ社会に精神の堕落、道徳性の弱体化、罪との戦いにおける無気力さを生み出した。問題が増大し、破壊的なイデオロギーが姿を現し、破滅を招く革命が力を爆発させた。経済的・社会的・政治的制度が動揺し、もはや安定した基礎の上に立てなくなった。国家は党派・政党によって分裂し、人びとは獰猛に貪欲さと憎悪のために争い合った。この近代文明は、人間社会の安全の保障と、そこに静穏と平和を確立することに関して、完全な無能さを明証した。それは、まさに科学と知識が明らかにしたものであるにもかかわらずである。また、その文明は出現してから一世紀も経たぬうちに地上をあまねく包摂したものの、それが利用可能にした全ての富と贅沢、そして国家にもたらした権力と権威は、人びとに幸福を与えることに失敗した。

八　物質主義のイスラームの地への侵襲

ヨーロッパ人は、その堕落した特徴と酷薄な起源とともに、物質主義的な生活の潮流を作り出し、彼らの手がおよんだ全てのイスラームの国土の上にそれを覆いかぶせるために、たゆまぬ努力をした。彼らの支配下で、病に侵された運命が降りかかり、ムスリムは本来の性質を剥ぎ取られた。その間、ヨーロッパ人は科学・知識・産業・組織によって、繁栄と権力を占有することに熱心であった。欲望を実現するまで、政治的実権と軍事的支配を切願しつつ、彼らは巧妙な方法での社会的侵略の計画を立案した。ムスリムの指導者に融資を与え、財政取引へと参加させることで欺き、それら全てを彼らにとって容易で骨の折れないものとした。そして、経済界に進出する権利を得て、経済機構の働きを望むままに支配するため、地元民を排除した。巨大な利益と莫大な富を占有するため、彼らは自らの資本・

銀行・工場で国家を占有できるようにした。その後、彼らは政府の基本原則・司法・教育を修正した。最も強力なイスラーム国家〔エジプト〕において、政治的・法律的・文化的制度を彼ら独自の色へと変えることに成功したのであった。

そして、半裸の女性・リキュール・映画館・ダンスホール・娯楽・物語・新聞・小説・放縦・馬鹿げたゲーム・悪徳をこれらの地域〔イスラーム諸国〕に輸入した。そこでは、彼らは自国では許容されない罪を是認し、この軽薄な世界で、罪を犯し悪徳を臭わせた。騙されやすく世慣れないムスリムの目に、富と名声、階級と権威で着飾っ〔て映っ〕た。これらはヨーロッパ人にとってまだ不十分であり、イスラームの領域の中心部に学校と科学・文化組織を設立し、その〔ムスリムの〕子弟たちの精神に疑念と異端を投じた。〔ムスリムの子弟を〕支配し、宗教と祖国を貶め、文化と信仰をムスリムから剝ぎ取り、ヨーロッパ起源のものだけが生活上の模範を提供できるという信念の下で、西洋のどんなものでも神聖視させるようにした。これらの学校は、上流階級の子弟のみを受け入れ、彼らだけの限られた領域となった。この階級の子弟は強力な支配集団を形成し、ほどなく諸国家と民衆の問題についての鍵をその手に握ることとなろう。

地元にあるこれらの教育施設を修了しなかった者には、留学制度が〔そのような教育の〕習得を保証した。社会への強烈で組織化された攻勢は、巨大な成功を収めた。それらは精神に愛着を抱かせる攻勢であり、長い期間にわたって強力な知的影響を個人の上に継続的に働かせる。それゆえ、政治と軍事の攻勢よりはるかに危険である。

一部のイスラーム国家は、ヨーロッパ文明への称賛と、自らのイスラーム的色彩への失望について極端になりすぎた。その点につき、トルコが自身を非イスラーム国家と宣言し、最大の厳格さで全ての行為においてヨーロッパ人を模倣した。アフガニスタンの王アマーノッラー・ハーン[126](Amīr Amān Allāh　1892-1960)はこれを試みたが、その試みは彼を王座から追い払った。エジプトでは、この模倣現象は拡大して深刻化した。知識人の一人は、次のように明言した。進歩の唯一の道はこの[西洋]文明を、それが含む善と悪、甘いものと苦いもの、魅力的なものと嫌悪すべきもの、称賛すべきものと非難されるべきもの全てを受容することであると。

その思想は、エジプトから隣接する諸国家へと迅速に勢いよく普及してモロッコにまで到達し、ヒジャーズ地方のマッカ近郊の聖域にも知られるようになった。我々はイスラーム諸国を、この物質主義文明、唯物主義の侵襲による影響の度合いから、三つに分類できる。

(一)[西洋文明の]影響が強大で、環境や外見の変化と同様に、心や聖域にまで達した国。その中にはトルコとエジプトがあり、すでにこれらの国におけるイスラーム思想の影響はあらゆる社会環境から排除されている。イスラーム思想はモスク、ザーウィヤ、リバート[127]、修道場の中へ引き下がった。

(二)西洋文明が環境と外見に影響をおよぼした国。しかし、それは心の聖域まで支配することはできなかった。イラン、マグリブ、北アフリカの諸国が相当する。

(三)西洋文明に、教育を受けた特権階級や支配層以外は影響されず、一般民衆はその影響を受けなかった国。シリア、イラク、ヒジャーズ、アラビア半島の大部分の地域、残りのイスラーム諸王国が相当する。

この波は電光のごとき速さで波及し、まだそれが浸透していない精神・社会階級・環境へ到達した。イスラームの敵はムスリム知識人を欺くことができ、彼らの情熱的な目に厚い覆いを被せる。イスラームを、信条・宗教儀礼・道徳性[に満ちた宗教]から、宗教的慣例・迷信・空虚な外見のみの無力な集合体へ[変えて]描くことによってである。彼らの欺瞞の実行を助けるのは、宗教の真実についてのムスリムの無知であり、それにより彼らの多くがこの描写に気休めを見出し、落ち着き、満足した。それは、彼らにとって真実であり続けた。その結果、彼らの誰に対しても、イスラームが生活の諸相を受容する完璧な社会制度であると理解させるのが、我々にとって難しくなった。

我々は次のように言えよう。西洋文明は唯物主義とともに、イスラームの地で精神・物質と結束した強力な原理により、イスラームに対する社会闘争に勝利した。そして、政治的・軍事的な戦いの場で勝利したのと同様に、ムスリムの精神・魂・信条・理性を戦場とした激しい戦いに勝利したと。これに驚くことはない。生活の外観は細分化されず、強力なものは全体として強力であり、弱体なものは全体として弱体だからである。《われは人間の間に（種々の運命の）こんな日を交互に授ける》（3章140節）。イスラームの原理と教えは、それ自体で力強くあり続け、豊饒で生命力があり、その輝きと美しさにおいて魅力的である。イスラームはそうあり続けるであろう。それは真実であり、人道主義的生活の高潔な完成はそれ以外の方法では成就しないからである。また、それが実にアッラーの創造物で彼の保護下にあるからだ。《本当にわれこそは、その訓戒を下し、必ずそれを守護するのである》（15章9節）。《仮令《たとえ》不信者たちが嫌おうとも、アッラーはかれの御光を全うされる》（9章32節）。

覚　醒

ちょうど政治的攻撃が民族主義の感情を刺激する効果があったのと同様に、社会的抑圧もイスラーム思想を復興させる効果があった。あらゆる場所で、イスラームへ回帰し、その規定を理解し、その秩序に従うことを要求する声が上がった。この物質主義文明の城塞が、その居住者の頭上で崩壊する日が間もなく来るだろう。その時、彼らは心と精神に、渇望の灼熱が火炎となって燃え上がることを感じよう。彼らはいかなる支援・癒し・治療も、この高尚な啓典の教えの中以外には、見出さないであろう。《人びとよ、あなたがたの主から確かに勧告が下された、これは胸の中にある（病い）を癒し、また信者に対する導きであり慈悲である。言ってやるがいい。「アッラーの恩恵により、またその慈悲により、かれらを喜ばせなさい。それはかれらが蓄積したものに勝る」》（10章57―58節）。

九　我々の教宣は伝導と救済の教宣である

（一）荘厳な遺産

同胞団員よ。我々がこの荘厳な遺産を責任をもって受け継ぎ、この暗闇の中であなたがたの教宣が輝く光となることをアッラーは望む。アッラーは、あなたがたが彼の言葉を称賛し、シャリーアを明らかにし、彼の国を再び打ち立てることを欲する。《アッラーは、かれに協力する者を助けられる。本当にアッラーは、強大で偉力ならびなき方であられる》（22章40節）。

（二）我々の一般的目標

同胞団員よ。我々は何を望むのか。我々が望むのは、束の間の蔭に過ぎない財産を蓄えることか。移ろいやすい偶然に過ぎない魅惑的な快楽か。それとも、地上における権力か。《本当に大地はアッラーの有《もの》である。かれは御好みになるしもべたちに、これを継がせられる》（7章128節）。我々はアッラーの言葉を読む。《来世の住まいとはこのようなもの。われは地上において威張りたがったり、悪を行わない者にこれを授ける。善果は、主を畏れる者にある》（28章83節）。アッラーは、我々がそれを全く望まないこと、我々の行為はそのためではないこと、我々の教宣がそれに向けられないことをすでに見た。しかし、あなたがたのための二つの根本的な目標を常に心に留めておくように。

①イスラームの祖国が全ての外国支配から解放される。それは不正な圧制者や搾取する征服者以外は否定しない、全人類が有する自然の権利である。

②この自由な祖国において、自由なイスラーム国家は建設される。イスラームの指針に従って行動し、その社会制度を普及させ、正しい諸原則を告知し、賢明な教宣を人びとに伝える。その国家が建設されない場合、全てのムスリムはアッラーの前で、彼らがその樹立に失敗し、その建設に怠慢であったことの罪深き責任を有する。この困難な状況下で、不正な原則を賛美し暴力的な唱導を叫ぶ国家が樹立されることや、人びとの中で平安と公正と

権利の国家を樹立するために働く者が存在しないことは、人間的な義務感の欠如であろう。ナイル河畔［の国］〔エジプト〕とアラブ諸国でのこれら二つの目標の実現と、全ての土地でアッラーがイスラームの信条により助け給うことを我々は望む。宗教と国籍と信条は、全てのムスリムを一体にする。

（三）我々の特別な目標

我々には先の二つの目標に続き、実現しなければ完全なイスラーム社会とならない特別な目標がある。同胞団員よ、想起せよ。六〇％以上のエジプト人が、動物以下の生活水準で暮らしており、わずかな食料しか得られないことを。エジプトは深刻な飢饉によって脅かされ、アッラーのみが結果を知る多くの経済的諸問題にさらされていることを。また、エジプトには三二〇以上の外国企業があり、国のあらゆる場所で、全ての公共施設と重要なサービスを独占していることを。貿易制度、製造業、経済的施設の全ては暴利をむさぼる外国人の手にある。そして、我々の不動産の富は、自国民の手から余所者へと稲妻のごとき素早さで移されていることを。エジプトには、文明化された世界の国々より多くの病気、伝染病と疾患があり、九〇％以上のエジプト国民が身体的虚弱、［真っ当な］感覚の喪失、様々な不健康と病気に脅かされていることを。エジプトは今日に至るまで後進的であり、何らかの教育を受けた者は人口のわずか五分の一であり、一〇万人以上は小学校から先に進学していないことを。犯罪がエジプトで倍増し、その数は警戒すべき比率で増加して、監獄が学校よりも多くの卒業者を輩出しているということを。今日に至るまでエジプトは軍需物資を完備した一部隊をも用意できなかったということを。そして、これらの徴候と光景はどのイスラーム世界の国家にも観察されるだろうということを。あなたがたの目標は、教育改革のために働き、貧困・無知・疾病・犯罪と戦うことである。そしてイスラームのシャリーアと関連づけるに値する模範的社会を形成することである。

（四）我々の一般的手段

我々は、いかにしてこれらの目標に到達するか？　演説・言論・手紙・研究・講義、病気の診断、薬の処方。これら全ては単独では役に立たず、一つの目的を達成することも、諸目標のうちの一つへの呼びかけにもなれないだろう。しかし、教宣は手段として疑いなくそれらを採用し、行動せねばならない。教宣において使用される一般的な手段は代替できず、変化せず、以下の三つの事項からはみ出さない。

①深い信仰。

②正確さの形成。

③不断の作業。

これらがあなたがたの一般的手段である。同胞団員よ。あなたがたの理念を信じよ。その周囲に集え。そのために行動し、それの上に確固として立て。

(五) 補足的手段

これらの一般的手段に加えて、補足的な手段が疑いなく採用され、教宣のために従わねばならない。それらの中には、否定的なものと肯定的なものがある。一部は人びとの習慣的振る舞いと一致し、一部はそれらの習慣に対して逸脱・相違・矛盾するものである。それには、穏やかなものと厳しいものがあり、疑いなく我々はこれら全てを担うために鍛錬せねばならない。そして、我々が成功を確証するまで、これら全てのために準備せねばならない。我々が求められてきたのは、[世間の]慣例や風習に反対していくこと、人びとが当たり前の既成制度だと思い親しんできた状況に挑戦することであった。そのことをよく理解せよ。教宣はその本質において、風習に対する挑戦、慣例と既成状況の変革を有する。同胞団員よ。あなたがたはそのための備えができているか?

(六) 障　害

多くの人びとは、次のように言うだろう。これらの手段は何を意味するのか? この永続的な問題、この様々に腐敗した状況が続く中、何が国家と社会の再建に有益なのか? 営利的な基礎[利子]なしで、どのように経済を運営するつもりか？　どのように女性問題と取り組むか？　権力なしで、どのようにあなたがたの権利を獲得するのか？

同胞団員よ。悪魔は囁きをあらゆる改革者の情熱に投げ入れるが、アッラーは悪魔が投じたものを取り消す。そして、アッラーは彼の刻印を定める。アッラーは全知にして賢明である。これら全ての質問について、歴史は我々に対し過去・現在の諸国家の情報から警告と教訓を語るということを想起せよ。生存を確実にした国家が死ぬことは、不可能である。

（七）我々の道程における困難

私はあなたがたに敢えて率直に言いたい。あなたがたの教宣がいまだ多くの人びとには未知であること。そして、彼らがその意味を理解しその到達点と目標について把握した日には、彼らから激しい反目と鋭い敵意が投げつけられるであろうことを。あなたがたの前には、多くの問題が発生し、多くの困難が立ちはだかるであろう。しかし、その時こそ、あなたがたは教宣の支持者の道を進み始めた唯一の者となる。今日について言えば、あなたがたはいまだ無知の者であり、教宣を広め、求められる闘争とジハードのための準備を行う者たちである。イスラームの真実に関する民衆の無知は、あなたがたの道程における困難として立ちふさがるだろう。そして、誰が宗教に敬虔な人びとであり、誰があなたがたのイスラームについての考えを否定しジハードの道についてあなたがたを拒絶する公的なウラマーであるかを見出すだろう。支配者・指導者・権威者・権力者はあなたがたに敵意を向け、全ての政府は皆同じような姿勢であなたがたに対して立ちはだかるだろう。どの政府も、あなたがたの活動を制限し、道程に妨害を設けようと試みるだろう。

圧政者はあなたがたに抵抗し、教宣の光を消すあらゆる手段を用いるだろう。彼らは、脆弱な政府・道徳からの支援要請に対して手を差し伸べる一方、あなたがたに悪意と敵意に満ちた手を差し伸べるだろう。彼らは皆、あなたがたの教宣の周りに疑惑と不正な非難の塵を掻き立て、それにあらゆる欠点を付与し、醜い光景として人びとへ示そうと試みるだろう。彼らは自らの権力と権威に依存する者、自らの財産と影響力に依存する者である。《かれらはアッラーの御光を、口先で消そうと望んでいる。だがアッラーは例え《ママ》不信心者たちが忌み嫌おうとも御自分の光（イスラーム）を現わした》（61章8節）。

間違いなく、あなたがたはそれにより侵害され、試練と悲しみに陥るだろう。そして、投獄され逮捕され、護送され迫害され、あなたがたの支部は差し押さえられ、所有物は没収され、家屋は捜索されるであろう。この試練の時代は長く続くかもしれない。《人びとは、「わたしたちは信じます」と言いさえすれば、試みられることはなく、放って置かれると考えるのか》（29章2節）。アッラーはあなたがたに、闘争者の勝利と善行に努めた者への報奨を約束する。《あなたがた信仰する者よ、われは痛苦の懲罰から救われる一つの取引を、あなたがたに示そう。……それでわれは、信仰した者たちを助けて、かれらの敵に立ち向かわせた。こうしてかれらは勝利者となったのである》（61章10・14節）。あなたがたはアッラーの信奉者であることを決意したのではないか？

（八）成功の要因

同胞団員よ。次のように想起するのは正しいことだ。我々がこれら全ての困難を前にし、我々が最も高尚な教宣であるアッラーの教宣を広め、最も強力な理念であるイスラームの理念を呼びかけ、人びとに全ての明示された法典の中で最も正しいクルアーンのシャリーアを提示したことを。《アッラーの色染めというが、誰がアッラーよりも良く色染め出来ようか》（2章138節）。全世界がこの教宣を必要としていることを、そしてあらゆる事物は教宣を受け入れ、その道程を準備することを。我々はアッラーを賛美し、個人の野心から自由で、個人的利益から遠く離れている。アッラーの顔と人類の幸福以外の何も求めず、彼の承認したことに従う以外で行動しない。我々は、アッラーが、信仰する者の守護者であられ、不信心者には守護者がないためである》（47章11節）。我々の教宣の強力さを人びとは必要としている。我々の計画の高尚さとアッラーの我々への支援こそ、困難がその前で存続しえず、障害がその道程に立ちふさがりえない成功の要因である。《凡そアッラーは御自分の思うところに十分な力を御持ちになられる。だが人びとの多くは知らない》（12章21節）。

一〇　指　示

同胞団員よ、聞け。

これらの言葉により、あなたがたの思想をその眼前で形成することを私は欲した。おそらく、重大な時機が我々を待ち、我々の間を同時に過ぎてゆこう。そのため、私はあなたがたと会話したり、あなたがたに向け執筆したりできなくなるかもしれない。そこで、これらの言葉を大事に扱い、もし可能であれば保全するよう、私はあなたがたに指示する。どの言葉の下にも実に多くの［他の］意味合いがあったとしても、それらの言葉［の意味合い］について合意することを指示する。

同胞団員よ。あなたがたは慈善団体でも、政党でも、厳格に制限された目的を持つ地域団体でもない。あなたがたは、新たな精神である。この国家の心臓部に入り込みクルアーンによってそれを再興する、夜明けの新たな光である。物質主義の暗闇をアッラーの知覚によって消散させる鳴り響く声であり、アッラーの使徒〔ムハンマド〕の教宣を浮かび上がらせる。人びとが逃避した後で、あなたがたがこの重荷を背負っていると認識することは、誇張のない真実である。

あなたがたの教宣はどこへ向けられているかと誰かに言われたら、次のように言え。我々はイスラームへと呼びかける、それはムハンマドによってもたらされ、政府はその一部であり、自由はその宗教的義務の一部であると。もし、これは政治だと言われたら、次のように言え。これこそがイスラームであり、我々はそのような区別は知らないと。

あなたがたは革命の煽動者だと誰かに言われたら、次のように言え。我々は自らが信じ、賛美する真実と平安の宣教者である。あなたがたが我々に刃向かい、我々の教宣の道を阻んだら、アッラーは我々を守ることを許し、あなたがたは不正な反逆者となるだろうと。あなたがたは個人と組織の助けを求める者かと誰かに訊かれたら、次のように言え。《わたしたちは、唯一なるアッラーを信じる。そしてかれに配していたものを拒否する》(40章84節)と。もし彼らの敵意の中に身を置いていたら、《あなたがたの上に平安あれ。わたしたちは無知蒙昧な者を相手にしない》(28章55節)と言え。

義務

同胞団員よ。

アッラーを信仰せよ。その知識を讃え、信じ、頼りとせよ。アッラー以外のものを畏れるな。アッラー以外に畏怖を抱くな。その宗教的義務を遂行し、禁じられたことを避けよ。

美徳によって自己を形成し、完全性をつかみ取れ。アッラーが与えた信徒の栄光と誠実な敬虔者の尊厳に由来する名誉ある性質によって、力強き者たちであれ。

注意深く互いに学習したクルアーン、互いに記憶に留めた汚れなき預言者伝に歩み寄れ。

論争者ではなく実践者となれ。アッラーは人びとを実践へ鼓舞するよう導く。そして導きを授かった人びとは、論争がもたらされた時以外で迷わない。

互いに愛せよ。あなたがたの連帯の希望へ全てを捧げよ、それこそがあなたがたの力の秘訣であり、成功の支えである。アッラーがあなたがたと人びとに真実を開示するまで、しっかりと立て。彼こそは良き開示者である。困難と前進、喜ぶべき物事と嫌悪すべき物事について指導を聞き、それに従え。それこそがあなたがたの思想の手引きであり、あなたがたの間の繋がりの環である。

それからアッラーの勝利と救済を待て。間違いなく、その時は来る。《その日、ムスリムたちは喜ぶであろう。アッラーの勝利を（喜ぶであろう）。かれは御望みの者を助けられる。かれは偉力ならびなく慈悲深き御方であられる》（30章4―5節）。

アッラーは彼が愛し満足するものに我々を調和させた。また、我々とあなたがたを正しい導きの最良の道に置いた。我々に幸福で名誉ある生を与え、ジハードの戦士としての、殉教者としての死を与えた。アッラーこそは最高の主、最高の守護者である。

〔刊行年不詳〕

第８章　イスラーム体制の下における我々の問題

慈悲深く慈愛あまねきアッラーの御名において。

《人間の手が稼いだことのために、陸に海に荒廃がもう現われている。これは（アッラーが）、かれらの行ったことの一部を味わわせかれらを（悪から）戻らせるためである》（30章41節）。

政府の代表者へ。彼が最高の意思決定者であることを考慮して。

様々な代議機関の議員たちへ。彼らがイスラーム的制度への公式な呼びかけ人であることを考慮して。

民衆の、政治の、祖国の、そして社会の諸組織の代表者たちへ。彼らが知識の導き手であり、民衆の指導者であることを考慮して。

世界中の善行と人類の主権を愛する全ての者たちへ。

私はこれらの言葉を発する。誠実さを示しながら、教宣の権利を遂行しながら。

私はもう伝えたではないか……アッラーよ、お見守りください。

三つの視点

第一の視点について言えば、我々の愛する祖国であるナイル河畔［の国］〔エジプト〕の状況は、堕落が生活のあらゆる局面に浸透し、生活の諸相を包摂するまでになった。

我々の愛国的諸要求は、未だに全く達成されていない。

民衆の士気は、この停滞によって粉々に破壊された。そして、不調和と不一致が指導者たちの精神を支配している。支配者も被支配者も同様である。

行政機構は、個人的な願望、党派的な目的、振る舞いの悪さ、道徳的脆弱性、悪しき中央集権主義、煩雑な措置、責任の放棄などによって汚されている。

法律はすでに、詐欺や例外をしばしば看過することで、［人びとの］精神や環境に与える権威を大きく弱めている。

物価の高騰、雇用が少ないゆえの多数の失業者、生活水準の低下――それは人がほとんど想像できない水準に達している――、これらは人口の圧倒的多数におよんでいる。さらに、人心からは慈悲の心が失われ、残忍さ、そして不正で独裁的な魂が人心を支配している。これら全ては不満へと変化し始めており、それは度重なるストライキという形で、諸局面や諸現象にしばしば顕在化している。

道徳はすでに、その使命を終え――あるいは今にも終えそうである――、無知・貧困・欠乏・困窮によって吹き飛ばされた。それゆえ、あらゆる場所に堕落と腐敗が蔓延している。

思考は混濁し、心は乱れている。あらゆるところで安定が損なわれつつある。

これら全ての苦境は日に日に増大し、刻一刻と増幅している。不幸の広まりと悪の蔓延を警告し、手遅れになる前にそれを修正しなければならない。

次いで、第二の視点について言えば、素晴らしく愛すべき我らの祖国であるアラブ諸国、イスラーム諸国では、状況は次のような状態にまで至った。

パレスチナ。パレスチナは侵略に脅かされている。それは、アメリカ、ロシア〔ソ連〕、イギリスが等しく参加する国際的陰謀(128)の帰結である。実際、国際的なシオニズムは以前の煽動とともに、どこにいようともアラブ・ムスリムに対する不正な狂信によって侵略を実施した。国際シオニズムは、西洋の政府・民衆を買収している。

新生パキスタン。パキスタンは、武装した偶像崇拝者の侵略、様々な国の植民地主義的陰謀、武装した植民地主義支持者によって、被害を受けている。諸々の電信や報道が我々に伝えることが正しければ、ロシア〔ソ連〕――この国は、諸国と民衆の意思を尊重する振りをしている――さえも、この新生国家に対して陰謀を張り巡らせている。

インドネシア。インドネシアの人口は七〇〇〇万以上で、彼らの多くはムスリムである。インドネシアを圧迫しているのはオランダである。オランダは、他の連合国軍の兵士の手によらなくては、ドイツの占領の軛《くびき》を打ち破れなかった国である。オランダは、勇敢なムスリム民衆に対して、彼らに備わる自由・独立という当然の権利を阻害しようとしている。

トリポリとキレナイカ。これらの地域には、〔国連での〕投票という罠が備えられており、アッラー以外にこうした政治的呪いの帰結を知る者はいない(129)。もし明日これについて詳しく議論したとしてもである。

北アフリカ諸地域。チュニス、アルジェ、マラケシュは、助けを求める側であり、助ける側ではない。これらの諸国は、フランスによってもたらされた、彼らを取り巻く鎖と軛を打破するため、できる限り努力している。フランスは彼らから、高尚で自由な生活を送る権利、そして完全な独立を剝奪している。

アラブ・イスラームの全ての民衆について、同様のことを述べてみよ。あなたは、アラブ・イスラームの諸民衆の中から、不正な策略や植民地主義の陰謀から無事な事例を一つも見つけられないだろう。これは、政治状況の話だが、社会状況についてもナイル河畔〔エジプト〕について提示した状況よりもましなことはない。我々は皆、東洋の一部である。

最後に、第三の視点について言えば、それは、世界の指導者・政治家の間での思考［水準］の低下についてである。第二次世界大戦後の昨今、運命が彼らを現世の指導者になることを可能にした。

すでに、高い理想は完全に姿を消してしまった。困難な時期に彼らが人びとに訴えかけた美しい目的を伴う精神は消滅した。彼らは、社会的公正、四つの自由[130]、諸国民憲章などの名の下に、諸国家を不正と圧政に対して動員した。たとえば、魅力的な目標と高尚な諸原理に関する長大なリストは、すでに過去のものとなってしまった。もはや、これら政治家や指導者たちには、「高尚な哲学」は備わっていない。彼らは、物質的利益、植民地主義的野心、力の論理、資源の獲得という哲学の方針によってのみ、世界を指導している。そして、強欲と物欲によって作り出されたこれら全てのあり様は、［これまでの］現世で類似するものがなく、第一次世界大戦後でも見られなかったことである。こうした意味合いは、［第二次世界大戦の］戦勝国間において、一方からはロシア〔ソ連〕、他方からはアメリカとイギリスにより、ただ一つの競合の焦点となった。彼らは全て、その強欲・謀略を、共産主義や民主主義という名称の高潔な社会原理にかなった行為として、また有徳な人道主義的制度として、覆い隠そうとしている。しかし、それらの言葉の裏には、あらゆる場所での物質的な利害と植民地主義的な野心しか存在しない。

そうした逸脱——これは実際のところ、人類の人間性の変化である——の結末とは、原子爆弾、窒息［性の毒］ガス、危険な兵器によって武装する「第三の戦争〔第三次世界大戦〕」に他ならない。我々はそうした破壊的な装備についていまだ聞いていない。それらは、啓典にある裁きの時、終末の時の描写に象徴されている。《(それは)人間が飛散する蛾のようになる日。また山々が、梳《す》かれた羊毛のようになる(日である)》(101章4—5節)。

こうした状況こそが、我々の特別な祖国〔エジプト〕、我々のアラブとイスラームの祖国、そして我々人類の祖国の現状である。この世界において、真実と平和の使命を帯びた［新しい教宣の］国家が成立しなければ、現世は破滅し、人の道は廃れるだろう。

我々の腕の中には、［世界を照らす］光の松明《たいまつ》と［諸問題の治療のための］薬の瓶しかない。［その状態で］我々の義務は、自らを変えるために進み、我々以外の人びとに呼びかけることである。それに成功するならば、我々の下にすでに福音が届いていると思ってさえいれば、我々は誠実をなしたのであり、人びとに善を望んでいたのである。種々の使命を持ち、諸々の成功から信奉者になるようにと教宣を行う者について、我々が軽蔑しているということは決してない。このような人びとは、各々の使命に誠実で、そのために努力する者である。また、時代や世界は、そうした福音を待っている。納得しただろうか？

《言ってやるがいい。「わたしは忠告する。あなたがたはアッラーの御前に、二人ずつまたは一人ずつ立ってよく考えなさい。あなたがたの同僚は、精神薄弱者ではない。かれは厳しい懲罰の(下る)以前に、あなたがたに警告するに過ぎない」》(34章46節)。

我々はいかなる色を選ぶのか？

《アッラーの色染めというが、誰がアッラーよりも良く色染め出来ようか。わたしたちが仕えるのはかれである》(2章138節)。

今日、我々の社会は混乱している。もしそうした混乱が続いたならば、その次には革命以外に何もない。しかし、拙速な革命には、目標・秩序・原理・枠組が無く、また、滅亡・破壊・多大なる損失が後に続くだけだ。とりわけこの容赦ない時代、犬が飼い主に襲いかかるのと同様に愛する家族があなたに襲いかかる［かもしれない］時代に、エジプトのように［外国から］羨望のまなざしが注がれ、国内外の野望が競い合う祖国においては、なおさらである。

以上は、エジプトにおいて本件に関心がある者全てが同意することである。あなたは、このような話を指導者や思想家から聞くだろうし、溜まり場での会合や集会で人びとから、職場［の同僚］から、タクシーに乗るならその運転手から、野菜商と話すなら野菜商から、この話を聞くことだろう。それを否定し、その影響を無視し、その結果を過小評価するならば、我々は、頭を砂に隠し、それで猟師を欺いたと思っているダチョウのようなものである。

このような断絶から、最新の社会法則を当てはめれば、新しい諸原則や諸教宣が望んでいるのは、それがエジプトで適用されること、エジプトの精神や魂を獲得するために激しく戦うこと、そのためにあらゆる手段で行動することである。我々はこのような声が左翼の諸新聞・会合・講演で繰り返されるのを聞いている。また、共産主義は自らの教えをエジプト社会の子弟に押しつけようと真剣であり、これに植民地主義的・欺瞞的な民主主義が抗《あらが》おうとしている。両者の中間には、社会主義の提唱者がいる。これら全ての間には、そして一四世紀にわたり精神的に安定してきた我らのイスラームのウンマには、こうした呼びかけに与《くみ》する者、その美しさ・偉大さ・高貴さ・恐ろしさに影響される者、またイスラームの精神を守り、それを高揚・存続・称揚させるために高尚なジハードに努める者がいる。イスラームの精神は、このジハードによって十字軍の侵攻、タタール人による襲撃、シオニズムの軛に反撃してきた。《凡そアッラーは御自分の思うところに十分な力を御持ちになられる。だが人びとの多くは知らない》（12章21節）。

しかし、いつまでこのような意見や情勢をめぐる争いが続くのか？　それは、今日では収まりつつあり、現状のようには続かないのではなかろうか？

いつまでエジプトの思想家たちはこの争いを無視・軽視するのか？　また、状況が彼らにとって無意味であるかのように、他国で起きているかのように、他人に起きているかのように、いつまで振る舞うのだろうか？　我々が選択を迫られるのは、不可避である。

もし我々が現在、選択をせずに満足するならば、我々は将来、非常に近い将来、［選択の機会に］直面するだろう。我々は［選択を］強制された者である。私は、まさに火をつけられようとしている灰の中に、火花を見出すだろう。

我々は、自らが生きる新しい生活の色を選ばなくてはならない。エジプトにおける社会生活は、もはやあらゆる側面で道徳・思想・人びとの需要について、新たな進展を前に不適切なものとなった。理知的な者は、事が起こる前に準備をするものである。備えあれば、憂いなし。

我々の前には、共産主義と社会主義がある。両者は現在の国際的な同盟の論理では民主主義の範疇とみなされる。民主主義者たちは、それ以外の説明ができない。同様に、我々の前には、イスラームの体制・指針・教え・統治がある。

実際のところ、我々は選択の余地が多い者ではないし、選択において自由でもない。我々は皆、正統なイスラームを宗教として、国家として信じている。我々は、エジプトをイスラーム国家と考えているだけでなく、エジプトをイスラーム諸国の指導者と考えている。エジプト憲法は、その第四九条にてその旨を次のとおり明示している。「国家の公式な宗教はイスラームである。国家の公式な言語はアラビア語である」。

この民衆――南北のナイル河畔の民衆〔エジプト人〕――は、一神教を信仰している。この祖国における非ムスリムの少数派信徒たちは、安心・安全・公正・完全な平等をイスラームの教えと統治の中からどう見出すかを完璧に知っている。これは、クルアーンで《アッラーは、宗教上のことであなたがたに戦いを仕掛けたり、またあなたがたを家から追放しなかった者たちに親切を尽し、公正に待遇することを禁じられない。本当にアッラーは公正な者を御好みになられる》（60章8節）とあることからも分かる。この言葉は、この文脈で決着済みである。この祖国の国民全て――ムスリム・非ムスリムを問わない――の間の高尚で良好な関係の歴史は古く長い。詳細や誇張を継ぎ足すのはもう十分である。これらの高尚な国民が、かりにイスラームの統治や教えが彼らの信仰箇条でなかったとしても、あらゆる場面で上述のような意味を評価し、イスラームを彼らの民族主義の文脈で考えるのは美しいことだ。

エジプトの政府・諸機関・諸政党は、信仰告白《シャハーダ》を行ってイスラームを遵守する以上、アッラーの法と使徒〔ムハンマド〕への誓約に忠実でなくてはならない。また、公式の宗教はイスラームであると規定する憲法を公布した以上、民衆に対し文明的・愛国的誓約に忠実でなくてはならない。さもなければ、エジプト政府は約束を破り、アッラーと人びとへの誠実さを裏切ったことになる。エジプトの政府・諸機関・諸政党は、民衆がそれらへの立場を決定できるよう、そして自らが民衆に対する立場を決定できるよう、堂々と話すべきだ。今日、虚偽や嘘を使う余地はない。

この忠誠は祖国を破滅的な社会的危機から守り、精神と魂に安定と平安を取り戻すだろう。これが完全な明瞭さで宣言するよう義務づけるのは、指針と状況全体の変革であり、ナイル河畔〔エジプト〕はイスラームの使命の担い手、イスラームの実践者・伝達者であることだ。

閉ざされた耳は、この警句を聞くだろうか？　言葉・行動・適用に関して、イスラームの礎に戻るだろうか？《だがあなたがたの主に誓《か》けてそうではないのである。かれらは信じないであろう。かれらの間の紛争に就いてあなたの裁定を仰ぎ、あなたの判決したことに、かれら自身不満を感じず、心から納得して信服するまでは》（4章65節）。

首相よ。

聖なるアズハルの人びとよ。

諸機関・諸団体・諸政党の指導者よ。

それ以外で、愛する祖国に利益がある者よ。

この祖国の全国民よ。

私は、あなたがたに呼びかける。イスラームの教えを。《アッラーの色染めというが、誰がアッラーよりも良く色染め出来ようか。わたしたちが仕えるのはかれである》(2章138節)。
私はもう伝えたではないか……アッラーよ、お見守りください。

様々な反論

《あなたは、心に病ある者がかれらの許に走るのを見るであろう。かれらは、「わたしたちは災難にあいはしないかと恐れる」と言っている。だがアッラーは、恐らく(あなたがたに)勝利を与え、または御許から聖断を与えられよう。かれらは心の中に秘密を抱くもののために、酷く後悔することになるであろう》(5章52節)。

私は、自分の民族に選択せよと呼びかけた。より正確・明確に表現するならば、アッラーと自分自身との誓約に従うよう呼びかけたのである。そして、あらゆる場面で、我々の社会生活の支柱を正統イスラームの諸原則の上に立てるよう呼びかけたのである。それにより、我々の社会は全てを包摂し、あらゆる前進の障害となる懸念・衝撃・野蛮から安全となる。これらの懸念・衝撃・野蛮は、国内外の諸問題に対処する際、我々が正しい道を知覚することを妨げるものである。私は、［イスラームという］この確かな方向へ、できる限りの決意と速度で行動すること以外に、脱出路はないと言ってきた。

次のように言われるかもしれない。すなわち、全世界の近代的生活は、いかなる面においても宗教を基盤としていないと。すでに世界の諸国家は、社会生活を宗教から分離し、生活の諸相から宗教を消去し、宗教・信徒を神へ繋ぐ唯一の窓口を［個人の］内面と礼拝所に限定することに同意したと。現在、世界の諸国家の手中には、国民と民衆を導く鍵となる力があると。

このようなことを言う者たちは、「イスラーム」のことを理解していない。イスラームの教えや裁定を学んでいないし、イスラームの正しい性質や穏当な規則をいまだ理解していない。彼らは、イスラームが宗教・社会・礼拝所・国家・現世・来世[のすべて]であることを理解していない。また、イスラームが、心の平安、精神生活、アッラーの監督、精神の清浄を柱として[信仰と実践という]二つの道を確立したとしても、信仰上の諸活動よりも実践的な現世の生活に関心を抱いたことを理解していない。宗教は、このようなイスラームの制度の一部である。イスラームこそが現世を完全に律するのと同様、宗教も律するのである。我々はムスリムとして、我々の宗教と現世がイスラームの原則に従うことを要求する。《だが信心堅固な者にとって、アッラーに優る裁判者があろうか》(5章50節)。

ここから、イスラーム法学者たちの間に、対処の原則・裁定と、社会生活の諸事との間における法的見解の相違が生じる。原則・裁定にではなく、社会生活の諸事に、検討とイジュティハード〔法学的営為〕の余地が開かれている。人びとがこのような難局や困難に陥ることがないよう、《アッラーはあなたがたに易きを求め、困難を求めない》(2章185節)との啓示がある。人びとが不道徳をなす限り、アッラーは人びとに法を語っている。

次のように言われるかもしれない。このような停滞や後退は、世界を千年以上退行させると。我々が今日、一四世代〔世紀〕も前の時代のウンマに下された制度を適用するのがどうして理知的なのかと。当時の大地は我々の大地ではなく、当時の生活は我々の生活ではないのにと。発展の[必要を論じる]スンナは、進歩と上昇の法則はどこに行ったのだと。

このような者に対して、我々は次のように言う。あなたがたは正統なイスラームの性質を理解していないと。正しいイスラームは至高の思想を人びとにもたらした。この思想は高度な諸目的を定め、基本的な諸原則を定め、全般的な諸問題を扱い、些末な事象には関わり合わなかった。そして、社会的な出来事や生活上の進展については、それらがなすに任せた。イスラームはそれら全てに対応可能で、それらの何かと衝突することもない。

このことは、イスラームの立法の歴史が我々に語ることである。イブン・ウマルは、ある年にある問題についてファトワー〔法学的裁定〕を述べた。その次の年、彼に同じ問題を尋ねたら、彼は別の見解を述べた。そのことを問われるとイブン・ウマルは、「それは我々が知っていたこと、これは我々が知っていること、言葉はそのようなもの」と述べた。

同様に、シャーフィイーについても語られている。彼はイラクで古い法学派を樹立した。エジプトにいた時には、彼は自然の法則に従って新しい法学派を樹立した。彼は新しい生活の現象と調和し、イスラームの諸原則の必要性を適用する上で、穏当さを損なわなかったのである。「シャーフィイーは、古くは［こう］言い、新たに［こう］言った」と我々は聞くのである。我々は、ある人物が一つの問題に対し意見を変えるのを見ている。イブン・ウマルのように時期によって意見を変えたり、シャーフィイーのように場所によって意見を変えたり、時期と場所の両方に応じて意見を変えたりする。同様に、ウマル〔第二代正統カリフ〕が飢饉の年には窃盗犯の腕を切らないよう命じたところ、ある人物が窃盗被害を申し立てた。窃盗犯を連行してきて、盗みの原因は彼らが衣食などを充足させられないからだと申し立てた。ウマルは窃盗犯らを捨て置くと、［被害を申し立てた］人物に、「次にあなたの持ち物が盗みの被害に遭ったら、あなたの腕を切断する」と脅した。ウマルは、ハッド刑を適用する容疑が固まっていない状況を見極めたのである。

このような話の後で、次のように言われるだろうか？　イスラーム体制への回帰は後退であり停滞であると。現世には、発展を受け入れるシャリーアは存在せず、進歩の必然性と歩調を合わせるシャリーアは存在せず、正統なイスラームのシャリーアとして柔軟性と円滑さと鷹揚さを享受するものは存在しないと。《アッラーは困難を、あなたがたに課すことを望まれない。ただし、あなたがたを清めることを望み、またあなたがたへの恩恵を果される。恐らくあなたがたは感謝するであろう》（５章６節）。

次のように言われるかもしれない。イスラーム体制への回帰は、諸外国や西洋諸国を恐れさせることとなり、彼らが我々に陰謀を講じ、我々に対して結集するかもしれないと。その一方で、我々には対抗する資源も能力もないと。これこそが、弱さの極みであり、過大評価と近視眼による堕落の極みである。これらの諸国こそ、最初に［西洋の］制度と生活様式を採用・模倣した諸国だが、それが我々の利益になっただろうか⁉　西洋諸国を模倣することは、西洋諸国の陰謀から我々を守っただろうか？　西洋諸国が我々の領土を占領し、独立を侵害し、資源を独占するのを阻んだだろうか。そして、西洋諸国を模倣することは、西洋諸国が我々の権利に反する会議や国際会合に集うことや、我々の眼前で様々な問題・困難・苦難を引き起こすことを阻んだだろうか。いや、これら諸国の振る舞いに影響を与えるのは、自己の都合と利益だけである。その次に西洋諸国が関心を抱くのは、自分たちがキリスト教国だという点である。しかし、先の戦争〔第二次世界大戦〕で全てキリスト教国である西洋諸国が互いに争うのを我々は目撃した。イスラームの諸国家と民衆はこれにへつらい、甘言によって籠絡《ろうらく》された。彼らこそが皆、ユダヤ人のシオニズムを支援した者である。ユダヤ人のシオニズムは、西洋諸国の中で最も憎むべきものである。その理由は、彼らの物質的利益と植民地主義的目的が、この［シオニズムへの］支援と結合しているからだ。このような意図は、西洋の政治家たちの振る舞い全てにおいて、公然たるものとなった。

すなわち、西洋に対して、我々がイスラームを放棄するということは、我々にとって将来何の得にもならないことなのである。また、我々がイスラームを堅持しその導きに従うことを宣言したところで、我々に対する彼らの憎悪がこれ以上増すことはないのである。とりわけ、現在彼らは二つの陣営に分かれ、物質的利益のみを争っている。

イスラームを放棄したり、否定したりすることの危険性は、我々自身の政体にとってこそ重大である。イスラームの精神の吸収やイスラームの教えの実現から我々が遠ざかっている限り、我々は混乱するだろう。そして、我々の士気は低下し、我々は分裂し、力を弱めるだろう。しかし、ひとたび我々が次のように決意し、明確に宣言するとしよう。我々はイスラーム諸国家の集合体であり、共産主義者や民主主義者ではなく、彼らが主張する何かの集合体ではないと。そして、我々はアッラーのおかげでムスリムなのであると。そうすれば、導きと光の道がたちどころに我々の前に開け、イスラームの言葉が我々を結集し、地上の諸地域で我々と兄弟たちを統一させるだろう。このことのみが、暴力的で植民地主義的な西洋の侵略を前にしての[有効な]力である。西洋の侵略は、あらゆる場所で我々を狙っている。

ここまでを短く要約すると、以下のとおりになる。我々がイスラームを堅持することに対する西洋人の憎悪、あるいはイスラームから遠ざかることに対する西洋人の満足に気づくならば、これ[ら上述の問題]は我々がイスラームを堅持しなかった場合のみ意味のある問いとなる。我々は[イスラームを放棄しても結局]西洋人たちの歓心を買うことができず、自滅するだろう。我々がイスラームを堅持し、その周りに集まり、その導きに従うならば、我々は自分自身を獲得するだろう。そうすることにより、我々が統一の力によって西洋人に勝つ強い可能性を帯びることになる。イスラームを堅持するか否かという選択があろうか⁉

非ムスリムの少数派からの反対については、すでに上述した。私は、本日この件について長く話したくはない。この問題は、目にするよりも明白である。

現在のイスラーム諸国の前には、この機会しかない。西洋諸国はそのことを熟知しており、我々を内輪のことで忙殺させ、混乱に次ぐ混乱をもたらしている。躊躇する時間はない。[このことを]知らない者についての責任は、知っている者の首にかかっている。先行きのない混乱は人びとに利益をもたらさない。

政府の首長よ、聖なるアズハルの者よ。

諸団体・諸政党の構成員よ、この祖国に情熱を感じる者よ。

全国民よ。あなたがたに、次の言葉を贈る。

イスラームへ戻れ。利益を得て、安全になれ。《本当の信者たちは、裁きのため、アッラーと使徒に呼び出されると、「畏まりました。従います」と言う》（24章51節）。
私はもう伝えたではないか……アッラーよ、お見守りください。

我々の国民的諸問題──イスラームの指針の中でいかに解決されるか

我々の国民的権利は、周知のものである。国家はその権利をはっきりと宣言し、国内の政党・組織・団体・個人も、様々な機会でその権利を明言している。その権利とは、ナイル河畔〔エジプト〕の南北統一を実現し、全ての外国軍を撤退させ、それによって真の自由・独立を達成することである。

正統イスラームは自由について宣言し、それを育んでいる。そして、自由を個人・諸国家・諸団体に最良の意味で決定している。イスラームは彼らに対し、自由の強化と保持を呼びかけた。アッラーの使徒〔ムハンマド〕は、「自ら進んで服従する者は、我々の仲間ではない」(131)と言っている。正統イスラームは植民地主義と呼ばれる国際的な強奪と全力で戦い、ある者が他者を抑圧するという植民地主義の考えを全く承認していない。アムル・イブン・アース(132)（ʻAmr ibn al-ʻĀs ?-663）が伝えたウマル〔第二代正統カリフ〕の言葉は、現在でもアザーンで聞かれる。その言葉とは、「あなたがたはいつ奴隷になったのか。母親たちは彼らを自由人として産んだのに」というものである。

ある日、イスラームの征服者が剣を帯びてアッラーの地から遠征に出発した。彼は、現世的な戦利品を望んだわけでも、他の諸国・民衆の富を奪い独占しようとしたわけでもなかった。たとえ彼の手が戦利品や富で満たされようとも、それは最初から意図したことではなかった。彼は教宣を信じ、福音を背負い、この世界で真実・公正・平安を擁護していたのである。正統なムスリムの指導者たちの初期の歴史は、このように周知で明白な姿を与えてくれる。彼らはイスラームの証である。

それゆえ、イスラームはイスラーム国家をこの世界でアッラーの使徒〔ムハンマド〕に忠実であるとみなす。イスラーム国家には、この忠実さゆえにこの世界で指導者としての格式が――我々は［自分たちに］支配者の格式［がある］とは言わない――ある。イスラーム国家には、誰かに従順であること、誰かに隷属すること、中傷者に対し軟弱であること、罪深い強奪者に屈することは許されない。《アッラーは信者たちに対して、不信心者たちの（成功する）道を、決して与えられない》（４章141節）。

ある時、イスラームは上述のように定め、この自由を擁護するための実践的方法を定めた。そして、生命・財産を用いたジハードを義務として課した。教宣を保障するための場合は集団的義務と定め、非ムスリムの侵略軍と対峙し祖国への侵略に反撃するための場合は［イスラームの］ウンマの全ての人びとの個人的義務と定めた。そして、［ジハードでの］殉教を信仰心の最上位にあると定めた。また、ジハードの戦士に現世における勝利と支援を、来世における永遠・永続・祝福を約束した。さらに、イスラームはジハードを信仰箇条〔五行〕に次ぐ善行と宣言した。《信仰する者、移住した者、またアッラーの道のために財産と生命を捧げて奮闘努力した者は、アッラーの御許においては最高の位階にあり、至上の幸福を成就する。主は、親しく慈悲と満悦を与えられ、かれらのために永遠の至福の楽園の吉報を与えられる。かれらは永遠にその中に住むであろう。アッラーの御許には最大の報奨がある》（９章20―22節）。

また、イスラームは、権利を有する者の権利が全面的に承認される手法であるならば、平和的手法により敵対を止めることを歓迎している。《かれらがもし和平に傾いたならば、あなたもそれに傾き、アッラーを信頼しなさい》（８章61節）。預言者ムハンマドが選択させられたことは、二者のうち容易な方、つまり禁じられていない方であった。交渉による和平については、かりに完全な権利に到達するなら預言者ムハンマドもフダイビーヤで交渉した[133]。我々には預言者も全ての正統カリフも不信仰者の裁定に満足したかは分からないが、裁定による和平についても、完全な権利をもたらすならば、クルアーンの章句は一般的に善〔和平〕へ同意することを義務づけている。イスラームは、ムスリムに利益があって害がないならば、非ムスリムとの間で善〔和平〕に合意することを妨げない。

この平和的な努力が失敗したら、イスラームは「拒絶(nabdh)」を明確に想定している。拒絶とは、敵意の宣言、次いでジハードの全手段を即座に取ることを含んでいる。《また人びとの中あなたに対し裏切る恐れがあるならば、対等の条件で(盟約を)かれらに返せ。本当にアッラーは裏切る者を愛されない。信じない者に(アッラーを)出し抜けると思わせてはならない。かれらは決して(アッラーを)挫けない。かれらに対して、あなたの出来る限りの(武)力と、多くの繋いだ馬を備えなさい。それによってアッラーの敵、あなたがたの敵に恐怖を与えなさい》(8章58―60節)。アッラーはジハードの戦士に、自衛権を約束した。アッラーはジハードの戦士を助ける。彼らの敵がどんなに準備ができていて、数が多く、装備が整っていて、兵器が強力でも、彼らに[勝利の]余地はない。ジハードの戦士はこれを軽視してはならず、アッラーのみに頼らなくてはならない。《だが信仰する者を助けるのは、われの務めである》(30章47節)。

以上の教えは全てイスラームで定められており、イスラームの泉から水を飲み、イスラーム法学から幸運を得る者ならば、その詳細を最も広範・明確・正確に知っているのである。

イスラームの教えの光の中で、我々は国民的な問題を解決することができる。これらの問題は混沌の極みにあり、諸々の危険と混じり合い、知性は混迷した。あなたには次のように表明する。我々はすでに交渉してきたが、イギリス人たちの頑固さ・堅固さとその啓蒙には全くおよばなかったと。

我々は訴えかけてきたが、国際的利益の優越と植民地主義的な野心の前に、こちらも何の効果も上げなかった。ある優秀な作家が述べたことは、次のとおりである。我々は、自分たちの問題を全世界の眼前に提示することにより、広い訴えで偉大な文学的成果を上げた。そして、我々の問題を狭い二国間の理解の範囲から脱却させ、広い国際的判断の場に置いたことで成果を上げた。これは正しいことである。しかしながら、このような文学的な成果は現実には何の役にも立たないであろう。現実には、我々は依然としてイギリスの下にあり、一歩も前進していない。この停滞は疑問と混沌の最大の要因である。

もはや、「拒絶」しか残されていない。我々は彼ら〔西洋〕に対し敵意をはっきりと宣言し、我々と彼らの間の諸々の条約や協定の破棄を明確に決定し、たとえ消極的な形であれ国家は彼らと戦争状態にあるとみなすと宣言し、そのような考えの下で生活を組織するしかない。

経済面。我々自身か、我々の同胞であるアラブ・ムスリム、もし存在するならば友好諸国が持っているもので自足すること。

社会面。名誉・高貴・自由を愛する精神の奨励。

実践面。アッラーの命が下るまで、全国民に軍事教練をする。諸国家が真の戦争状態に直面し、それを前提に全ての社会状況が変わった際に行うのと同様に、広範かつ完全な喚起により国民に心の準備をさせる。

この行動は、個人や未熟な組織には不可能である。政府こそがこの行動の最初から最後までの責任者である。奇妙なことに、首相はこのことを国会で明言したのだが、それを撤回し何もしなかった。そして、一歩たりとも前進しなかった。行動は、全くもって政府の任務なのである。

民衆については、政府がイギリスとの断交のために行動した場合、何でもする用意がある、衣食の欠乏に耐える準備がある、闘い死ぬ準備がある、最も激しい闘争を戦う準備がある、と我々は明確さと信頼をもって言いたい。しかし、そうする条件は、国家の行動が民衆の自由と独立のためである場合だ。〔決して、〕政府の諸委員会の乱立化、行政機関の脆弱化、経済政策の行き詰まり、無力なムスリムに対するイギリスの軛や圧力のためではないと言いたい。

私は、ある貧しい労働者が、パンの品質を下げる命令が出された時、次のように話すのを聞いた。私は、もし［パンの品質低下が］自由とイギリスとの絶縁のためだと信じられるなら、自分と子供たちが一日一食で暮らす覚悟があると。しかし、収穫物の多くが食用作物である農業国の我が国が、パンの品質低下という措置をとることが理解できず、非常に不満であると。

民衆は、犠牲を払う完全な準備がある。しかし、その犠牲は、自由や殉教に至る行程が明確に描かれた場合においてのみである。そのような行程は、政府が断固として率い、力強く誠実に描き出すものである。もし政府が躊躇し、無気力・混乱を続けるならば、そのような状態は民衆に革命蜂起か死かの二者択一しかもたらさない。そのいずれにしても国家的犯罪であり、歴史はそれを全く許さない。

首相よ、聖アズハルの人びとよ、政党・組織の指導者よ、祖国に情熱を持つ人びとよ、全国民よ。これこそが「我々の進む」道である。イスラームの光の下でこの道を歩め。アッラーはあなたがたの味方である。

私はもう伝えたではないか……アッラーよ、お見守りください。

イスラームの教えにおける我々の統一

《本当にあなたがたのこのウンマは、唯一の共同体である。われはあなたがたの主である》(23章52節)。

かつて、私は特別な国民的問題について、人びとの眼前にイスラームの教えを示した。イスラームの教えは、国民的諸問題全ての決定的で栄誉ある解決への最短の道で、敵意やジハードの準備をおろそかにしない。我々は、いつイスラームの教えどおりに[行動]しただろうか。我々は、間違いなく混乱を脱するための正しい答えを見出した。それは、全ての者の話題に上り、全国民が繰り返し意見を言っていた「我々は今何をするのか」という問いへの答えである。

実際には、我々は混乱してはいなかった。なぜなら、我々は何かしようとはしておらず、行動の重荷から逃れ、自己犠牲と戦いの負担から逃走していたからである。また、我々は常に安逸を求め、その他のことを考えていなかったからである。我々は、自由や独立が空から降ってくるもので、それを得るための行動はいらないと想像している。空からは金銀は降ってこないし、自由や独立も降ってこない。もし我々が「自由・独立という」要求に真摯ならば、我々は道を知った後にその道を進んでいただろう。その道は、「拒絶とジハード」という二つの単語の中にある。アッラーの許にいる者は、しかる後に勝利する。

ここで、私は別の話題を提示する。それは、我々の全般的な国民的問題と関連するものである。その問題とは、様々な民衆からなるアラブ国家、そしてイスラーム世界の諸問題を規定するものである。正しいイスラームの教えの光の下で、これらをどのように解決するか検討しよう。

イスラームが諸国家・諸民族全ての善のために下された世界的なメッセージだということは、周知のことである。そこには、アラブ・非アラブ、東洋・西洋という区別はない。《万民への警告者とするために、かれのしもべに識別を下された方に祝福あれ》(25章1節)。それゆえ、イスラームは諸人種間の違いを克服し、人道的同胞精神を宣言すること、人類史上初めて世界的な人びとの旗を掲げることを呼びかけた。《人びとよ、あなたがたの主を畏れなさい。かれはひとつの魂からあなたがたを創り、またその魂から配偶者を創り、両人から、無数の男と女を増やし広められた方であられる。あなたがたはアッラーを畏れなさい。かれの御名においてお互いに頼みごとをする御方であられる。また近親の絆を(尊重しなさい)》(4章1節)。

同様にイスラームが、その第一歩からイスラームを信仰する者、イスラームに属する者、イスラームの福音を信じる者たちの間に、同胞精神の意味を決定したことも周知のことである。この同胞精神は、信仰心の一つの意味として定められているだけでなく、信仰心のより完全な意味をなしている。《信者たちは兄弟である》(49章10節)、「ムスリムはムスリムの同胞であり、ムスリムに不正をなしたり、ムスリムを隷属させたりしない[134]」、「信仰者たちの友愛と同情の手本は、彼らが一つの体のようになることである。すなわち、信徒の誰かが不平を言う場合は、体中が不眠や毒物のため不調を訴えるようなことなのである[135]」、「信徒は別の信徒に対し、互いに強固である建物のごとくである[136]」。

ある時、上述の真正な同胞精神の下、全世界のムスリムは心を一つにして同一の戦線にあった。彼らの前では、いかなる行政的・政治的に強固な王国も生き残れなかった。ローマ〔ビザンツ帝国〕も［サーサーン朝］ペルシャも彼らの前に敗れ去った。ムスリムらはインド洋から大西洋に至る大帝国を形成した。その帝国には、科学・文明・力・経済力が備わっていた。

ある時、ムスリムらは彼らの強さの秘訣を失い、《そして論争して意気をくじかれ、力を失なってはならない。耐えなさい。アッラーは耐え忍ぶ者と共におられる》（8章46節）という啓典の言葉から学ばなかった。そして、ムスリムの諸国家に病が入り込み、一時的な物質的利益が永続的で敬虔な同胞精神よりも優先された。そして帝国は解体・分裂し、国内外の野心に弄《もてあそ》ばれた。［オスマン］帝国は最近の第一次世界大戦後に命運が尽き[137]、非ムスリムの敵の手に落ちた。敵［である西洋］は帝国の領土を占領し、自分たちの間で分割した。彼らは、イスラームの命運が尽き、十字軍戦争が最も良い形で終了したと考えた。

大いなる害悪は、最初にムスリムの心・精神に入り込み、次いで領土・国土に入り込んだ。それらは、人種主義や［誤った］民族主義(al-shuʻūbīya)、人種ごとの国家の乱立という形で、ムスリムに影響を与えた。ジャーヒリーヤ時代の狂信や、人種・肌の色・系譜を誇る心を克服せよとのイスラームの教えを、ムスリムは忘れ去った。

第二次世界大戦が終結したが、この戦争ではヨーロッパにおいてナチズムやファシズムという近代的な人種差別が敗れた。戦後、我々はヨーロッパの諸大国が、ある時は人種差別主義、またある時は国益の名の下で、ブロック化に懸命に努めているのを目の当たりにした。ロシアはソ連の旗の下に人びとを集結させようとしている。イギリスとアメリカは人種と言語によって連合すると、権益や核心的国益の名の下で、世界の諸国を勢力圏に分割した。これら諸国の競合は、国際連合の結成によって隠蔽された。国際連合は、国際主義の発展や人類の幸福のために活動するとして、人びとに幻想を与えるためのものである。また、これらの諸国自身が我々の国民的権利に反する連合となるのを、我々は目の当たりにした。我々にとって本質的な諸問題として、問題が国連安全保障理事会に提起されても、国連総会で提起されても、諸国はことごとく我々を失望させている。このようなことが、エジプト・パレスチナ・インドネシアの問題で起こっている。

我々は、新しい国際情勢を前にし、また[これまでと]類似する諸問題も前にしている。実はこれら諸問題は自由と独立の完遂、搾取と植民地主義の軛を断つという同一の問題である。イスラームがその創唱から我々に義務づけてきたものへ、我々は改めて立ち返らなくてはならない。イスラームは、統一に信仰上の意味づけをした。我々は統合し、一体化しなくてはならない。我々は、すでにアラブ連盟(138)を発足させた。アラブ連盟はまだ完全には安定していないとしても、それが意図するものはともかく良い。我々は、アラブ連盟を支持・強化し、連盟を取り巻く弱体化や弛緩の要因を取り除かなければならない。その後、アラブ・非アラブのイスラーム諸国の紐帯を実現するよう、イスラーム諸国家連合の核となるよう、我々は統一の範囲を拡大しなければならない。

この方法により、全ての国家で、拒絶とジハードの概念に我々独自の手法を付け加えることになろう。拒絶とジハードに追加されるのは、統一と連合である。我々は、利害を争う諸国や野心的な諸国から救済され、これらに対し世界的均衡を保つことができる。

こうした措置を実現する責任者は、全てのアラブ・イスラーム諸国の政府である。これらの諸国民の中で、政府・民間の立場で改革を呼びかける者全てもである。

今、私は呼びかける。《あなたがたはアッラーの絆に皆でしっかりと縋《すが》り、分裂してはならない》(3章103節)。

私はもう伝えたではないか……アッラーよ、お見守りください。

〔一九四七年〕

第９章　統治制度

統治制度（一）

《それでアッラーの下されるものによって、かれらの間を裁き、決してかれらの私慾に従ってはならない。アッラーが、あなたに下される（教えの）どの部分についても惑わされないよう、かれらに用心しなさい》（5章49節）。

イスラームにおける政府

政府は人びとのために作られた社会的制度の諸原則の一つであると正統イスラームは想定している。イスラームは無秩序を求めておらず、またムスリム社会をイマーム〔指導者〕なしのままにはしない。預言者〔ムハンマド〕は、かつて何人かの教友にこう言った。「もしある国にたどりついて、そこにスルターンが不在ならば、その国を去りなさい(139)」。また他のハディースではこのようにも言っている。「もしあなたがたが三人の場合、あなたがたの中で指導者を選びなさい(140)」。

宗教——正確にはイスラーム——が政治に関与しないと思う者、または政治は宗教が扱う対象ではないと思う者は、自分自身に対して誤ったことをしており、イスラームについての知識を不当に扱っている。私はイスラームの不当性(zulm)を言っているのではない。なぜなら、イスラームはアッラーのシャリーアであり、失敗者がその手によって、またはアッラーの背中〔見えない所〕で作り出したのではないからだ。イマーム・［アブー・ハーミド・］ガザーリー(141)(Abū Ḥāmid Muḥammad ibn Muḥammad al-Ṭūsī al-Ghazālī　1058-1111)の美しい言葉がある。「シャリーアは根幹である、王は監督者である、根本がないものは破壊された状態で、監督者を持たないものは道を見失って哀れである。これを知りなさい」。それゆえ、イスラーム国家は教宣の礎以外には依拠しない。イスラーム国家とは、教宣の国家である。イスラーム国家は、血の通わない無機質・物質的・頑迷な政府を持たない。同じく、教宣は、それを保持・拡大・実現・強化するような保護の下以外では成立しない。

我々の第一の過ちは、この根本を忘れてしまい、宗教を政治から事実上切り離してしまったことである。理念的には我々は宗教から離れることができない。また、国家の公式な宗教はイスラームであると我々は憲法に規定した。しかし、この条項は、頭の中のイスラーム的思考、自分自身のイスラーム的洞察、慣習におけるイスラーム的美徳を、政治家や政治組織の指導者たちが堕落させることを防げなかった。彼ら〔政治指導者〕の信条・声明・行動は常に、宗教的指針と政治的必要性とを遠ざけてきた。これが第一の弱点であり、腐敗の根本である。

イスラーム的統治の柱

イスラームにおける政府が依拠するのは、普遍的に受け入れられ、世間一般で確立された諸原則である。それは、イスラーム的統治制度の基本構造であり、統治者の責任、［イスラームの］ウンマの統一性、ウンマの意思の尊重に依拠する。それ以外に、名前や形態において決定的に重要な要因はない。

統治者の責任

統治者は、アッラーと人びととの間に責任を有する。統治者は人びとのために働く労働者であり、人びとが所有する労働者である。預言者〔ムハンマド〕は言った。「あなたがたは皆、守護者である。あなたがたは皆、あなたがたの民に責任を持つ(142)」。教友のアブー・バクル〔初代正統カリフ〕は、統治者の座にあった時はいつでも、説教壇に登ってこう言った。「人びとよ、私は私の民のためにこの〔統治者の〕座につき、その〔民の〕力を獲得した。よって私は今、あなたがたのためにこの任務を遂行する。だから、あなたがたの財産を私に託してくれ」。彼はこの言葉でもって社会契約論を最も巧みに公正に説明し、そればかりか社会契約論の基本を示した。よって、〔社会契約論とは〕ウンマと統治者との間で公共益の保護について相互に合意している以外の何ものでもない。統治者が善き行いをすれば、彼はその報奨をもらう。統治者の行いが悪ければ、彼はその罰を受ける。

ウンマの統一性

イスラームのウンマは一つである。なぜなら、イスラームが精神を結集させる友愛は、信仰心の根本中の根本だからだ。同胞精神なしに信仰は完全にはならず、同胞精神の存在なしに信仰は実現しない。このこと〔ウンマの統一性〕は表現の自由を禁じず、また年少者から年長者へ、年長者から年少者への助言を禁じない。これはイスラームの慣習では意見具申と勧善懲悪のことである。アッラーの使徒〔ムハンマド〕は次のように言っている。「アッラーの使徒よ、「宗教とは〔誠実な偽りのない〕助言である」と、彼らは誰に対して言ったのだろうか？　〔するとムハンマドは、〕「アッラーに、アッラーの使徒に、啓典に、ムスリムのイマームたちに、彼ら〔イマームたち〕の民に対して」と言った(143)」。また、〔ムハンマドは次のように〕言った。「もし私のウンマが不義者に対して「不義者よ」と言うことを恐れていたら、そのウンマの人びとはもうすでにウンマから追放されている(144)」。また、〔ムハンマドは次のようにも〕言った。「彼ら〔不義者〕には大地の腹〔地上〕よりも大地の裏側〔地下〕の方が良い」[145]。そして、［ムハンマドは］言った。「殉教者たちの主、ハムザ・イブン・アブドゥルムッタリブ[146]（Ḥamza ibn 'Abd al-Muṭṭalib　?–625）がいる。ある男が不公正なイマームのところへ行った。そのイマームは、彼にハムザを殺すよう命じた。その男はハムザを殺した」[147]。

イスラームのウンマには、本質的な物事において相違はない。なぜならウンマを統合する社会生活制度は一つであり、それはイスラームだからだ。そしてイスラームはウンマの人びと全てから広く認められている。

細部の相違は害ではない。憎悪や口論が必ず付きまとうわけでもないし、政権の変化をもたらす党派主義が伴うわけでもない。しかし、相違があれば、必ず詳しい調査と深い検証、協議と意見具申が必要である。クルアーンに書かれてあれば、それに関してイジュティハード〔法学的営為〕は必要ない。しかし、クルアーンに書かれていないことについては、支配者の決定にウンマが合意するそれ以外には［正統性は］ない。

ウンマの意思の尊重

イスラームのウンマは、統治者を厳格に監視し、善と思ったことを統治者に提言する権利を有する。そして統治者はウンマと協議し、ウンマの意思を尊重し、ウンマの意見から［一般］利益を見出さなければならない。したがって、アッラーは統治者たちにこのように命じて言った。《そして諸事にわたり、かれらと相談しなさい》（3章159節）。［アッラーは］それを善行と称賛して、こう言った。《互いに事を相談し合って行う者……（……こそ、もっとも善であり永続する）》（42章38—39節）。このこと〔相談・協議〕について、預言者と彼の後に続く正しく導かれた正統カリフたちのスンナでは、［次のように］述べている。ある問題が彼らの許に生じたならば、ムスリムたちの中から知識ある者を集めよ。彼らと相談し合い、彼らの意見のうち正しい意見に従え。さらに、彼らに協議を委任し、促せ。アブー・バクル〔初代正統カリフ〕は言った。「あなたがたが私を正しいと考えるのならば、私を任命しなさい。私を不適切と考えるのならば、私を止めて、私［の誤り］を正しなさい」。また、ウマル・イブン・ハッターブ〔第二代正統カリフ〕は言った。「私を不公正だと思う者は、私を正しなさい」。

このような「イスラーム的制度」は形態や名称の問題ではない。問題となるのは、次の諸点である。いつ正しい統治に必要不可欠なこれら基本的な諸原則が実現したか。そして、いつ諸原則は相互に侵害されない均衡のとれた形で適用されたのかである。この教えの神聖さを体感することなしに、この均衡を保つことはできない。諸原則を守ることによって現世における勝利と来世における救済があるのならば、それは「民族意識」、「政治的成熟」、「愛国教育」といった新しい用語で表現されるもの、またはそれに類似するものである。こうした用語の意義は、一つの事実に至る。それは、制度を真実と感じ、そして制度を維持することに利点を感じることである。というのも、公正な裁判官なしでは法が機能しないのと同様に、諸原則の文言それ自体では国家は復興しないからだ。

近代世界に生きる我々はすでにヨーロッパから議会制度を持ち込んだ。現在、我々の政府はこれに基づいて機能している。我々は議会制度に基づく憲法を制定し、憲法の名の下に改憲し、憲法の影響力の多くを実践した。ではどの程度、議会制度はイスラームに適用可能なのだろうか。議会制度を適用してきた［これまでの］期間、我々はどの程度この制度から利益を得たのだろうか。［まずは、］これから取り上げよう。

統治制度(二)

《かれらが求めるのは、無明(時代)の裁判であるのか。だが信心堅固な者にとって、アッラーに優る裁判者があろうか》(5章50節)。

右の言葉には、イスラームの統治制度が依拠する三つの柱が示されている。

（一）統治者の責任
（二）ウンマの統一性
（三）ウンマの意思の尊重

この制度は、アッラーの使徒〔ムハンマド〕後における正統カリフ時代に完全な形で実現していた。カリフは、臣民たちに責任を持つ調停者として、彼らの首元で嘘をつく〔ことに伴う〕責任を十分に感じていた。それは、彼らのあらゆる言動の中に見られた。ウマル・イブン・ハッタ－ブが〔第二代正統〕カリフになった時にこの件について言ったことや、ウマル・イブン・アブドゥルアズィーズ(148)(Abū Ḥafṣ ʻUmar ibn ʻAbd al-ʻAzīz　682–720)が〔ウマイヤ朝第八代〕カリフになった時も同様に言ったことを読めば、十分であろう。

彼ら二人の人生は、二人が言ったことと一致している。「人びとよ、私はあなたがたを統治することとなった。もし私があなたがたの中で最も善き者・強き者でなければ、あなたがたから委託された重要事項を代表する責務を厳格に遂行しなければ、ウマルは解任されるだけだ。ウマルはあなたがたと同様に権利を行使し、あなたがたと同様に生きるのである。主〔アッラー〕は救済者である」。それゆえ、ウマルは、万能のアッラーの慈悲と助けがなければ、力や能力を信じなくなった。ウマルは言った。「もしラクダがユーフラテス川の岸辺で死んでいたなら、私は〔自分の出身家である〕ハッターブ家がその件について責任を問われることを恐れる」。

ウマル・イブン・アブドゥルアズィーズは、次のように演説した。「さて、あなたがたの預言者〔ムハンマド〕の後に預言者はおらず、預言者〔ムハンマド〕に下された啓典〔クルアーン〕の後に啓典はない。万能のアッラーが許した事だけが、〔最後の〕審判の日まで合法《ハラール》である。アッラーが禁じた事は、最後の審判の日まで禁忌《ハラーム》である。私は裁判官ではなく、実行するだけの者である。創造者ではなく、ただ従うだけの者である。万能のアッラーを信仰しない者に服従する者ではない。あなたがたより善い者というわけではなく、同じ人間である。ただアッラーが、私にあなたがたの重荷を負うようになされたのだ」。［ウマイヤ朝第七代カリフの］スライマーン・イブン・アブドゥルマリク(Sulaymān ibn 'Abd al-Malik　674-717)の埋葬後にカリフ位がウマルに渡されたので、彼のカリフ就任は遅くなった。ウマルは自分の雌ラバに乗って家に戻った。そこに彼の仲間が入ってきて、「信徒たちの長〔カリフ〕よ、何か重要なことがあったようですね」と言った。するとウマルは言った。「私自身に負わされたことを気にかけているのです。自分はムハンマドのウンマ全域で代わる者がいないような人間ではない。自分の力は分相応なものでしかなく、［その中で］やるべきことがある。私には書生も学生もいない」。

かつてウンマは、宗教に熱心であることと結びついた言葉の社会であった。ウンマの信条は法によってもたらされたものよりも素晴らしかった。ウンマの保護はアッラーの使徒〔ムハンマド〕の任務であった。彼は、離脱者や非服従者の殺害を命じてまで、ウンマの統一性を強調した。預言者〔ムハンマド〕は言った。「あなたがた皆のもとに来て命令した者は、あなたがたを叛乱させたいのだ。だから、あなたがたはその者が誰であろうとも、剣で斬りつけなさい[149]」。また、次のようにも言った。「服従せずに背き、共同体から分離した者は死んだ。ジャーヒリーヤ〔無知〕の中で死んだのだ。無知蒙昧[原註5]の旗の下に戦った者は、分派[原註6]を守り、造反を呼びかけ、分派を助けた。しかし、その者は殺された。それはジャーヒリーヤの中での死である。私のウンマに背き、攻撃し、不道徳を働き、信徒らを顧みず、約束を守らない者は、私の仲間でもないし、私は彼の仲間でもない[150]」。

（原註5）　混乱あるいは無知。

（原註6）　分派。彼らはある宗教や権利を支持するためではなく、所属する民族・集団に対する熱狂的支持から戦い、戦いを呼びかけ、所属集団を支援した。

同様に、ウンマの意見が尊重されることは、運命づけられていた。アブー・バクルは人びとと協議した後にしか、実行しなかった。特に、明記されていない事柄については、そうだった。ウマル・イブン・ハッタープも同様であった。ウマルの後の[第三代正統]カリフ[ウスマーン・イブン・アッファーン(151)('Uthmān ibn 'Affān　?-656)]は、預言者[ムハンマド]の信任を受けた六人からなる協議《シューラー》での互選の結果、円満にカリフとなった。

上述のように、我々の政府が機能する枠組である代議制を、我々はヨーロッパから持ち込んだ。では、どの程度、議会制度はイスラームと適合するのか。現在に至るまで、この国に代議制が適用されてから、およそ四半世紀になる。代議制は我々にどんな利益をもたらしたのだろうか。

代議制およびエジプト憲法についてのイスラームの立場

憲法学者たちが言うには、代議制は統治者の責任、国家の権力、国民の意思を尊重することに依拠しており、国家の統一性や意見集約を禁じず、対立や分裂を前提条件としない。一部の憲法学者は、代議制の柱の一つは党派主義であると言った。しかし、党派主義が代議制における一つの習慣であっても、それは代議制を形成する根幹ではない。なぜなら党派主義なしでも、代議制の根本的な原則を混乱に陥らせずに、代議制を適用できるからだ。

代議制の原則には、イスラームが統治制度に付した諸原則と相容れない事項はない。よって、代議制はイスラーム的制度からかけ離れてもいなければ、親和性がないわけでもない。またこの点において、エジプト憲法が依拠する基本的な諸規則はイスラームの諸原則と相反せず、イスラーム的制度からかけ離れておらず、親和性がないわけではない、と確証をもって言える。むしろ、エジプト憲法作成者たちは最新の諸原則や憲法的見解・立場に基づいて憲法を制定したにもかかわらず、どの条項もイスラームの諸規則と抵触しないように作った。よって、「国家の宗教はイスラームである」と書かれてある条項のように、[エジプト憲法の諸原則は]明らかにイスラームの諸原則と調和している。また、「信条の自由は保障される」という条項のように、イスラームの諸原則と相反しないように解釈が開かれている状態にある。

憲法と、裁判所が依拠する法律との違いについて、私は警告したい。というのは、これら法律の多くは、明らかにイスラームが明示していることと相反しているからだ。この問題については、後ほど別の機会に考えてみたい。

代議制とエジプト憲法の各々の基本的な諸規則は、イスラームが統治制度として示したことと相反しない。我々はただ、憲法の表現や適用において不十分な点があると言ったり、基本原則の擁護が不十分であると言ったりしているのだ。基本原則とは、イスラームが明確に示し、エジプト憲法も依拠しているものである。こうした不足・欠陥の全てが、我々が苦情を述べている腐敗や、我々が予想した議員活動のあらゆる面での混乱へと至ったのである。これについて、クルアーンの一部を用いて簡潔に説明しよう。

統治者の責任——立法府と行政府

統治者の責任について言えば、イスラーム的制度では、責任の源はそれが誰であれ国家元首にある。統治者には自由に独立して行動する権利があり、国家に彼の行動を説明する義務がある。元首の行いが良ければ国家は彼を支持し、悪ければ彼に背く。イスラームでは、国家元首その他に直接この権利を委任し、国家元首が説明責任を負うことを禁じていない。またこれは、イスラーム時代の多くの時期に「立法府」として知られ、ムスリム学者はそれが有益である限りにおいて立法府を許可し、承認してきた。このような場合の原則は、公益の保護である。マーワルディー[152]（ʻAlī ibn Muḥammad al-Māwardī　975–1058）は、スルターンの統治体制についての本（『統治の諸規則』）で、次のように言っている。「統治府（wizāla）には二種類ある。立法府と行政府である。立法府について言えば、代議とは、イマームが諸事の管理・統括を委任された者を大臣に任命することである。諸事の統括を実際に行っていくには、大臣のたゆまぬ努力が必要とされるが、立法府の公的承認が放棄されるわけではない。万能の主〔アッラー〕は預言者〔ムハンマド〕について話した。《またわたしの家族の中から、援助者を御授け下さい。わたしの兄弟、ハールーンを、わたしに加勢し、わたしの仕事に協力するようにさせて下さい》(20章29—32節)。よって、天啓の中でも代議が許されたのなら、イマーム職にも代議の権限が与えられてきたということになる。なぜなら、国家の運営でイマームが委託されていることは、代理者の力を借りない限り直接的な力を持たないからだ。イマームが国家の運営で大臣を代理に立てることは、イマーム一人で国家指導を行うよりも行政の遂行上ずっと健全〔効率的〕である。代理の委任によって、不正確さからは遠くなり、無秩序からも遠ざかる」。

この責任の基本原理は、代議制にもある。責任は内閣にあり、国家元首にはない。エジプト憲法とイギリス憲法はこの立場に立っており、どちらも立法府の責任について明言している。国家元首は全ての責任および権限から免除されているが、それは無謬・不可侵とみなされているからだ。

代議制においては、国家元首が責任を負うこと、および彼の下の政府も責任を負うことが妨げられないという条件が、アメリカ合衆国憲法に規定されている。驚くことに、イスラーム法学の本にも同様のことが指摘されており、これを「行政府」と呼んでいるのだ。マーワルディーはスルターンの統治体制について書いた本〔『統治の諸規則』〕の中で、こうも言っている。「行政府に関してはその権限は弱く、関連する条項は少ない。なぜなら行政府の権限は、イマームの意思と行政によって制限されるからである。それゆえ、大臣はイマーム・臣民・統治者の間にあり、イマームの命令・言及を実行し、イマームが裁定を下したことを完遂するのだ」。これが、イスラーム法学が効力を持つところである。イスラーム法学が、あらゆる時代・場所において弾力的に適用可能であることは疑いない。

エジプト憲法の曖昧さ

これが、「統治者の責任」に関するイスラーム的制度と代議制の両方の諸原則である。では、エジプトではどうなっているだろうか。我々は、条文作りや適用が途中のまま[作業を]止めてしまった。この意味において、我々の憲法は曖昧かつ急ごしらえのもので、明確でもなければ細部を入念に考察して起草されてもいない。しかし、統治者の責任は最も重要な論点である。それは、我々がまさに体験している代議制やイスラーム的制度の特徴を決定するものだからだ。これを説明するために、上院議員イブラーヒーム・マドゥクール(153)(Ibrāhīm Madkūr　1902–1996)博士とメリート・[ブトルス・]ガーリー(154)(Mirit Buṭrus Ghālī　1908–1991)氏が『新制度(*Niẓām Jadīd wa Ḥayā Jadīd al-Idāra wa al-Ḥukūma*)』という覚書の中で書いたことを、引き合いに出してみよう。両者は、「憲法とその曖昧性」というタイトルで、次のように述べた。

「第一の点として、我々の憲法はその精緻さと表現の正確さにもかかわらず、昔の憲法が陥ったと同じ曖昧さに陥っており、代議制統治の最も重要な点が十分に規定されずに抜け落ちている、と要約できる。最も重要な点とは諸大臣の権限である。この権限とは、一方で大臣と代議員に代表された国民とを結びつけること、他方では役所・行政機関によるサービスの実績に関して大臣が監視することである。この点は、国家元首・国王に対する大臣の立場に関する条項において、不適切に要約されている。つまり、大臣権限を欲する全ての者にとって都合の良い表現で条項が作成されることでよしとされているのだ。明らかなことは、大臣とは代議制の構造全体の脊椎のようなものであり、立法府と行政府を結びつけるものである。大臣とは国家運営の正確かつ迅速な実行とともに、国民主権の尊重を目指した制度内で、生活や運動を呼び起こす職位なのである。憲法に鑑《かんが》みると、この繊細な点と関連してもたらされたことは、三つの制約を越えかけている。それは、全て曖昧で大雑把である。第二九条は次のように定めている。「当憲法の枠組において、行政権は国王にある」。第四八条は「国王は諸大臣を通じてその権力を行使する」とあり、第四九条は「国王は大臣を任命し、それを解任する」とある。第五七条は「国王の内閣は国家利益を監督する」とあり、第六一条には「諸大臣は国家の全般的政策について下院に対して共同で責任を有し、各大臣は担当省庁の業務に責任を有する」とある。第六三条は、「国王令は口頭または文書でなされる——諸大臣はいかなる状況においても責任を免れない」と定めている」。

これらは、およそこの[曖昧性という]問題に関連した条文である。我々はこの条文内容が、我々が指摘した問題を解決するのに十分だとは思わない。マドゥクール博士とガーリー氏は、この意味を詳しく説明し示した。重要なことは、この点は[意味の]明確化・固定化が必要な核心部分であるということだ。それはすなわち、代議制と同様、イスラーム的制度の諸原則における第一の原則である。この原則なしに諸事は成立せず、確立もされないだろう。

統治制度(三)

《われは、あなたがた各自のために、聖《きよ》い戒律と公明な道とを定めた。もしアッラーの御心なら、あなたがたを挙げて一つのウンマになされたであろう》(5章48節)。

国家の統一性

国家の統一性について、私はすでに正統イスラームがそれを規定していると称えた。正統イスラームは、国家の統一性を、イスラーム的社会生活において見過ごすことのできない基本的な一部であると考える。よって、《信者たちは兄弟である》(49章10節)とあるように、真のイスラームは国家の統一性を信仰と結びつけて考える。また不和や分派を不信仰と結びつけて考えている。至高なる御方[アッラー]は言った。《信仰する者よ、あなたがたがもし啓典の民であるからといって一分派に従うならば、かれらは信仰に入ったあなたがたを不信心者に引き戻すであろう》(3章100節)。

その後は、いかなる場合もあなたがたの統一性は分裂状態に陥ってしまう。また、アッラーの使徒〔ムハンマド〕は言った。「私の死後、あなたがたの一部が別の一部の者の顔を殴るような、不信仰者に戻るな[155]」。彼は不信仰という言葉で不和・分派、そして一部の者が別の一部の者を殴ると表現したのだ。

私は代議制による統治は――議会制であれ議会制以外であれ――、この統一性を否定していないと考える。ただし、特に社会生活の特徴が、その根本的な部分と全体的な方向性において一つであればである。しかも代議制による統治は、昨今、様々なイスラーム国家全てで見られる傾向となっている。ヨーロッパ以外における代議制は、党派主義・分派・不和を必然的に伴ってきた。それは、党派主義が分派の瓦礫の中から現れたからであり、民衆と支配者との間で繰り返された流血の争いこそが、代議制が創設された本当の理由であった。イスラーム国家に関しては、思想や意見の違いにもかかわらず、アッラーがそれら全てから守り、イスラームの統一性と寛容性によって混乱と無秩序から保護した。

しかしながら、ヨーロッパ国民に深く根ざした代議制統治は、このような極端な党派主義の上に成立したわけではない。イギリスには「保守党と労働党の」二つの政党以外になく、二党が交代で政権を担当している。二党による党派主義は、ほぼ純粋に国内的なものであった。それゆえ、いつも重要な国民的議論を取り上げるため、イギリスの党派主義には悪影響が全く存在しないのである。

同様に、アメリカにも「共和党と民主党の」二つの政党しかない。このため、我々は選挙の時期以外に、二党について何がしかを耳にすることはない。選挙以外においては、党派主義も政党も存在しない。しかし、党派主義の中で発展し、政党が過剰に結成された国は、戦時であれ平時であれ、困難に直面してきた。フランスがこの事例を明証している。

党派主義がこのようであるならば、また国家の統一性はイスラーム的社会制度における基礎であり、代議制もそれを否定しないのならば、エジプトの党派主義がすっかり破壊された後に、我々は国家統合に向けてすぐに変わらなければならない。

エジプトの政党

エジプトの政党はこの偉大なる国民にとって害悪であるということで、すでに我々は合意した。エジプトの政党は、今や我々が悩まされている社会的腐敗の根源である。世界中の国で認知されている政党という意味では、エジプトの政党は真の政党とは言えない。エジプトの政党は、国民の派閥が個人的対立によってもたらした分裂以外の何ものでもない。過去のある時では、彼らが国家の名の下に発言し、国家の民族的権利を要求することが必要だったこともあった。[156]また、エジプトの政党は綱領も計画も持ち合わせておらず、各政党は人物以外に全く違いがないという点でも一致している。この点は、野党の声明で表明されていることや、与党の演説を注視すれば、明らかである。上下両院の議員を輩出し、議員活動で統治の一端を担うのは諸政党である。どうやら、諸政党は正しく統治していないようである。これが、彼らが運営している統治の現状の一端だ。

こうしたことは、国内で合意がなされており、指導者・代議員・学者・立憲主義者が明確に断言している。［カイロ大学教授］アルーウィー・パシャ(ʻAlūwī Bāshā)の『国民主義の原則(*Mabādiʼ Waṭaniya*)』や、ハサン・ジャダーウィー(Ḥasan al-Jadāwī)教授の『エジプトにおける統治の欠点(*ʻUyūb al-Ḥukm fī Miṣr*)』、またその他を読んだことがある者は、我々が言っていることが真実だと分かるだろう。ここでは憲法学者サイイド・サブリー(Sayyid Ṣabrī)教授の著作『憲法規定の諸原則(*Mabādiʼ al-Qānūn al-Dustūrī*)』から、次の段落を引用するだけで十分であろう。

「もはや、エジプトの政党の大半が、政党支持者が擁護するような綱領を持たないのが現実である。むしろ、どの政党も、支持者や信奉者が周りにいる大臣と同様になってしまった。これによる最も重要な結末は、選挙が綱領の違いに依拠して行われず、全政党が一つに〔似たり寄ったりに〕なってしまうことである。それどころか、選挙は諸個人への信頼や人物の違いに基づいて行われ、私的なものになった。西洋の国民が理解している意味での党派主義に基づく選挙ではない。このようにして諸政党が生き残っていくと、国が派閥や政党によって引き裂かれるのは自明である。また、理解可能な理由や合理的な要因によらない対立・論争が、個人や家族の間で沸き起こるのも自明である」。

さらに、エジプトは現在に至るまで被占領国だと付け加えるならば、この分裂状態から利益を得る者は、力によってエジプトを奪い取った占領者〔イギリス〕だけである。もし占領者があらゆる［エジプト］国内の対立を――それは決して［我々には］飲み込みやすいものではないが――美味に感じているのなら、ナイル河畔の国〔エジプト〕は、独立闘争と国内改革を行うために、国家の力を集結し統一性の意味を完全にする必要に迫られている。このように考えれば、エジプトの政党の問題は看過・軽視できないほどに危険である。

エジプトの政党の解散

エジプトの政党がこのようであるならば、善良で努力し奮闘する寛大な国民の上に、政党と自称する人びとの党派・派閥対立が押し付けられていることを、我々は理解していないのか？　事態は非常に深刻である。これまでも、改革者たちはエジプトが経験している悲劇的状況に抵抗するため、たとえ一時的でも団結しようと試みてきた。しかし、彼らは絶望し、失敗した。事態はもはや穏健な解決策が不可能な状態である。今後、これら全政党の解散も不可避である。国内諸勢力は、一つの政党に集結して国家の独立・自由を完成させ、その政党が全般的な国内改革の原則を提示するのである。その後は、イスラームが課す統一の枠組に基づいて、組織化の方法を人びとに示すことになろう。

統治制度(四)

《本当の信者たちは、裁きのため、アッラーと使徒に呼び出されると、「畏まりました。従います」と言う》(24章51節)。

国民の意思の尊重——選挙制度

国民の意思を尊重すること、すなわち国民を代表し、国民が統治に正しく参加する義務について、イスラームは全国民がどんな意見であるか、事あるごとに明確化しておくことを条件としてはいない。これは、現代的な用語では国民投票と表現される。しかし通常、イスラームは「影響力のある人びと(ahal al-ḥall wa al-'aqd)」でよしとし、人びとを名前や人物で任命しなかった。学者が影響力のある人びとの特徴について論じたことから明確なのは、影響力のある人びとには三つの特徴がある。

①ムジュタヒド(157)の法学者。彼らは、公式の法的見解や判決の推論について、自分が発言した内容に依拠する。

②公共問題についての専門家。

③人びとの中で、ある種の指導的地位にある者。家族・世帯の長、部族長、諸集団の長など。

これらの人びと全ては、「影響力のある人びと」という表現でまとめることが適している。

すでに現代の代議制は、憲法学者らが様々な選挙制度を設計し、影響力のある人びとに到達するための道筋を整えた。イスラームは、この制度が影響力のある人びとを選出できる限りにおいて、それを否定しない。影響力があるという特性を有する人物を選出し、影響力・能力のない者が国家を代表することを許さない制度に着目すれば、選挙とは良い制度である。

エジプトの選挙制度の欠点

すでにエジプトは一度、一九二三年の［憲法に基づく］法律で直接選挙制を採用し、一九三〇年の［憲法に基づく］法律では二段階の選挙制度〔間接選挙制〕を採用した。(158) しかし実際は、どちらの選挙制度も、それが意図していた目的を実現しなかった。制度適用時に、その選挙制度に欠陥があり、包括的に制度改正をしなければならないことは明白であった。制度そのものが欠点なのではない。この制度に満足し、この制度を継続させようとし、そしてこの制度を守ろうとすることこそが誤りなのである。適任者を議員として国民から選出するという目的を現行選挙法が達成できないことは、すでに全ての者が感じていた。ある時は、批判は選挙法に向けられ、多くの欠点が指摘された。最も重要な批判は、サイイド・サブリー博士が『憲法規定の諸原則』の中で言及した点であった。「それは、必要に直面した際、選挙によって目的を実現できない［特定の］投票者の［ための］組織を生み出した。こうした選挙法は、国民を正しく代表するという思想を実現できなかった。そして、あらゆるしがらみから自由に公益のために尽力する機関を創出するに至っていない」。その後、正確な統計調査によって明らかになったのは、エジプト国会の諸会期における決定は国民の意見も多数派の意見も代表せず、国民として尊重されるべき少数派の意見も代表していないことである。むしろ、議会での諸決定は、わずかな割合の有権者の意見しか代表していない。場合によっては、その割合は一二％であった。以下、その数値である。

一九三六年の下院の場合、そこでの諸決定は――決定は正統性を持ち、法の支配下で有効であるにもかかわらず――有権者の一〇・七五％しか代表していない。

一九二九年の議会では、投票率九・二五％。

一九三六年の議会では、九・二五％。〔ママ〕

一九三八年の議会では、一一・七五%。

一九四二年の議会では、九・七五%。

現在の議会は右に挙げた数字よりも良くない。

このような数字を挙げた後に、どうして国民の意見が正しく代表されていると言えようか!?

改正と改革

選挙法の改正・改革が必要であることは疑いがない。
(一)立候補資格を定める。立候補者がある組織の代表者ならば、その組織には明確な政治綱領、詳細まで練られた目標があるので、立候補者はこの目標に基づいて立候補する。立候補者がある組織の代表者でなければ、その立候補者は、議員となる「にふさわしい」資質や改革綱領を示さねばならない。この考えは、エジプトにおける政党改革と、エジプトの政治組織のあるべき姿とに大いに関係している。
(二)選挙活動に規制を設け、違反者には罰則を科す。そうすれば、家族・家の問題や個人的な事情は、候補者の人気と無関係になる。選挙戦は改革の計画と手法についての訴えだけになるだろう。
(三)選挙日程の改革、個人認証制度の普遍化。ここ最近はずっと、様々な党派や政府の利害によって、選挙スケジュールが弄ばれた。その結果、選挙スケジュールは奇妙なものになってしまい、「そのような日程で」投票が強要された。
(四)選挙不正に対しては、どんなものであれ厳しい罰則を科す。選挙上の買収も同様である。
(五)選挙が比例代表制に変更されれば、個人代表制〔選挙区制〕による選挙は最良ではなくなるだろう。「比例代表制では、」代議員は有権者の圧力から解放される。代議員を評価したり代議員と接触したりする際には、「その判断基準として］公益が私的利益に取って代わるだろう。

結局のところ改革・改正の入り口はたくさんあり、これらは改革方法のごく一部である。［改革の］決意が真正ならば、道は明らかになる。最大の誤りは、現状に満足し現状を維持すること、そして改革の試みを放棄することである。

統治制度(五)

《誠にわれは、真理をもってあなたに啓典を下した。これはアッラーが示されたところによって、あなたが人びとの間を裁くためである。あなたは背信者を弁護してはならない》(4章105節)。

上述の言葉には、イスラーム的制度や代議制に見られる正しい統治について、三つの原則が表現されている。それは、次のとおりである。
(一) 統治者の責任
(二) 国家の統一性
(三) 国民の意思の尊重
エジプト憲法が発布されて以降、我々が従ってきた統治形態において、立法過程に複数の曖昧な点があったこと、法施行に失敗・腐敗が存在したことを、この三原則は簡潔に指摘している。こうした曖昧さ・失敗・腐敗の結果、現在の我々は混乱し、不安に思い、当惑し、対立・分裂・分散という状況に至った。

政府の脆弱性

これまでの政府は任務の遂行に劣っていた。人びとが政府を政府としてほとんど尊重しなくなったことについて、議論は不要である。その理由は、正しかろうが誤っていようが、党派精神のみに従うことによる汚名、そして責任・権限を完璧に定めていないがゆえの無能である。かりに、エジプト人が辛抱強さや服従という性質で特徴づけられず、諸事が決まりきった手順で刷新もなく動いていくとしよう。そうなれば、全ては漫然となり、バラバラになった行政の車輪は、国民の要求のために奮起できず、人びとに仕事を提供できないだろう。

法の尊重

法の権威が揺らぎ、法に対する尊重がほとんど失われていることに、疑いの余地はない。それは、例外主義・縁故主義・策略が繰り返され、しばしば個人的な目的のために法律を廃止するという攻撃手段が取られるからである。その行為が外部からも明確に見えるにもかかわらず！　しかし、そのような動機は常に周知のことであり、誰の目にも明白となっている。そして、このようなことを人びとに対して行うために、法や制度に対する尊重が蝕《むしば》まれていく。

盲従的党派主義

この誤った党派主義のせいで、もはや疑いなく、敵意や憎悪の炎が支配者・被支配者の間で燃え盛っている。エジプトで、この党派主義が友情を損なわない意見の相違の問題だと我々が思ったことは一日たりともない。そうではなく、公益を顧みず、公的・私的に全てを断ち切ってしまうような敵対・憎悪だと思ってきた。敵対する政党メンバーの側が正しくても、それを正しくないとみなす。また、こちら側の政党メンバーが誤っていても、それを正しいとみなす。我々は行動や礼拝の都度、この感情をばら撒いてきた。［国家の］病は危険な状態にまで達し、深奥部にまで蔓延してしまった。その結果、我が国の改革・将来が統一された民族主義的立場にかかっているにもかかわらず、我々は様々な集団を一つの民族主義的立場に統合することができないままである。

こうした憎しみの感情があることや、党派主義を深く根付いた敵対関係と誤解することで、次のような結果が生じた。思想面・手続き面での努力のほとんどが、政治家の全関心を没頭させる二つの事柄に注ぎ込まれた。それは、敵対する政党メンバーを攻撃すること、および敵の策略を阻止することである。それゆえ、統治者の関心の大部分は、この二点に割かれてしまった。反対勢力も統治者に劣らず、二点へ関心を注ぐ。この結果、［国民の］権利は失われ、利益は宙ぶらりんになった。友人たちは嘆き悲しむが、敵は相手の悲しみを喜ぶ。そして、国家の敵が得をするのだ。

こうした状況は道徳心の崩壊、物質主義的な腐敗・無秩序を生んでしまった。事態は極点に達し、忍耐の限界にまできており、断固とした決定的で迅速な変化が必要である。そのためには、力強い指導者たちがこの現状について法的知識を持ち、現状を評価し、その見解に基づいて正しい変革の手続きに直接着手するべきだ。その時、平和と安定は訪れる。現在でも改革の余地は残されている。しかし、もし指導者らが［改革努力を］放棄したままでいるならば、［現状の］無秩序な状態が指導者ら［の力量］を凌駕することとなり、手綱は指導者の手から離れ、その後どうなるかはアッラーにしか分からなくなる。

この国の指導者よ。政府の長よ。アズハルの者たちよ。政党・組織・大学の指導者たちよ。行き詰まったこの国民に期待のまなざしを向ける者たちよ。

物事は手遅れになる前に是正せよ。あなたがたの前には、イスラーム的制度という救済の船がある。諸事の結果はアッラーに属する。

私はもう伝えたではないか……アッラーよ、お見守りください。

〔一九四七年〕

第10章　経済制度

慈悲深く慈愛あまねきアッラーの御名において。

私は、「イスラーム体制に関する我々の内的問題」という題名で以前多くの言葉を書いた。その中で、私はイスラームの統治制度は三つの原則に基づくと述べた[159]。

（一）統治者の責任

（二）国民の意思の尊重

（三）国家の統一性の維持

幸運なことに、これらは我々自身で選んだ今日の代議制の柱なのである。〔しかし〕かつて述べたように、我々はこの制度を適用してこなかったことを私は明らかにした。また、今日の代議制は、〔イスラーム的制度を〕正しく適用していない。それゆえ、全ての物事は混乱している。このこと〔統治制度〕は正に〔他の物事の〕基礎であり、それ以外の物事は全て統治制度に従うのである。「実際、あなたがたの体にはある肉片が存在する。それがもし健康であれば、体全体が健康である。もしそれが腐っていれば、体全体が腐敗する。それは心臓である[160]」。政府は疑いなく、社会全体の改革の中核である。その成員が腐敗していれば、全ては腐敗する。それが健全であれば、全ては健全となる。二つの現象があった。〔一つは〕改革に乗り出すものであり、〔もう一つは〕正統イスラームへの回帰である。その〔イスラームの〕導きに従い、光によって進むのは、まさしく善である。それなくして、我々は望まれる真の改革に成功しないのである。

ここで、皆がこの真実の言葉へ真摯に耳を傾け、注意深く肯定的に受け取ることを希望しつつ、「我々の経済的原則」という演説を私は行う。皆は重大な事態に気づき、その破壊［的状況］に対して行動を取ろうとするだろう。病気が蔓延し、［処方］薬が不足し、愚者に暗愚が拡大する。金銭的苦境ほど、精神を麻痺させ、思考を停止させ、感情を傷つけるものはない。金銭的苦境は民衆の首根っこを押さえ、贅沢はもとより生活必需品すら得られなくする。パンの危機ほど深刻な危機はない。飢餓や飢饉ほど大きな食糧問題はない。食べ物の需要ほど強い需要はなく、食べ物への希求は克服できない。アブー・ハニーファ[161](Abū Ḥanīfa al-Nuʻmān ibn Thābit 699?-767)の高弟であるムハンマド・イブン・ハサン・シャイバーニー[162](Abū ʻAbd Allāh Muḥammad ibn al-Ḥasan al-Shaybānī 750-803/4/5)の部屋に召使いが入って言った。「ご主人様、食べ物がなくなりました」。するとシャイバーニーは、「なんてことだ！ お前は私の頭から四〇の問題を忘れさせたぞ」。ここには、誰も忘れられない、あるいは無視できない真実がある。

天然資源

この国［エジプト］は貧しくはない。それどころか、アッラーは、自然の恵みでこの国を豊かにした。それは、農地・水・家畜・鉱物、そしてナイルの大河の肥沃な峡谷などの様々な富である。それは、ずっと昔からアッラーが望まれた恩寵なのである。《(それなら)あなたがたの望むものが求められるような、どの町にでも降りて行くがよい》(2章61節)。

外国の搾取

外国人は、［エジプトの］住民と統治者を無視し、強欲な圧政でこの祖国を支配している。彼らはエジプト国民より幸せである。また、外国人は祖国〔エジプト〕の貴重な資源・企業・個人を支配したため、工業・商業・公益・主要施設は全て彼らの手中に落ちた。また、エジプト人から［優れた］特質を奪った外国人は、エジプトに野心を抱き続け、国益に強く影響を与え続けている。たとえ、これらの外国人がエジプトの国民・労働者・指導者に注意を払ったとしても、彼らは我々を公正に評価していない。

莫大な富と悲惨な貧困

この［エジプトの］人びとの間では、階級間の相違・距離・分裂が大きい。金持ちは異常に豊かで、貧乏人は悲惨である。そこでは、中産階級は消滅しそうである。我々は貧乏人を中産階級と呼んでいるだけだ。我々が彼らのことを中産階級と呼ぶのは、［貧困で］悪い状態にある者の中から、まだましな者をそう呼んでいるからに過ぎない。貧乏人と物乞いの間の違いに関して、膨大な研究をしてきた我らの法学者たちにアッラーのご加護があらんことを。もっとも、［貧乏人と物乞いという］この二つの概念は、いずれも悲惨な困窮者という原義に由来するのであるが。

経済的混迷

これは、最も重要なことである。資本主義・社会主義・共産主義などの経済的諸原則がひしめき合う中、我々は騒がしく暴力的な激しい競争にさらされている。我々は、自らの生活を色付ける色〔制度〕をまだ選んでいない。何らかの定義や決意が必要な際に、［それら諸原則が］問題解決の半分も役に立たないことは多い。目標を詳細に定め、そこに達する進路を定める際にも、不明瞭ということが多い。

この状況に関しては、政治的な意味合いも混ざり合っている。そのほとんどは、形態、動機、教育の成果、経済的諸原則においてである。我々はもし可能であれば、これらの色〔経済的諸原則〕の中、あるいはその他から、自らの色を選択するしかなかった。自らの特質や特徴を有する固定された原則内で、我々は行動しなければならない。それは、我々の主な目標を定め、目的に達する進路を示す原則である。

イスラームに向けて

これら諸制度の全てが我々に役立つものではないと私は考える。それらには、明らかな利点もある一方、不適切な誤りもある。これらの制度は、我々とは異なる土地・環境・社会で発展したものである。正統イスラームの指針に関して、包括的な改革へ至る完璧な制度が我々の手中にあることは言うまでもない。経済には、完全で基本的な原則が定められなかった。もし我々がその原則を知り、適切に適用していたなら、我々の問題は軽減し、これらの制度から利点を得ただろう。また、あらゆる欠点を避けて生活水準を上げる術《すべ》を知っただろう。全ての階級を満足させられただろうし、より良い生活への近道を発見しただろう。

イスラームにおける経済制度の諸原則

私が上述したように、エジプトでは資本主義・社会主義・共産主義など様々な経済の色〔制度〕がひしめき、様々な現代的な原則・見解が競い合っている。これらの全てから離れて、経済活動をイスラームの諸原則やその高貴な教えに集中し、倣い、依拠する。これにより、多様な見解に伴う誤りや欠陥から解放される。難なく我々の経済問題を軽減するのが、最善の方法である。

イスラームの経済制度の要点は、次のように要約される。

（一）健全な財産を生活の条件とみなす。それを求めることは義務である。それを整え、増やすのは善行である。

（二）労働と利益の保証。
（三）天然資源の発見。あらゆる限りにおけるその使用。
（四）不当な収入源の禁止。
（五）階級間格差の軽減。たとえば、不当な富や極度の貧困の根絶。
（六）全国民への社会的保護。生活保障、福祉・幸福の達成。
（七）福祉支出の促進。国民間の共済[163](takāful)ローン。敬虔・信心に基づく協力義務。
（八）財産の尊重の確立。公益に反しない限りでの私有財産の尊重。
（九）公正で慈悲深いシャリーアに基づく財産関係規定。金銭関連事項の詳細化。
（一〇）このような制度を保護する国家責任の確立。

イスラームの教えを注視する者は、クルアーン・スンナ・イスラーム法学の豊富な例証の中に、このような諸原則が示されていることに気づくだろう。

健全な財産は生活の条件である

イスラームは健全な財産を推奨する。それを求め、整え、増やすことを義務とした。人びとはアッラーのために財産を使う富裕層を祝福した。自制の意味を誤って解釈し、人びとを貧困や欠乏に追いやる考えは、イスラームには存在しない。現世・財産・富・財宝への批判が［イスラームに］あるのは、それによって圧政・誘惑・放縦を避けるためであり、罪・背徳・腐敗・アッラーへの不信心を避けるためである。ハディースには、次のようにある。「健全な財産は健全な人物と調和した[164]」。聖なる書〔クルアーン〕の章句は言う。《アッラーから保管を委託された財産を、精神薄弱者に渡してはならない》（4章5節）。財産は労働のための条件であるという忠告もある。アッラーの使徒〔ムハンマド」は、不適切な財産の浪費を禁じ、次のように言った。「アッラーはあなたがたに、無駄な長話や多くの質問や財産の浪費を禁じた(165)」。同様に、財産を守って死んだ者は殉教者だと述べた。また、次のようなハディースがある。「商品なく死んだ者は殉教者であり、財産なく死んだ者は殉教者である(166)」。

労　働

イスラームは、労働と利益を促進している。働くことができる者にとって利益[獲得]は義務と考えられる。専門的な労働者は高く評価され、[労働中の無駄な]質問は禁じられる。労働は最良の神聖な行為であり、預言者たちのスンナに由来する。最良の報酬は手仕事によるものである。怠け者たち、つまり社会に完全に依存する者たちは、軽蔑されたことが知られている。たとえ、彼らにアッラーへの尊敬の念がなくなっていなかったとはいえ、怠けたいという理由だけでのこのような怠惰をイスラームは認めなかった。信頼はアッラーに寄せられるが、その一方でアッラーは原因と結果を知っている。そこで、この二つのうち一つを見失う者は、アッラーへ信頼を寄せる者とはならなかった。神によって定められた生活の糧は、熱心な努力に繋がっている。アッラーは言う。《(かれらに)言ってやるがいい。「(善い事を)行え。アッラーはあなたがたの行いを御存知であられる。かれの使徒と信者たちもまた(見ている)。やがてあなたがたは、幽玄界と現象界を知っておられる方に帰される。その時かれは、あなたがたにその行ったことを告げ知らせる」》(9章105節)。アッラーの使徒(ムハンマド)は言った。「肉体労働をして食べ物を得るより、何も食べない(ことを選んだ)者がいた。しかし、預言者ダーウード(167)(Dāwūd)は肉体労働によって食べていた(168)」。また、ウマル(第二代正統カリフ)は言った。「あなたがたの誰一人として、生活の糧への欲望を避けることはできない。彼は欲望が我々に生存の手段を与えると言う。彼は天が金や銀を降らせはしないことを知っていた」。ハディースには、次のようにある。「人は最後の審判の日が来るまで、人びとに尋ね続けても、彼の前には一片の肉も現れない(169)」。

富の源泉の発見

イスラームは、富や財の源泉の発見に関心を抱く。同様に、その倹約や利用の義務を促す。その全てを人類が利用し利益を得るよう促す。《あなたがたは思い起さないのか。アッラーは天にあり地にある凡てのものを、あなたがたの用のために供させ、また外面と内面の恩恵を果されたではないか》(31章20節)。《またかれは、天にあり地にある凡てのものを、(賜物として)あなたがたの用に服させられる》(45章13節)。クルアーンの章句を読む者は、その詳細をより広範・完全な説明で知ろう。

不当利得の禁止

イスラームの教えでは、誤った方法で収入を得ることが禁じられる。また、労働の対価を伴わない誤った手段で収入を得ることが禁じられる。それは、高利貸しによる利子、賭博、宝くじなどによる利益である。また正当でないのは、詐欺、窃盗、粗悪品[販売]によるごまかしなどである。また、害のあるものから得た報酬も不当である。それは酒・豚肉・麻薬などによる収入である。これらの全ての儲けの源となる物をイスラームは認めず、許さない。

階級間の格差軽減

イスラームは階級間の格差軽減のために行動する。金持ちに巨富や過度の贅沢を禁じ、貧乏人の生活水準上昇を促した。国家の富・金持ちの財産に対する貧乏人の権利を定め、その実践的方法を示した。

イスラームは、福祉・啓蒙への支出促進に力を入れた。強欲、偽善、過剰な贈答、悪意を戒めた。また、アッラーが満足し、アッラーの意思に沿うように、協力の方法や無利子ローンの整備に力を入れた。《寧《むし》ろ正義と篤信のために助けあって、信仰を深めなさい。罪と恨みのために助けあってはならない》(5章2節)。

財産の不可侵性と所有権の尊重

イスラームは、財産の不可侵性と、公益に反しない限りでの私有財産の尊重を決めた。「全てのムスリムは、〔他のムスリムの〕生命、財産を侵すことは禁じられる[170]」。「傷つけることは禁じられる[171]」。

財産関係規定

財産関係規定が踏み込んだのは、個人・社会の利益の領域、契約・義務の尊重、金銭やその扱いの正確性であった。そして、イスラーム法学は財産関係規定において、[原註7]交換やそれに類似する金銭取引の禁止を特に定めた。おそらく、金や銀が金銭として世界的に通用する財産であることから、ここに、その利用を禁じる賢明な立場があるのだろう。[原註8]

(原註7) 交換とは金銭の交換であり、イスラーム法の原典に規定される特別規定に従う。

(原註8) 特別の場合や特別の道具としてしか、イスラームは金や銀の使用を認めない。金を男性の装飾品とすることや、女性がそれを放縦に浪費することを禁じている。それはおそらく、単独で使用した場合に第一級の金属である重要な財産を、国家が必要としたからだろう。

社会保障

社会保障は、誰であろうと全国民に対して、[福利]厚生・日常生活の保護を定めている。それは、その者が義務を果たしている場合、あるいは不可抗力により義務を果たせない場合においてである。かつて、ウマル〔第二代正統カリフ〕は物乞いをしているユダヤ人と出会った。ウマルはその盲目のユダヤ人を制して、事情を質《ただ》した。彼の体が不自由であることを確かめると、ウマルは自分を責めて、「おお、あなたに対してなんと不当な扱いをしたことか。我々はあなたからジズヤ〔人頭税〕を強制しておきながら、あなたをないがしろにしてきた。私は、あなたに必要なだけのものを、財政担当へ命じることにする」と述べた。

これは愛の精神であり、人びとの間の労《いたわ》りの精神であると言い伝えられている。

国家の責任

国家の責任とはこの制度の保護である。また、公共財産の優れた運営、すなわち正当な管理、適切な使用、公正な税の徴収も、その責任である。ウマルはかつてその意味を語った。「この財産はアッラーの財産であり、皆はその下僕である。羊飼いは、その財産を遠くまで管理するために、監視するために羊の中にいる。憎しみを持つ者は、地獄でひどい渇きを覚える」。

特権の利用——これはどこからあなたがたの許へ？

イスラームは権力・特権の利用を禁じた。贈収賄やそれを行う者を強く非難し、総督や司令官への贈り物を禁じた。かつて、ウマルは、使用人に自分たちの財産の余った分を分け合うよう命じ、その一人に対して次のように言った。「これ〔富〕はどこからお前の許に来たのだ？　お前たちは火を集めて、不名誉を負っている」。また、国庫に余った財も為政者のものではなかった。かつてアブー・バクル〔初代正統カリフ〕は統治者であった時、ムスリムたちに言った。「私は自分に従う者たちのための仕事をした。それゆえ、彼らの食料を管理した。今、私は皆のための仕事を行っている。それゆえ、皆はその国庫から、私に分け与えるべきである」。そこで、アブー・ウバイダ[172](Abū ʻUbayda ibn al-Jarrāḥ 583?–638)は彼に、ムスリム一人分程度の糧秣、冬服と夏服、巡礼にも乗って行けるような強健なラクダを与えた。これは二〇〇〇ディルハム程度と見積もられている。アブー・バクルが自分には不足であると述べると、さらに五〇〇ディルハム増やされ、［その旨の］訓令が出された。

以上がイスラームの経済制度の精神であり、その諸原則の要点である。それは、我々が非常に簡潔にまとめたものである。各々の要点が、膨大な量の詳細を含んでいる。その導きに正しく従い、教えに従って行動するならば、我々はそこに大いなる善を見出そう。

通貨の独立

我々は、イスラームの経済制度が依拠する原則の一つに注目した。また、その原則が我々に従うことを命ずる精神に注目した。それは、適切に適用することで、無比の健全な経済状態をもたらすものである。そのためには、我々の通貨の独立が必要であり、我々の歳入と金の厳格な監視に依拠しなければならない。イギリスの財務省・造幣局・国立銀行〔イングランド銀行〕――たとえそれらがエジプトにあったとしても――に依拠していてはならない。クルアーンの章句は欲する。《アッラーから保管を委託された財産を、精神薄弱者に渡してはならない》（4章5節）。

エジプトの民衆を非常に危険な状態にさらしている要因は、その努力・成果を保証する紙幣が、イギリスの保証なしには何の価値もないということだ。もしエジプトが事態をしっかり掌握し、規制を行っていれば、間違いなくこの［通貨の］独立に至っていただろう。我々はスターリング・ブロック〔イギリス・ポンド圏〕から脱退し、エジプト国民銀行[173]の国有化を検討し、イギリスが我々に負っている巨額の負債を検討しただろう。これらは全て、エジプト通貨の信頼性を構築するための計画であった。これに対して、アッラーは何をしただろうか。我々は救済のために何を用意しただろうか。

エジプトとイギリスの間でスターリング・ポンドの運用可能な基金に関する交渉が再開された。エジプトが控えめに要求する額が一八〇〇万［ポンド］であるのに、なんとイギリスは苦境に追い込まれ、［エジプトへの借金に対し］一二〇〇万ポンド以上は払わないつもりだ。この時に、私がこのような言葉を書き記すことは、おそらく逆説的であろう。

通貨管理の脆弱性、および［最後には］無視にまで至ってしまった通貨管理の軽視が生み出したものは、生活費の高騰や輸出入の困難を招くインフレの進行という悲劇であった。

我々が知る限り、先進国の歴史において、銀行が大臣の決定を利用するようなことは起きていない。この不名誉な利用とは、エジプト国民銀行が自らの立場と異なる財務省の一九一六年六月五日・日曜日の決定に影響を与えたことである。同行は、［財務省の決定に］従いながら、自らが望む銀行券を発行した。

企業のエジプト化

この重要で完全な原則は、企業のエジプト化も求める。可能な時にはいつでも、民族資本が外国資本に取って代わる。公共事業——これが国家にとって最も重要なのだが——を外国人の影響下から解放することが求められる。［現在、］土地・建物・輸送機関・水・灯火・国内通信・国外交通・塩・苛性ソーダに至るまで、外国企業の所有下にある。外国企業の手中には、資本の主導権と何百万ポンドもの利益がある。これは、エジプトの民衆や労働者が傷み、苦しみ、剝奪されることなくしては得ることのできないものである。

資源の利用

生産的かつ迅速な天然資源の利用は、イスラームが求めることである。クルアーンは、アッラーの恩寵の痕跡の存在に我々の注意を向けた。アッラーは空や地上の良いものを世界に与え、［地下の］貴重な鉱物を十分に与えることを定め、どこであっても恩恵を進んで与えた。我々は水中や砂漠などあらゆる所に資源を持っている。しかし、指導する思想、推進する確固たる意志、動かす手がなければ、入手できない。［そのような条件が整った］その後、望むような宝物を手に入れよ。《あなたがたは見ないのか。アッラーは天から雨を降らせられる。それでわれは、色とりどりの果物を実らせる。また山々には、白や赤の縞があり、その外多くの色合いをもち、真黒いところもある。また人間も鳥獣家畜も、異色とりどりである。アッラーのしもべの中で知識のある者だけがかれを畏れる》(35章27―28節)。私の考えるところでは、ここ［エジプト］の知識人は、森羅万象についての知識を持っている。彼らは、その中で人間に有益なものを知っている。また、天地の創造者であるアッラーに関する広範な知識から、森羅万象の恩恵について明瞭なものを知っている。

国家計画の大きな関心事は、重要な課題である。しかし、それは長い時間がかかり、弛緩・怠惰が阻害し、党派的論争や個人的利益の充足が覆い隠し、政治的な道具や腐敗や不道徳が押し付けられてきた。これらには、新たな熱意が向けられなければならない。「アッラーは、もしその者が向上するように努力するなら、その者に恩寵を与えるだろう[174]」。

一九三七年以降、アスワン・ダム計画[175]が成果を上げていれば、我々はどれほど利益を得ただろうか。アッラーがタルアト・ハルブ[176](Muḥammad Ṭal'at Ḥarb 1867-1941)に「マハッラ[177]」計画の推進を思いつかせなかったら、我々はどれだけ欠乏し、丸裸になっていたことか。［これまで、］調査・検討された多くの計画があったが、それらは棚上げされ、戦争の前に長引いた。このような計画を無視する必要も、厳しい圧力も、緊急の要請も、遅延を許さない命令もなかった。

人びとは、このような計画の書類に積もった埃を払い、それを新たに思い出さなければならない。そして、実行しなければならない。《アッラーはあなたがたの行いを御存知であられる。かれの使徒と信者たちもまた(見ている)》(9章105節)。

産業

産業化はイスラームの精神に直接つながるものである。その精神について、預言者〔ムハンマド〕は次のように言った。「アッラーは様々な信仰者を愛する」[178]。「手仕事で疲れた者は、赦された者である」[179]。また、クルアーンはダーウードとスライマーン[180](Sulaymān ibn Dāwūd)による産業発展を称賛した。それは、人類が弱まりジン[181]や悪魔が力を得るような状況について、詳細に思い出させる。

《われはまた、かれのために鉄を軟らかにして、(言った)。「あなたは鎖帷子《くさりかたびら》を造り、環をよく整えなさい。そして善行に勤《いそ》しめ。本当にわれは、あなたがたの所行をよく見ている」》(34章10―11節)と、ダーウードについての称賛がクルアーンに書いてあるにもかかわらず、〔軍備を整えない〕国はだめだ。

クルアーンは次のように言う。《またわれは、かれに(鎖)帷子を作る術を教え、暴力からあなたがたの身を守らせた。それでもあなたがたは感謝しないのか》(21章80節)。それでも、その国〔エジプト〕で武器が生産されることはなかったのだ!! また、クルアーンは言う。《またスライマーンには風を(支配させ)、(その風の一吹きで)一朝に一ケ月(の旅路)を、また一夕に一ケ月(の帰路)を(旅させた)。またわれはかれらに熔《と》けた銅の泉を湧き出させた。また主の御許しによりあるジン(幽精)に、かれの面前で働かせ、かれらの中《うち》われの命令に背く者には、烈しい焔《ほのお》の懲罰を味わわせた。かれらは、かれ(スライマーン)のためにその望む高殿や彫像や池のような水盤、また固定した大釜を製作した。(それぞれの持場で)「あなたがたは働け、ダーウードの家族よ、感謝して働け」》(34章12―13節)。それでも、そこ〔エジプト〕には大きな鋳造所や、金属製品を生産する大工場ができることはなかった。

クルアーンはこうも言う。《またわれは鉄を下した。それには偉大な力があ》(57章25節)る。それでもこの国家〔エジプト」は、自らが持つ金属の存在を無視した。これは怠慢である。その鉄は良質のものであり、専門家の判断では世界が二〇〇年使えるほどである。このようなことは、全て許されないことである!!

エジプトにおける所有制度

上述の説明で、イスラームの経済制度が我々に命ずる適用形態の一部を私は示した。ここでは、真の国民経済の改革について、イスラームの経済制度の諸原則が命ずる形態の一部を示す。

正統イスラームの精神と国民経済の基本原則が我々に義務づけるのは、次の諸点である。エジプトにおける所有制度を再検討すること。大規模所有を制限すること。所有者の権利を、彼らに与えたものと社会に与えたものとに区別すること。祖国の諸事が自らにいかなる意味・関係を持つのかについて、困窮する貧乏人が明確に分かるよう、小規模所有者を援助すること。そして小規模所有者が成長するよう、政府の所有物を彼らへ速やかに分配することである。

税の改革

経済的な立法におけるイスラーム精神が我々に義務づけるのは、社会的な税改革を行うことであり、最初に喜捨が対象となる。現世において、イスラームのように収入ではなく資産に課税を義務化する立法はない。イスラームには、管理に関して優れたものがある。[それは、]富との戦いであり、通貨の流通の妨害との戦いである。[それは]流通する通貨を受け取る全ての者の役に立つ。流通の手段がなければ、通貨は機能しない。

イスラームは喜捨のための諸銀行を純粋に社会的なものとした。それは、向上を不可能にする損失・無能から立ち上がる手段とするためであった。人間的な感情や健全な同情心によって回復し、それにより社会を純化し、正しくなり、自らを純粋にするのだ。《かれらの財産から施しを受け取らせるのは、あなたが、かれらをそれで清めて罪滅しをさせるためである》（9章103節）。

利益ではなく金銭によって成長中の組織に対して、社会的税の義務に注目する必要がある。その義務からは当然、貧乏人は除外される。暮らし向きの良い金持ちには課税される。税はできる限りのあらゆる手段で、生活水準を向上させることに使われる。ウマル〔第二代正統カリフ〕の冗談に、ブドウに重税を課すのはそれが金持ちの果物であるからであり、ナツメヤシに税金がかけられないのはそれが貧乏人の食べ物であるから、というものがある。彼が、総督や司令官で最初にこの社会的意味に気づいたのである。

利子との戦い

イスラーム精神は我々に、すぐ利子と戦うことを義務づけた。我々はそれを禁じ、それに基づく全ての商取引を非難した。「利子は問題である。最初に利子を始めたのは、私のおじのアッバース・イブン・アブドゥルムッタリブ[182]（al-'Abbās ibn 'Abd al-Muṭṭalib）である」[183]。アッラーの預言者〔ムハンマド〕は真実を語る。

かつて改革者たちは、このように語ることを避けてきた。それは、そのようなことは不可能であり、全てに世界経済の車輪〔としての利子〕が覆い被さっているのだ、と言われないようにであった。今日に関しては、ロシア〔ソ連〕が利子を禁じた[184]。彼らが利子を禁じた後では、こうした議論が軽薄で忘れ去られたものであり、価値もないことが明らかになった。共産主義のロシア〔ソ連〕がこのイスラームの道より先んじているというのは、認められない。利子は禁じられている。それを禁じたのはイスラームのウンマであり、イスラーム国家である。

家内産業の奨励

イスラーム精神は、我々が家内制手工業を奨励することを義務づける。これは、悲惨な生活にある家族を迅速に救済するための入り口である。そして、産業精神への転換の入り口であり、産業定着への入り口である。このような休眠状態にある力が最初にすべきことは、紡績・織物などの小規模な形態のものである。次いで、大量で大規模な形態のものとなるが、石鹸産業や香水・ドライフルーツの産業である。そこで婦人・少女・少年は一定時間働き、それによって十分な収入を獲得する。しかも、貧困の悲惨さや従順さが、彼ら［の労働時間中］のおしゃべりを封じるのである。

長い間、西フーワやバニー・アダー・マンファルート[185]、それ以外のエジプト国内の町において、我々はこのようなことを目にしてきた。また、国内には天然資源や富があり、環境は恵まれている。［社会］問題省[186]は、生活に関連する計画を練り、紡績機の見本を取り寄せたりした。アッラーがそれで何を成そうとしたかは、我々には分からない。よく言われるように政府にとっての一日は一年のようなものであるが、状況はこれ以上の遅滞を許さない。

生活必需品のための贅沢・奢侈の軽減

贅沢・奢侈を減らし、生活必需品で満足するように人びとを導く。年長者は若年者の模範になるように導くべきだ。そうすれば、このような恥知らずの行動は価値を失う。このような贅沢・放縦・浪費や、家・邸宅を飾りたてることもなくなる。これがイスラームの教えであるが、これらには準備が必要である。

これらは全て、我々がすぐに支援しなければならない義務である。行動しなければならない。

そして、その後に……

以上のように、これまでに起きたことから、我々は次のことを目撃したのである。理論上・実践上において、共通の経済制度に従って行動しなかったこと。そして、このような曖昧さや場当たり主義が、我々を人類全体の首根っこを押さえる苦境に導いたことである。

対応策として、最悪の危険な結果をもたらしかねない麻酔薬や鎮静剤を使って解決を考えだしたり、状況に立ち向かったりすることは問題にならない。我々が物事に関して周囲の全体的状況に注意を払うことが重要であり、基礎として依拠する確固とした根拠に立ち戻ることが重要である。包括的で正確で最適な行動を含むもの〔イスラーム制度〕がなければ、それは権威を持たないのである。

他の諸国や諸民族には与えなかった経済的繁栄や物質的成功のための手段を、アッラーは我々に与えた。我々の間、そしてアラブ・イスラーム諸国間において、言語・信仰・利益・歴史の堅固な繋がりは、アッラーのおかげである。アッラーは諸国の土地を豊かにし、土壌を肥沃にし、気候を安定させた。主要な資源やその他の天然資源によって豊かにした。

この絆は、我々に——もし我々がその効用を感じるならば——、自給自足や経済的独立の道を切り拓き、輸出入などにおける西欧の支配から救い出すのである。

我々にとって最も重要なのは、次の諸点である。絆を認め、近づき、強化し、管理すること。留学生交換や研究支援を行い、あらゆる手段で商船団を作ること。そして、我々・アラブ諸国・ムスリムの間に統一と協力の精神を広めることである。

長い間、エジプトの民衆は、非常に厳しい生活と苛酷な搾取に耐えてきた。それは、信仰の奇跡がなければ人類が耐えられないものであった。エジプトの労働者・農民・その他一般人に目を向ければ、驚きに襲われるような貧困や忍耐を目にしたであろう。

インド人の同胞の一人が、私を恥じ入らせたことがある。彼は最近、イギリスから帰国したが、その時カイロへの短い旅行から帰ったところだった。彼は私に、「私たちは、イギリスの新聞がエジプトの民衆の環境の悪さやその生活水準の低さについて報道するのは、エジプトの信頼を損なうことを露骨に意図した宣伝であると考えていた。しかし、私はカイロへの短い滞在であったが、その最中に公共の場所の一つを訪れ、そこで見たことを残念に思った」と述べた。私は彼の発言に恥ずかしい思いをしたが、自分自身や［エジプトの］民衆の立場から、「このような［イギリスの］新聞は［真実を］書いていない。このような［エジプトの］悲惨さは、占領という不法行為によるものではなかろうか？」と彼に述べて、［彼の言葉を］受け入れなかった。

外国企業の経営者が「あなたは、これら労働者の悲惨さに満足しているのですか？」という言葉を私に投げかけた時、また再び苦痛を感じた。しかし、私は彼に対して、「このような悲惨さの理由は、このような［外国］企業が独占し、労働者が生活に必要とする分を奪っているからだということを、おそらくあなたは知らないのではないか？」と反論した。

事態は深刻であり、最終的な局面に至り、限界に達している。それゆえ、決定的・迅速な対応策が必要である。私が説明したように、イスラームによる治療と治癒以外に、我々はそういった対応策を見つけられないだろう。

首相閣下、組織や大学の責任者たち、この国の平穏と平和を願う者たちよ。

慎重に事態に立ち向かうように。イスラーム制度に回帰するように。

私はもう伝えたではないか……アッラーよ、お見守りください。

ハサン・バンナー

〔一九四七年〕

第11章　ジハード論

《アッラーの(道の)ために、限りを尽くして奮闘努力しなさい》(22章78節)。

慈悲深く慈愛あまねきアッラーの御名において。

万有の主、アッラーに全ての称賛あれ。我らが主、ジハードの戦士の指揮官、敬虔なる者たちのイマーム、無比なる者たちの指導者であるムハンマド、彼の一族、彼の教友、彼の法のためにジハードを行う者へ、最後の審判に向けて祈りと平安のあらんことを。

ジハードは全ムスリムの義務である

アッラーはジハードを、何人も逃れることのできない必要かつ確固たる義務として、全ムスリムに課した。アッラーは我々に、ジハードを最も望ましいものと思わせている。アッラーはジハードの戦士と殉教者に与えられる報奨を、ジハードを行う我々にも気前よく与えた。ジハードの戦士と同じように行動した者と、彼らに従って行動した者以外には、ジハードの戦士に匹敵する報奨はない。また、アッラーはジハードの戦士へのみ、現世と来世における精神的・実用的な名誉を与えた。アッラーは、彼らの純粋で罪なき血を、現世における勝利の手付金、そして終末における勝利と救済の称号とした。一方、座して行動しない者を最もひどい罰で脅し、彼らを最もひどい形容とレッテルをもって咎めた。アッラーは、臆病さとジハードを控えることについて彼らを叱責し、弱さとジハードへの不関与について彼らを咎めた。そして、来世においては、たとえウフド山[187]のごとき金を持っていたとしても、決して逃れられない罪を用意した。アッラーは、ジハードから逃れることや漫然と座して何もしないことを大罪中の大罪とみなし、危険な七大罪の一つとしたのである。

古今および聖俗を問わず、国家の行うジハード・軍事行為・戦闘に関しては、イスラームのように権利の防衛のために持てる力を総動員してそれに臨む体制を見出せない。聖典クルアーンと偉大なる預言者〔ムハンマド〕のハディースには、これらの高尚な考えが満ち溢れている。それは、雄弁な言葉と明瞭な方法をもって、［我々を］ジハード・戦闘・軍事行為へ、またあらゆる状況下における陸海軍の防衛力・戦闘力の強化を呼びかけている。

詳細で込み入った方法ではなく、これら〔クルアーンやハディース〕の一部を例示することで、あなたがたに示したい。また、長々とした説明や註釈によってクルアーンの諸節やハディースの解説も行わない。あなたがたは、その言葉の豊かさ、その説明の明瞭さ、その意味の明快さ、その精神性の強さの全てから、有益なものを見出すであろう。

クルアーンのジハードに関する諸節

クルアーンには、次のようなアッラーの言葉がある。

（一）《戦いがあなたがたに規定される。だがあなたがたはそれを嫌う。自分たちのために善いことを、あなたがたは嫌うかもしれない。また自分のために悪いことを、好むかもしれない。あなたがたは知らないが、アッラーは知っておられる》（2章216節）。

規定されるとは、義務として課されることを意味する。雌牛章〔第2章〕で、同じ表現と文構成で、《あなたがたに斎戒が定められた》(2章183節)とアッラーが言っているのと同様である。

(二)《あなたがた信仰する者よ、不信者のようであってはならない。かれらの兄弟(同胞)が地上を旅し、または戦争に出征している時、(不信者のように)「かれらがもしわたしたちと一緒にいたならば死なずに済み、また殺されなかったであろうに」と言うのは、アッラーがそのことでかれらの心に悲嘆を引き起こされたためである。アッラーは御心のままに生を授け、また死を与えられる。アッラーはあなたがたの行うことを御存知であられる。仮令《たとえ》あなたがたが、アッラーの道のために、殺害されまたは死んでも、アッラーの寛容と慈悲とは、かれらの蓄えた凡てのものより優れている。仮令あなたがたが死んでもまたは殺害されても、あなたがたは必ずアッラーの御許に召し集められるのである》(3章156—158節)。

旅するとは、ジハードの戦士が出征することである。戦争に出征するとは、軍事遠征を行うことである。第一の節における、アッラーのための殺害と死に関する赦しと慈悲の対比を見よ。そして、第二の節にはそのような対比がないことを見よ。そこでは、臆病さは不信仰者の特徴の一つであり、信徒の特徴の一つではないとの言及がある。いかにして第二の節が鏡映しにされているのかを見よ。

(三)《アッラーの道のために殺害された者を、死んだと思ってはならない。いや、かれらは主の御許で扶養されて、生きている。かれらはアッラーの恩恵により、授かったものに満悦し、かれらのあとに続く(生き残った)人たちのために喜んでいる。その(生き残った)人たちは恐れもなく憂いもないと》(3章169—170節)。また、同章175節までも見よ。

(四)《だから来世のために、現世の生活を捨てる者に、アッラーの道のために戦わせなさい。アッラーの道のために戦った者には、殺害された者でもまた勝利を得た者でも、われは必ず偉大な報奨を与えるであろう》(4章74節)。同章71—78節も見よ。次のことを知るために、聖典クルアーンのそれらの節を見よ。いかにアッラーは、座す者、臆病者、取り残された者、利己主義者を叱責しているのか。いかにアッラーは、弱者を守る熱意と不当な扱いを受けている者の解放を鼓舞しているのか。いかにアッラーは、戦闘をイスラームの五行に類するものと明示しつつ、礼拝や断食と結びつけているのか。いかにアッラーは、躊躇する者のもっともらしい議論を誤りとしているのか。いかにアッラーは、最大の激励により、恐れる者に対して、素直で勇敢な心をもって、戦闘への参加と死への直面を鼓舞しているのか。アッラーは、死は必ず訪れるものであり、ジハードで死んだなら、命と引き換えに最も偉大な報奨を得られ、費やした自己犠牲の一片さえも無駄にはされないと明らかにし、鼓舞しているのである。

(五) 戦利品章(第8章)の全ては、戦闘を鼓舞し、戦闘の正しさを明証し、戦闘の諸規定を明確にするものである。これゆえ、初期のムスリムは、この章を軍歌として採用した。部隊内に不安が高まった時や、激しい戦闘の際に、口ずさんだのである。あなたがたには、次のアッラーの言葉で十分であろう。《かれらに対して、あなたの出来る限りの(武)力と、多くの繋いだ馬を備えなさい。それによってアッラーの敵、あなたがたの敵に恐怖を与えなさい》(8章60節)、《使徒よ、戦いの時は信者を激励しなさい。あなたがたの中《うち》二十人の信仰の堅い者がいれば、よく二百人を征服するであろう。あなたがたの中もし百人いるならば、よく千人の不信者を征服するであろう。というのはかれらが、事理を解しない人びとであるため》(8章65節)だからである。

(六) 悔悟章(第9章)の全ても、同様に、戦闘を奨励し、その諸規定を明示するものである。あなたがたには、不誠実な多神教徒との戦闘に関する次のアッラーの言葉で十分であろう。《かれらと戦え。アッラーはあなたがたの手によって、かれらを罰して屈辱を与える。かれらに対し(うち勝つよう)あなたがたを助け、信者の人びとの胸を癒される。またアッラーはかれらの心中の激怒を除き、御心に適う者の悔悟を赦されるであろう。アッラーは全知にして英明であられる》(9章14—15節)。

また、啓典の民との戦いに関して、次のようなアッラーの言葉がある。《アッラーも、終末の日をも信じない者たちと戦え。またアッラーと使徒から、禁じられたことを守らず、啓典を受けていながら真理の教えを認めない者たちには、かれらが進んで税〔ジズヤ〕を納め、屈服するまで戦え》(9章29節)。総動員の宣言は、はっきりかつ高らかに述べる次のアッラーの言葉で締めくくられている。《あなたがたは奮起して、軽くあるいは重く(備えて)出動しなさい。そしてあなたがたの財産と生命を捧げて、アッラーの道のために奮闘努力しなさい。もしあなたがたが理解するならば、それがあなたがたのために最も良い》(9章41節)。

また、卑しく臆病な座す者の立場への明瞭な咎めと、彼らに未来永劫ジハードの名誉を禁ずることが、次のアッラーの言葉に述べられている。《(タブーク遠征(188)にさいし)後方に留まった者は、アッラーの使徒の(出征した)後、残留していることを喜び、生命と財産を捧げて、アッラーの道のために奮闘努力することを嫌って、言った。「この炎暑の最中に出征するな」。言ってやるがいい。「地獄の火は、もっとも厳しい熱さなのだ」。かれらがもし悟るならば。それでかれらを少し笑わせ、多く泣かせてやりなさい。これは、かれらが行ったことに対する応報である。アッラーがあなたをもしかれらの一味に返されれば、かれらは(一緒に)出征する許可を、あなたに求めるであろう。その時かれらに言ってやるがいい。「あなたがたは決して、わたしと一緒に出征しないであろう。またわたしと一緒に敵と戦わないであろう。本当にあなたがたは、最初の時、(家に)残留していることに満足していた。だから残留する者と、一緒に座っていなさい」》(9章81―83節)。

ジハードの戦士の立場への称揚、彼らの高貴なる主にして指導者〔ムハンマド〕への称賛、ジハードはムハンマドの純粋なる使命であり、比類なき教友たちのスンナであることの説明が、次のアッラーの言葉にある。《しかし使徒とかれと共に信仰する者たちは、財産と生命とを捧げて奮闘努力する。かれらには(凡ての)善いことがあり、これらこそ成功する者である》(9章88節)。

次いで、言い訳する者の言い逃れを許さない包括的・禁止的な誓いが、次のアッラーの言葉にある。《本当にアッラーは、信者たちからその生命と財産を贖《あがな》われた。かれらのため(の代償)は、楽園である。かれらはアッラーの道のために戦い、殺し、また殺される。それは律法と福音とクルアーンとを通じて、かれが結ばれる真実な約束である。誰がアッラー以上に、約束に忠実であろうか。だからあなたがたが結んだ契約を喜べ。それこそは至上の幸福の成就である》(9章111節)。

(七)戦闘章[189](第47章)がクルアーンの中でなぜ「戦闘章」と呼ばれているのかを考えよ。また、軍事精神の基礎は、人びとが言うように二つのもの、すなわち服従と秩序であることを想像せよ。アッラーは、これらの基礎をクルアーンの二つの節に収めた。服従については、クルアーンのこの章の中にある。《信仰する者たちは、「どうして一章(スーラ)が下って来ないのか」と言う。ところが断固たる一章が下され、その中で戦闘のことが述べられると、心に病の宿る者たちは、今にも死に臨むような弱々しい瞼であなたを見よう。災あれ(かれらは死んだ方がいい)》(47章20節)。秩序については、クルアーンの戦列章(第61章)にある。《本当にアッラーの御好みになられる者は、堅固な建造物のように、戦列を組んでかれの道のために戦う者たちである》(61章4節)。

(八)勝利章(第48章)もまた、アッラーの預言者(ムハンマド)の軍事遠征の一つについて述べており[190]、また、愛すべきジハードへの姿勢の中でも特に素晴らしいものを称揚している。ジハードはアッラーの庇護の下で行われ、そこでは来世の確約と死の誓いがなされ、平穏と勝利が実を結ぶのである。《かれらがあの樹の下であなたに忠誠を誓った時、アッラーは信者たちに、ことの外《ほか》御満悦であった。かれはかれらの胸に抱くことを知り、かれらに安らぎを下し、手近な勝利をもって報われた。そしてかれらは、(その外に)沢山の戦利品を得た。アッラーは偉力ならびなく英明であられる》(48章18—19節)。

同胞よ、これらはジハードへの言及箇所のいくつかである。ここに挙げたクルアーンの諸節は、ジハードが好ましいことを説明するものであり、信徒をジハードへ促すものであり、ジハードに従う者へ多くの報奨と素晴らしい見返りを教えるものである。クルアーンはこのような例に満たされている。ここで述べられたことについて研究し、熟考せよ。そうすれば、驚くべき素晴らしさをさらに見出すであろう。また、ムスリムはこの報奨を手に入れることを怠っていると気づくであろう。

次は、あなたがたのために、預言者〔ムハンマド〕のハディースをいくつか挙げたい。

ジハードに関する預言者の諸ハディース

(一) アブー・フライラ[191](Abū Hurayra　?–678/9)は預言者〔ムハンマド〕が次のように言うのを聞いた。「私の魂がその御手の内にあるアッラーにかけて、信徒たちのある者が、乗る馬がないために、居残らなければならないのを悲しむのでないとすれば、私はアッラーの道に出陣する軍勢に加わるであろうに。また、私の魂がその御手の内にあるアッラーにかけて、私はアッラーの道において殺された後、生き返らされ、また殺された後、生き返らされ、また殺された後、生き返らされ、また殺される、というふうになりたいものだ[192]」。ブハーリーとムスリム[193](Muslim ibn al-Ḥajjāj　817/21–875)から。

ここにおける軍勢とは、総司令官のいない一部隊を意味する。

(二) アブー・フライラによると、アッラーの使徒〔ムハンマド〕は、「私の魂がその御手の内にあるアッラーにかけて、アッラーの道において傷ついた人——アッラーはアッラーの道で傷ついた者を最もよく知る——は、誰でも復活の日に真っ赤な血の色となり、麝香《じゃこう》の香りを漂わせて現れるであろう[194]」と言った。

(三) アナス[195](Abū Ḥamza Anas ibn Mālik　?–709/10/11)によると、彼のおじアナス・イブン・ナドル[196](Anas ibn al-Naḍr　?–625)は、バドルの戦い[197]に参加しなかった時、アッラーの使徒〔ムハンマド〕に、「私はあなたが多神教徒に対して行った最初の戦いに加わりませんでしたが、もし私が他の戦いの場に居合わせるならば、アッラーは私がどのように振る舞うかをご覧になるでしょう」と言った。そしてウフドの戦いの日にムスリム軍の敗色が濃くなった時、彼は、「アッラーよ、私は私の仲間が行ったことに対してお詫びいたします。しかし、私は多神教徒が行ったことには責任がありません」と叫び、進み出るとサアド・イブン・ムアーズ[198](Sa'd ibn Mu'ādh ?-627)に出会い、「サアドよ、私は楽園の香りがウフドから漂ってくるのを感じる」と言った。後にサアドはアッラーの使徒〔ムハンマド〕に、「彼がしたようなことは私にはできません」と言った。さらにアナスによると、アナス・イブン・ナドルの体は刀や槍や矢によって八十数箇所を傷つけられ、また手足も切り離され、彼の妹がその指を見て彼のものと認めた他は、誰にも見分けがつかなかった。《信者の中には、アッラーと結んだ約束に忠実であった人びとが(多く)いたのである》(33章23節)というアッラーの言葉は、アナス・イブン・ナドル、あるいは彼のような人について下されたと思われる[199]。ブハーリーから。

ウフドからとは、ウフド山からを意味する。

(四)ハーリサ・イブン・スラーカ[200](Ḥāritha ibn Surāqa ?-624)の母が預言者〔ムハンマド〕のもとへ来て、「バドルの戦いの日、流れ矢に当たって死んだハーリサのことについて教えてください。もし彼が楽園に居るならば、辛抱いたしますが、そうでなければ、私は彼のために泣いても泣ききれません」と言った時、彼は、「ハーリサの母よ、楽園には多くの庭があるが、あなたの息子は最高の場所フィルダウス[201](firdaws)に入ったのだ」と応えた[202]。ブハーリーから。

流れ矢とは、誰が射たか分からない矢のことである。

彼のために泣いても泣ききれませんとは、激しく泣くことである。

同胞よ、楽園がいかに彼らに不安と災難を忘れさせるものであるのか、またいかに逆境時に忍耐を促すものであるのかを見よ。

(五)アブドゥッラー・イブン・アビー・アウファー[203]('Abd Allāh ibn Abī Awfā ?-705/6)によれば、アッラーの使徒〔ムハンマド〕は「楽園は剣の保護の下にあることを知れ[204]」と言った。二人のシャイフとアブー・ダーウードから。(原註9)

(原註9) ブハーリーとムスリムは各々、ハディースに関する本を編纂した。

（六）ザイド・イブン・ハーリド・ジュハニー(Zayd ibn Khālid al-Juhanī)によれば、アッラーの使徒〔ムハンマド〕は、「アッラーの道に戦う人のために備える者は戦ったことになり、また、アッラーの道に戦う人の留守を立派に守る者も戦ったことになる」[205]と言った。ブハーリー、ムスリム、アブー・ダーウード、ティルミズィー[206](Abū ʿĪsā Muḥammad ibn ʿĪsā al-Tirmidhī　825–892)から。

すなわち、彼には報奨がある。

（七）アブー・フライラによると、預言者〔ムハンマド〕は、「アッラーを信じ、その約束を信じて、アッラーの道において馬を取り置いた者には、復活の日に、その馬の餌・水・糞の全てが秤にかけられるであろう」[207]と言った。ブハーリーから。

馬と同様に扱われるものとしては、アッラーのためのあらゆる装備がある。

（八）アブー・フライラによると、ある男が「アッラーの使徒〔ムハンマド〕よ、ジハードに匹敵する行為とは何であるか教えてください」と言ったとき、預言者〔ムハンマド〕は「それはない」と答えた。ある男は二度三度と訊ねたが、預言者は「それはない」と答えた。そして預言者は、「アッラーの道におけるジハードの戦士に匹敵する者とは、ジハードの戦士の出征中にずっと、クルアーンの節に忠実に、断食を続け、立ったまま礼拝を続ける者くらいである」と言った。[208]アブー・ダーウードを除く六書(原註10)から。

（原註10）ハディースの六書とは、ブハーリー、ムスリム、ナサーイー、イブン・マージャ、ティルミズィー、アブー・ダーウードである。

（九）アブー・サイード・フドリー(Abū Saʿīd al-Khudrī)によると、アッラーの使徒〔ムハンマド〕は、「人間の善と悪についてあなたがたに伝えよう。人間の善の一つとは、アッラーの道において馬やラクダの背に乗って、もしくは徒歩で、死が訪れるまで行動する者である。人間の悪とは、アッラーの書〔クルアーン〕を読んで、その内容を全く理解しない者である」[209]と言った。ナサーイー[210](Abū 'Abd al-Raḥmān Aḥmad ibn 'Alī al-Nasā'ī　830-915)から。

(一〇) イブン・アッバース[211](Abū al-'Abbās 'Abd Allāh ibn 'Abbās　620頃-687/8)によると、アッラーの使徒〔ムハンマド〕は、「地獄の炎がおよぶことのない二つの目、それはアッラーを畏れて泣く目と、アッラーの道において〔見張りのために〕見守り続ける目である」[212]と言った。ティルミズィーから。

(一一) アブー・ウマイラ(Abū 'Umayra)によると、アッラーの使徒〔ムハンマド〕は、「私にとっては、アッラーの道において殺されることの方が、全ての人びとが自分のものになることよりも好ましい」[213]と言った。ナサーイーから。

全ての人びととは、都市の民と遊牧の民のことである。

(一二) ラーシド・イブン・サアド(Rāshid ibn Sa'd)が教友の一人から聞いたところによると、ある男が「預言者よ、殉教者以外の信徒たちが墓の中で苦しむ[214]のはなぜでしょうか」と訊ねた時、預言者〔ムハンマド〕は、「〔殉教者にとっては〕頭上の剣のきらめきで、試練としては十分である」と言った[215]。ナサーイーから。

これは、戦場における殉教者の報奨の一つである。殉教者に対して、このような報奨がどれほどあるのかについては、以下のとおりである。

(一三) アブー・フライラによると、アッラーの使徒〔ムハンマド〕は、「殉教者が敵との接触の中で〔傷つけられて〕感じる痛みとは、虫に刺された時の痛み程度のものである」[216]と言った。ティルミズィー、ナサーイー、ダーリミー[217]('Abd Allāh ibn 'Abd al-Raḥmān al-Dārimī al-Samarqandī　797-869)から。なお、ティルミズィーはこのハディースについて、信憑性をハサン(ḥasan)としているが、伝承経路についてはガリーブ(gharīb)としている[218]。

これは、殉教者に対するもう一つの報奨である。

(一四) イブン・マスウード[219]('Abd Allāh ibn Mas'ūd ibn Ghāfil al-Hudhalī　?-652/3/4)によると、アッラーの使徒〔ムハンマド〕は、「我々の主は次のような者に驚嘆する。それは、アッラーの道のために出征し、教友たちが敗れた際に、状況を［正しく］理解し、［戦場へ］戻り、血を流す者である。アッラーは天使に、「私のもとにある望みと私のもとにある畏れへ戻り、自らの血を流した私の下僕を見よ。私は彼を赦したことの証人としてお前たちを呼んだのである」と言った」と言った。(220)

（一五）アブドゥルハイル・イブン・サービト・イブン・カイス・イブン・シャムマース（'Abd al-Khayr ibn Thābit ibn Qays ibn Shammās）が彼の父から、彼の父は彼の祖父から聞いたところによると、ある女性がアッラーの道において殺された息子について訊ねるために、預言者〔ムハンマド〕のもとへやって来た。彼女はウンム・ハッラード（Umm Khallād）と呼ばれ、ヴェールを着用していた。教友の一人が「ヴェール着用で、自分の息子について訊ねてきたのですか」と彼女に言い、彼女は「もし私が息子を失ったことを悩んでいるのならば、私は自分の恥を失うことを悩みはしないでしょう」と言った。預言者〔ムハンマド〕は「あなたの息子には、殉教者二人分の報奨がある」と彼女に言った。彼女が「なぜですか」と言ったので、預言者は「啓典の民が彼を殺害したからである」と答えた。(221) アブー・ダーウードから。

このハディースには、啓典の民との戦いの義務、そしてアッラーは啓典の民と戦う者の報奨を倍にすることへの言及がある。また、ジハードは多神教徒のみに対するものではなく、イスラームを受け入れない者全てに対するものである。

（一六）サフル・イブン・フナイフ（Sahl ibn Ḥunayf）によると、アッラーの使徒〔ムハンマド〕は、「アッラーへ真摯に殉教を求めた者に対して、アッラーは殉教者のための住処を得られるようにする。たとえその者が毛布の中で死んだとしても」(222) と言った。ブハーリー以外の五書から。(原註11)

(原註11)　ムスリム、アブー・ダーウード、ティルミズィー、ナサーイー、イブン・マージャから。

（一七）フライム・イブン・ファーティク（Khuraym ibn Fātik）によると、アッラーの使徒〔ムハンマド〕は、「アッラーの道において支出を費やした者は、その七〇〇倍の［報酬の］書き込みを［アッラーに］される[223]」と言った。ティルミズィーとナサーイーから。なお、前者はこのハディースをハサンとした。

（一八）アブー・フライラによると、教友の一人が新鮮な水の［出る］小さな泉のある山道を通り過ぎた。その泉に彼は喜び、「もし隠棲するならば、この泉に住むのに」と言った。そして、そのことをアッラーの使徒〔ムハンマド〕に語ったところ、アッラーの使徒は、「そのようにはするな。あなたがたにとって、アッラーの道にいることは、自宅で七〇年間礼拝をすることよりも素晴らしいことである。アッラーがあなたがたを赦し、楽園へ連れてゆくことを好まないのか。アッラーの道において、軍事遠征へ赴け。たとえ短い時間でもアッラーの道に戦う者へは、楽園は必須のものである」と言った[224]。ティルミズィーから。

（一九）ミクダーム・イブン・マアディーカリブ(al-Miqdām ibn Maʻdīkarib)によると、アッラーの使徒〔ムハンマド〕は、「アッラーのもとには殉教者のための六つの報奨がある。最初の血が出た瞬間に、彼は赦される。楽園における自分の居場所を見せられる。墓の中での罰から守られる。地獄の炎による苦しみから安全である。頭に徳の王冠が置かれる。その王冠の宝石は、現世と現世にある［あらゆる］ものよりも素晴らしい。黒目の大きい七二人の妻と結婚させられる。自分の一族七〇人の仲裁が受け入れられる[225]」と言った。ティルミズィーとイブン・マージャ[226](Abū ʻAbd Allāh Muḥammad ibn Yazīd ibn Māja al-Qazwīnī 824-887)から。

（二〇）アブー・フライラによると、アッラーの使徒〔ムハンマド〕は、「ジハードの痕跡がない状態でアッラーと会う者は、アッラーに会ったとしても、そこには大きな隔たりがある[227]」と言った。ティルミズィーとイブン・マージャから。

（二一）アナスによると、アッラーの使徒〔ムハンマド〕は、「殉教を真摯に求める者、彼に対しては、殉教が与えられよう。たとえ殉教に死せずとも[228]」と言った。ムスリムから。

（二二二）ウスマーン・イブン・アッファーン〔第三代正統カリフ〕によると、預言者〔ムハンマド〕は、「アッラーの道において一晩の野営を行った者、その一晩は、断食をし夜を徹し[て礼拝をし]た千日の夜に匹敵する[229]」と言った。イブン・マージャから。

（二二三）アブー・ダルダーウ[230](Abū al-Dardā' ?-652)によると、アッラーの使徒〔ムハンマド〕は、「海の軍事遠征は、陸上の軍事遠征一〇回分に匹敵する。海でわき目もふらずに戦う者は、アッラーの道において自らの血に染まる者のようである[231]」と言った。イブン・マージャから。

ここでは、海戦への言及があり、海岸防衛と艦船強化への関心を抱く必要性にウンマの目を向けさせている。また、ここから空についても類推される。アッラーは、アッラーのために空で戦う者に対して、倍を倍にする。

（二二四）ジャービル・イブン・アブドゥッラー[232](Jābir ibn 'Abd Allāh 607-697)が言うには、アブドゥッラー・イブン・アムルー・イブン・ハラーム[233]('Abd Allāh ibn 'Amrū ibn Ḥarām ?-625)がウフドの戦いの日に殺された時、アッラーの使徒〔ムハンマド〕は、「ジャービルよ、アッラーがあなたの父に言ったことについて話そうか？」と言った。私〔ジャービル〕が「是非とも」と答えたところ、預言者〔ムハンマド〕は、「アッラーはヴェールの後ろからしか話しかけないのだが、あなたの父には面と向かって、「我が下僕よ、私に求めよ。さすればお前に与えよう」と言った。あなたの父が「主よ、私を生き返らせてください。そうすれば、私はあなたの御許で再び殺されましょう」と答えたところ、アッラーは「もはや彼らは戻されることはないのである」と言った。[これを聞いて]あなたの父が「我が主よ、私の後にいる人びとに伝えてください」と言ったので、アッラーは、《アッラーの道のために殺害された者を、死んだと思ってはならない》(3章169節)との節を下した」と言った[234]。イブン・マージャから。

（二二五）アナスが彼の父から、彼の父は預言者〔ムハンマド〕から聞いたところによると、預言者は、「ジハードの戦士をアッラーの道に送り、朝夕にラクダの鞍の上にいるジハードの戦士を助けることは、私にとって、現世と現世における[あらゆる]ものよりも好ましい[235]」と言った。イブン・マージャから。

（二二六）アブー・フライラによると、アッラーの使徒〔ムハンマド〕は、「アッラーのもとへ至る人びとは、次の三者である。軍事遠征参加者、巡礼者、ウムラ[236]を行った者[237]」と言った。ムスリムから。

（二二七）アブー・ダルダーウによると、アッラーの使徒〔ムハンマド〕は、「殉教者は自分の一族七〇人の仲裁が受け入れられる[238]」と言った。アブー・ダーウードから。

（二二八）アブドゥッラー・イブン・ウマルによると、アッラーの使徒〔ムハンマド〕は、「もし、あなたがたが信用取引をするならば、現世で食べる物に執着するならば、ジハードを断念するならば、アッラーはあなたがたに不名誉を押し付ける。その不名誉は、あなたがたが自らの宗教〔イスラーム〕へ戻るまで、アッラーがそれを取り除くことはない[239]」と言った。アフマド[・イブン・ハンバル]、アブー・ダーウード、ハーキム[・ナイサーブーリー](al-Ḥākim al-Naysābūrī)から。なお、ハーキムはこのハディースをサヒーフとした。

（二二九）アブー・フライラが言うところでは、アッラーの使徒〔ムハンマド〕と教友たちはバドルへと急ぎ、多神教徒よりも先にバドルへ到着した。そこへ多神教徒がやって来た。預言者〔ムハンマド〕が「空と地ほどの広さがある楽園へ向かって立て」と言ったところ、ウマイル・イブン・フマーム(‘Umayr ibn al-Ḥumām)は「素晴らしい、素晴らしい」と言った。[それを聞いた]預言者が「何があなたにそう言わせているのか」と訊いたところ、ウマイルは「アッラーにかけて、アッラーの使徒よ。楽園の民になるという望みです」と答えたので、預言者は「まことにあなたは楽園の民である」と言った。また、アブー・フライラが言うところによると、ウマイルは矢入れの壺からナツメヤシをいくつか取り出し、それを食べ始めて、「もしナツメヤシを食べ終わるまで私が生きていたら、人生は長いものである」と言った。そして、ウマイルは自分の持っていたナツメヤシを投げ捨てて、殺されるまで多神教徒と戦った[240]。ムスリムから。

(三〇) アブー・イムラーン(Abū ʻImrān)は次のように言っている。我々はローマ〔ビザンツ帝国〕の町にいた。彼らは我々に対して屈強なローマ兵の一団を送り出してきた。そこで、その一団と同数かそれ以上のムスリム兵団が打って出た。エジプト人兵団にはウクバ・イブン・アーミル[241]('Uqba ibn 'Āmir　?–677/8)が、全軍にはファダーラ・イブン・ウバイド[242](Faḍāla ibn 'Ubayd　?–673)が[指揮官として]いた。ムスリム軍の一人がローマ〔ビザンツ帝国〕軍に対して攻撃をし、彼らの中に突入するに至った。[それを見て、]人びとは「アッラーに栄光あれ。彼は自ら危険に身を投げている」と叫んだ。これを聞いて、アブー・アイユーブ・アンサーリー[243](Abū Ayyūb al-Anṣārī Khālid ibn Zayd　?–672)が立って、「人びとよ、あなたがたはこの節をそのように解釈している。この節は、アッラーがイスラームを強くし、その支持者を増やした時に、我々アンサールの一団に下されたものである。我々のうちの何人かは他の何人かに対して、預言者〔ムハンマド〕に聞かれないように、「我々の財産は失われ、アッラーはイスラームを強くし、その支持者を増やした。もし、我々が財産に安住し、我々から失われたものを回復するならば[、どうなるのか]」と話した。我々が言ったことへの答えとして、アッラーは、《だが、自分の手で自らを破滅に陥れてはならない》(2章195節)と預言者に下した。破滅は、財産に安住すること、[失われた]財産を回復させること、軍事遠征の断念によるものである。その後、アブー・アイユーブはアッラーの道において戦いを行い、[ジハードを]断念することはなく、ついにはローマ〔ビザンツ帝国〕の地に埋葬された[244]。ティルミズィーから。

同胞よ、アブー・アイユーブはこれを言った時、青年や中年でなくすでに高齢であったことに留意せよ。高齢にもかかわらず、彼の心・精神・信仰は、アッラーを支えイスラームの力となる屈強な青年のものと等しい。

(三一) アブー・フライラによると、アッラーの使徒〔ムハンマド〕は、「軍事遠征を行わず、またその決意もすることなく死す者は、ある種の偽善の上に死ぬのである[245]」と言った。ムスリム、アブー・ダーウード、その他多数から。

こうした例からも分かるように、海の軍事遠征が陸の軍事遠征よりも何倍も優れていることについて、また啓典の民との戦闘について、素晴らしいハディースがある。

以上のように、戦闘に関する諸規定の解釈に関しては、さらに膨大な量がある。そこで、あなたがたには、この分野の研究において卓越しているハサン・スィッディーク・ハーン(Ḥasan al-Ṣiddīq Khān)氏著『軍事遠征・ジハード・聖遷に関するアッラーと預言者からの規則(*al-ʿIbra fīmā Warada ʿan Allāh wa Rasūlihi fī al-Ghazw wa al-Jihād wa al-Hijra*)』と、『愛情深い戦士への希望の水場と、イスラームの地への熱愛の推奨(*Mashāriʿ al-Ashwāq ilā Maṣāriʿ al-Ashāq wa Mathīr al-Gharām ilā Dar al-Islām*)』を紹介しよう。[246] ハディースで述べられていることは全て、質量ともに素晴らしいジハードの章の中にある。

ウンマの法学者によるジハードの諸規定

ジハードの恩恵に関して、高尚なる章句と素晴らしいハディースがあなたがたにこれまで示された。ムスリムの間における見解の合意について、私はジハードの諸規定と備えの義務に関する各法学派のこれまでの見解をいくつか伝えたい。イスラームのウンマがジハードに関するイスラームの諸規定からどの程度逸脱したのかを知ることができよう。聞け。

(一)『大河の合流点の解説に関する諸説集(*Majmaʿ al-Anhar fī Sharḥ Multaqā al-Abḥur*)』の著者[247]は、ハナフィー学派[248]におけるジハードの諸規定について、次のように明確に述べている。ジハードは言語的には、言葉と行動において最大限の力を尽くすことである。シャリーアにおいては、不信仰者の殺害やそれに類似することである。すなわち、彼らを打ちのめすこと、彼らの財産を奪うこと、彼らの寺院や偶像を破壊することである。また、交戦者(ḥarbī)との、契約を犯すならズィンミー〔庇護民〕との、棄教ゆえに不信仰者の中で最も邪悪な背教者との、圧制者との戦いによって、宗教を強化する努力への望みでもある。最初に、我々に対しては、連帯義務[249](farḍ kifāya)が存在する。

つまり、不信仰者たちが我々と戦わなくとも、［彼らのもとへイスラームの］教宣が届いた後は、我々に戦闘を始める義務が課せられるのである。また、毎年一、二回、戦争の地(dār al-ḥarb)へ遠征軍を派遣するのはイマームの義務であり、それを助けるのは信徒の義務である。もしある者がジハードを行えば、残りの者にその義務はなくなる。連帯義務が［その］ある者によって行われなければ、隣接する人びとが順次その義務を負う。連帯義務が信徒全員に発生する場合には、礼拝のように個人義務(farḍ ʻayn)が発生する。義務については、アッラーの《多神教徒を殺せ》(9章5節)という言葉と、「ジハードは終末の日まで続くものである[250]」という言葉がある。もし、全ての人びとがジハードを断念するならば、それは罪を犯すこととなる。さらに、次のようにもある。敵がイスラームの国や地域を征服するなら、個人義務が発生する。女性と奴隷は夫や主人の許しなく出征し、同様に子供は親の許しなく出征し、債務者は債権者の許しなく出征する。

『海の書(*Kitāb al-Baḥr*)』では、東方で捕らえられたムスリマの救出は西方の人びとにとって、彼女が彼らの庇護下や安全地帯に入ることがない限り、彼らの義務とされている。

（二）『マーリク学派における至近の道への到達(*Bulgha al-Sālik li-Aqrab al-Masālik fī Madhhab al-Imām Mālik*)』の著者[251]は、次のように述べている。アッラーの言葉の称揚を目的とするアッラーのための毎年のジハードは、連帯義務である。誰かがそれを行えば、残りの者にその義務はなくなる。イマームの指名やある地域への敵の攻撃に際しては、［特定の人びとに対して］礼拝や断食のように個人義務が発生する。それは彼らの義務となり、彼らがそれを行えない時には、その近隣の人びとの義務となる。こうした状況下では、たとえ保護者・夫・主人が、債務者の場合には債権者が禁じたとしても、女性や奴隷の義務にもなる。同様に、誓いを立てることによっても義務が発生する。また、連帯義務の場合のみ、親は［子供に］禁ずることができる。捕虜［となった信徒］を解放させる金が、ある者の許に十分にない場合には、交戦者からその捕虜を解放することは連帯義務であり、ムスリムの持つ全財産を要求された場合も然りである。

（三）シャーフィイー学派イマーム・ナワウィー(252)（Yaḥyā ibn Sharaf al-Nawawī　1233–1277）著『方法（*al-Minhāj*）』では、預言者〔ムハンマド〕の時代のジハードは連帯義務であり、また同時に個人義務であったとされる。次いで、不信仰者に対する二つの状況が述べられている。

①不信仰者が彼らの土地にいる場合は、連帯義務である。ムスリムの中に連帯義務を果たしている者がいれば、残りの者には出征の義務がなくなる。

②不信仰者が我々ムスリムの地にやって来た場合は、そこに住む人びとにとって、全力で敵を追い払うことが義務となる。また、戦闘の備えが可能な時には、貧民・子供・債務者・奴隷に至るまで、〔自分を監督する者の〕許可なく、できる限りをもって〔備えに臨むこと〕が義務となる。

（四）ハンバル学派イブン・クダーマ(253)（Muwaffaq al-Dīn ibn Qudāma　1147–1223）著『住処（*al-Mughnī*）』では、次のようにある。ジハードは誰かが行えば、残りの者は免除される連帯義務である。しかし、次の三つの場合は、個人義務となる。

①二つの軍隊が遭遇し、二つの戦列が対峙する場合、そこにいる者がその場を離れることは禁じられる。また、その場〔に留まること〕はその者の義務となる。

②不信仰者が町に来た場合、彼らと戦い、彼らを追い払うことはその住民の義務となる。

③イマームが召集する場合、〔指名された者にとって〕イマームとともに従軍することは義務となる。また、最低でも毎年一度〔ジハードを〕行うこと。

アブー・アブドゥッラー、すなわちイマーム・アフマド・イブン・ハンバルは、宗教的義務の他にジハードよりも素晴らしい行為を全く知らないと言っている。また、海の軍事遠征は陸の軍事遠征よりも素晴らしいとも言っている。

アナス・イブン・マーリクは、「アッラーの使徒〔ムハンマド〕が眠っていた。そして、彼は笑いながら目覚めた。ウンム・ハラーム[254](Umm Ḥarām bint Milḥān ibn Khālid　?–649)が「アッラーの使徒よ、何があなたを笑わせているのですか?」と訊いたので、預言者〔ムハンマド〕は「私のウンマの人びとが、私へアッラーの道における従軍者として申し出てきた。彼らは王朝の王として、もしくは王朝の王のように、この海の中へ乗り出している」と答えた」と言っている。これは、一般に認められている。この結論部分から言うと、ウンム・ハラームは自分がその一人になれるよう、アッラーに呼びかけて欲しいと預言者に頼んだ。そこで、預言者は彼女のために呼びかけた。その後、彼女は長生きをし、キプロスを征服するムスリムの艦船に乗って海に乗り出すこととなった。そして、キプロスで死に、そこで埋葬された。そこには、彼女のためのモスクと廟がある。彼女にアッラーの慈悲と喜びのあらんことを。

(五)ザーヒル学派[255]イブン・ハズム[256](Abū Muḥammad ʻAlī ibn Aḥmad ibn Ḥazm　994–1064)著『甘美(*Muḥallā*)』では、次のように述べられている。ジハードはムスリムに課せられた義務である。敵を追い払い、敵地へ遠征を行い、ムスリムの港を守る者がその義務を果たすならば、残りの者にはその義務はなくなる。そうでない場合には、〔義務は〕なくならない。アッラーは、《あなたがたは奮起して、軽くあるいは重く(備えて)出動しなさい。そしてあなたがたの財産と生命を捧げて奮闘努力しなさい》(9章41節)と言っている。また、ムスリムの地へ敵が来襲した場合を除いて、両親の許可なくして〔ジハードに赴くこと〕は許されていない。〔ムスリムの民が攻撃されている場合、〕両親が許可しようがしまいが、彼らを助ける力を有する者全てにとって、援軍として彼らのもとへ赴くのは義務である。ただし、両親の一人でも悲しむ場合には許されない。悲しむ両親を見捨てることは、法的に許されていない。

(六)シャウカーニー[257](Muḥammad ibn ʻAlī al-Shawkānī　1760–1834)著『大きな流れ(*al-Sayl al-Jarrār*)』では、次のように述べられている。ジハードの義務性に関する説明は、クルアーンにしろスンナにしろ、〔私のこの〕論考で書かれたものよりも多い。ジハードは連帯義務であり、誰かが行えば残りの者から義務はなくなる。誰かが遂行するまでは、法的能力を有する全ての者の義務であり、イマームに召集された者にとって［ジハードの軍隊に］駆けつけることは義務である。

あなたがたは、これら全てから、ムジュタヒド〔イジュティハードを行う者〕にせよムカッリド[258](muqallid)〔追従者〕にせよ、昔の者にせよ後世の者にせよ、［法的］知識を持つ人びとは、ジハードが教宣を広めるためにイスラームのウンマへ課せられた連帯義務であり、不信仰者の攻撃を撃退するために個人義務となることに合意していることが分かろう。あなたがたも知っているように、現在、ムスリムは非ムスリムよりも劣等であるとされ、不信仰者の支配を受けている。ムスリムの地は踏みにじられ、ムスリムにとって神聖なものは冒され、ムスリムに関わる諸事を敵が支配し、宗教儀礼は大きな被害を受けて力を失っており、教宣を広めることができないのは言うまでもない。全てのムスリムにとって、ジハードに備え、ジハードへの決意と備えを保ち続けることは、その機が熟すまで、もしくはアッラーがすでになされたとする命令を下すまで、逃れられない個人義務である。

以下に述べることが、この研究を締めくくるであろう。尊厳が失われたこの暗黒の時代の前においては、いつの時代でも、ムスリムはジハードを断念したことはなく、また怠ったこともない。これは、ウラマー、スーフィー〔イスラーム神秘主義者〕、専門職者においてすらそうである。全ての人びとは［ジハードに］備えたのである。敬虔な法学者であるアブドゥッラー・イブン・ムバーラク[259](‘Abd Allāh ibn al-Mubārak　736-797)は、人生の多くをジハードにおける奉仕者として過ごした。禁欲主義のスーフィーであるアブドゥルワーヒド・イブン・ザイド(‘Abd al-Wāḥid ibn Zayd)も同様である。スーフィーのシャイフ〔長老〕であるシャキーク・バルヒー[260](Shaqīq ibn Ibrāhīm al-Balkhī　?-810)は、その人生において、自分と弟子たちをジハードへ促した。

ブハーリーの解釈者でハディース学の代表的法学者であるバドゥル・アイニー[261](Maḥmūd ibn Aḥmad ibn Mūsā Badr al-Dīn al-‘Aynī　1361-1451)は、一年遠征に参加し、一年学び、一年巡礼を行った。裁判官のアサド・イブン・フラート[262]

(Asad ibn al-Furāt ibn Sinān　759–828)はその人生において、海軍の司令官であった。イマーム・シャーフィイーは、弓を一〇回射て一回も外さなかった。

初期世代《サラフ》はかくのごときであった。我々はこの歴史のどこに位置づけられるのであろうか？

なぜムスリムは戦うのか？

《われは、わが印が真理であることが、かれらに明白になるまで、（遠い）空の彼方において、またかれら自身の中において（示す）》（41章53節）という節が実現されるまで、イスラームはジハードの義務や戦闘行為の許可を人びとに与えていることを理由に、イスラームを中傷する者がずっといた。今や、彼らは［ジハードに］備えることが、平和への最も信頼できる道であると認めているだろう。アッラーはムスリムにジハードを義務として課したが、敵意のための道具や個人的野望の手段としてではなく、教宣を守るものとして、平和を保障するものとして、そしてムスリムがその責務を負い、人びとを真実へ導く偉大なる福音の実行を保証するものとして、課したのである。これまで見てきたように、戦闘が義務として課されているが、イスラームは平和を賛美している。アッラーは、《だがかれらがもし和平に傾いたならば、あなたもそれに傾き、アッラーを信頼しなさい》（8章61節）と言った。

ムスリムは、アッラーの言葉の実現のためにジハードの遂行を胸に抱き、出征した。自己名誉欲や自己顕示欲は禁じられ、自らの財産や戦利品への欲は禁じられ、真理を欠く身勝手な征服は禁じられている。許されているのは、信仰と人びとの教導のために、自分の血と精神を自己犠牲として差し出すことのみである。

ハーリス・イブン・ムスリム・イブン・ハーリス（Ḥārith ibn Muslim ibn Ḥārith）が彼の父から聞いて言ったところでは、「アッラーの使徒〔ムハンマド〕は遠征に我々を派遣した。我々が戦地に到着した時、私は馬を駆り立て、他の教友に先んじた。すると、［敵の］部族の人びとが、嘆きをもって私を迎えた。そこで、私は彼らに「アッラーのほかに神はなしと言え、そうすれば守られるであろう」と言い、彼らはそのように言った。これに対して、教友たちは私を非難して、「あなたは我々に対して戦利品を禁じた」と言った。我々がアッラーの使徒の許へ帰還した時、彼らは私の行ったことを預言者〔ムハンマド〕に伝えた。すると、預言者は私を呼び、私の行為を善行であるとした。そして、「アッラーはあなたに、これこれの全ての人びとを報奨の一つとして運命づけないことがあろうか〔、いや必ずや運命づける〕」と、また、「私はあなたに私の後を〔任せることを〕命令として書き記すであろう」と言った。そして、預言者は実際にそのようにし、書いたものを封印して私に与えた」[263]。アブー・ダーウードから。

シャッダード・イブン・ハーディー(Shaddād ibn al-Hādī)によると、「遊牧民の男がやって来た。彼は預言者〔ムハンマド〕を信頼しており、「私もあなたと一緒に移住します」と言った。預言者は教友の何人かを彼の許に託した。その後、軍事遠征で預言者は何がしかの戦利品を得て、それを軍事遠征参加者に分配し、その男にも分配した。その男は「これは何ですか」と訊ね、預言者は「あなたへの戦利品である」と答えた。すると、その男が手で自分の喉を指して、「このために私はあなたに従ったのではないのです。私はここで矢に当たるために従ったのです。私は死に、楽園へ入るのです」と言ったので、預言者は「もしあなたがアッラーを信じているならば、アッラーはあなたに真実を語るだろう」と言った。それからしばらくの間、彼らはその場に留まり、敵との戦いに再び立ち上がった。すると、その男が預言者の許へ運ばれてきた。その時すでに、彼が指した場所に矢が当たっていた。預言者は「これは彼か」と訊ね、彼らは「そうです」と答えた。これを聞いて預言者は、「彼はアッラーを信じ、アッラーは彼に真実を語られた」と言った。それから彼は預言者の長上衣に包まれた。預言者は彼の前へ進み、彼のために祈りを行った。以下は、その時の預言者の祈りの一部である。「アッラーよ。これはあなたのために移住者として出征したあなたの下僕です。彼は殉教者として殺されました。私がその証人です」」とのことである[264]。ナサーイーから。

アブー・フライラによると、「ある男が「アッラーの使徒〔ムハンマド〕よ、ある者は現世の利益を欲しつつ、アッラーの道においてジハードを欲している」と言った時、預言者〔ムハンマド〕は「彼に報奨はない」と言った。その男は預言者に三度訊き、その度に預言者は「彼に報奨はない」と言った」とのことである。[265] アブー・ダーウードから。アブー・ムーサー[266]（Abū Mūsā ʻAbd Allāh ibn Qays al-Ashʻarī　?-662/72）によると、「アッラーの使徒〔ムハンマド〕は、勇敢に戦う男、熱心に戦う男、偽善の中で戦う男について、この中のいずれの者がアッラーの道にあるのかと訊かれた。預言者〔ムハンマド〕は、「アッラーの言葉の実現のために戦う者、彼はアッラーの道にある」と答えた」とのことである。[267] 五書から。

教友の行った戦闘と征服地における彼らのあり方について読めば、どれほど彼らが野望と欲望を慎み、どれほど自らの根源的な目標に身を捧げていたのかが分かろう。それは、アッラーの言葉を実現する真理への気高き導きである。教友は人びとを征服し、他のウンマに圧政を敷き、財産の獲得を欲した、というような教友批判の誤りが分かろう。

イスラームのジハードにおける慈悲

イスラームのジハードの目的は最も高尚であり、同様にその方法も最も素晴らしい。アッラーは我々に敵意を禁じて、《だが侵略的であってはならない。本当にアッラーは、侵略者を愛さない》（2章190節）と言った。そして、敵に対してさえも正義を命じ、《人びとを憎悪するあまり、あなたがたは（仲間にも敵にも）正義に反してはならない。正義を行いなさい。それは最も篤信に近いのである》（5章8節）と言った。アッラーはムスリムに最大限の慈悲を指示したのである。

彼らは戦闘に際して、度を越すことはなく、罪を犯すことはなく、〔敵の捕虜を〕過酷に扱うことはなく、浪費することはなく、財産を強奪することはなく、女性を強姦することはなく、悪を命ずることはない。彼らは、平時には最も素晴らしい平和の維持者であり、戦時にはよき戦士である。

ブライダ(Burayda)によると、軍隊や遠征軍の指揮官を任命する際に、アッラーの使徒〔ムハンマド〕は指揮官と従軍者に善行を命じた。特に指揮官に対しては篤信を命じた。預言者〔ムハンマド〕は、「アッラーの御名において、アッラーのために軍事遠征を行え。アッラーを信じぬ者と戦え。軍事遠征を行え。ただし、憎しみを抱くな、欺くな、［敵の捕虜を］過酷に扱うな、子供を殺すな[268]」と言った。ムスリムから。

アブー・フライラによると、アッラーの使徒〔ムハンマド〕は、「あなたがたは戦闘の際に、顔を殴るな[269]」と言った。二人のシャイフから。

イブン・マスウードによると、アッラーの使徒〔ムハンマド〕は、「戦いにおいて、最も正しい人びととは信仰の人びとである[270]」と言った。アブー・ダーウードから。

アブドゥッラー・イブン・ヤズィード・アンサーリー[271]('Abd Allāh ibn Yazīd al-Anṣārī ?-690)によると、アッラーの使徒〔ムハンマド〕は略奪と見せしめの罰を禁じた。ブハーリーから。

また、女性・子供・老人を殺すこと、負傷者を殺すこと、怖がる者や隠棲者のような者を連れてゆくこと、平和裏に暮らし戦わない人びとを悩ませることについても禁止が述べられている。人を締め付けるような文明とひどい残虐行為の中に、慈悲はあろうか？　この完全なアッラーの正義のような国際法はどこにあるのか？

ムスリムに対して、アッラーはその宗教で教え、そして世界をイスラームの光をもってこの暗闇から救った。

ジハードに関する補足

多くのムスリムの間に、敵との戦いは小ジハードであり、大ジハードとは心のジハードであるという考えが広まっている。彼らの多くはその拠り所として、次のような伝承を援用している。「［ムハンマドが］「我々は小ジハードから大ジハードへと戻ってきた」と言ったところ、彼らは「大ジハードとは何ですか」と訊いた。すると、［ムハンマドは]「心や精神のジハードである」と言った」。

また、彼らの何人かは、戦闘、戦闘準備、ジハードの決意、アッラーの道に赴くことの重要性から人びとを遠ざけようとしている。この伝承について言えば、これは真正のハディースによるものではない。ハディースの暗誦において信徒の指導者と呼ぶべきハーフィズ・イブン・ハジャル[272](al-Ḥāfiẓ ibn Ḥajar al-ʻAsqalānī 1372–1449)は自著『弓の照準(*Tasdīd al-Qaws*)』において、「その伝承はよく口にされるために有名だが、それはイブラーヒーム・イブン・アブラ(Ibrāhīm ibn ʻAbla)の言葉である」としている。

イラーキー[273](ʻAbd al-Raḥmān ibn al-Ḥusayn al-Ḥāfiẓ al-ʻIrāqī 1325–1404)は自著『再興ハディース解釈(*Takhrīj Aḥādīth al-Iḥyāʼ*)』において、「ジャービルからの薄弱なイスナードによるものである」と言っている。また、ハティーブ(al-Khaṭīb)は自著の歴史書の中で、「しかしながら、たとえそれが真正だとしても、ムスリムの地の救済や不信仰者の攻撃を撃退するためのジハードとその備えを妨げるものではない。これが意味することは、行いの全てにおいてアッラーを崇拝するよう、自らの心と戦う必要性である」と述べている。それゆえ、このことを知らしめよ。ジハードに付随するものの中に、「善を命じ、禁忌を禁じる」というものがある。これに関して、「最も偉大なジハードの一つは、不正な権力者の前で発する真理の言葉である[274]」とのハディースがある。

しかし、そのような真理の言葉を持つ者であっても、アッラーのために殺し殺されることなくして、最も偉大なる殉教とジハードの戦士への報奨は与えられない。

結び

同胞よ。死の芸術に秀で、いかにして高尚に死ぬのかを知っている[イスラームの]ウンマ、アッラーはこのウンマに、現世での高貴な生活と来世における永遠の平穏を与える。現世への執着と死を忌み嫌うこと以上に、我々を卑しめる過ちがあろうか。偉大なる行動へ備えよ。死を望め。そうすれば、あなたがたへ生命が与えられるであろう。

死は逃れられるものではなく、一度限りのものであることを知れ。もしアッラーのために決意するならば、現世の利益と来世の報奨があろう。また、アッラーがあなたがたに運命づけること以外は、あなたがたには起こらないであろう。次のアッラーの言葉について、よく考えよ。《それからかれは、苦難の後の安らぎをあなたがたに下される。あなたがたは僅かな眠りに陥ったが、一部のものは自分のこと(だけ)を苦慮して、アッラーに対し間違った(多神、無神論者の)考え方をして愚かな臆測をし、(心の中で)言った。「わたしたちはこのことで、一体何を得るのであろうか」。言ってやるがいい。「本当にこのことは、凡てアッラーに属するのである」。かれらはあなたに言えないことを、自分で隠している。そしてまた(心の中で)言った。「もしわたしたちがこのことで何か得るのならば、わたしたちはここで殺されないであろう」。言ってやるがいい。「仮令あなたがたが家の中にいたとしても、死が宣告された者は、必ずその死ぬ場所に出て行くのである」。これはアッラーが、あなたがたの胸に抱いていることを試み、あなたがたの胸の中に抱くものを、払い清められるためである。本当にアッラーはあなたがたが胸に抱くことを熟知なされる》(3章154節)。

高尚なる死のために行動せよ。そうすれば、完全なる幸福を得られるであろう。アッラーは我々とあなたがたに、アッラーの道における殉教の栄誉を与えられたのである。

ハサン・バンナー
〔刊行年不詳〕

訳註

（1）al-Bukhārī, *Aḥādīth al-Anbiyā'*, 329.

（2）スンナとは、預言者ムハンマドの慣行・慣習を意味する。

（3）マッカ布教期の初期にムスリムとなった教友。「預言者のムアッズィン（礼拝の呼びかけを行う者）」とも呼ばれた。エチオピア系の出自の奴隷であったが、アブー・バクルの支払いにより解放された。

（4）Ibn Abī al-Dunyā, *al-Maṭar wa al-Ra'd wa al-Barq*, 79.

（5）al-Bukhārī, *al-Adab*, 5717.

（6）ムハンマドによってイスラームが布教される以前の無明時代。

（7）al-Bukhārī, *Aḥādīth al-Anbiyā'*, 3131.

（8）トルコ共和国大統領アタテュルク（Mustafa Kemal Atatürk　1881-1938）による一連の世俗的な近代化政策など、当時の西洋化の波がバンナーの念頭にあると考えられる。

（9）戦間期に流行したエジプトにおける民族主義の一潮流。エジプト国民を古代エジプト人の子孫であり、古代エジプト王（ファラオ）の遺産を継承する者と位置づけた。

（10）レバノンを中心に広まった民族主義の一潮流で、自らを地中海交易で活躍した古代フェニキア人の末裔と位置づける。

（11）シリアを統合単位とする民族主義。ここでいうシリアは、「大シリア」を指し、「肥沃な三日月地帯」と呼ばれるイラク・シリア・レバノン・パレスチナ・ヨルダンにかけての一帯や、キプロスをも含む。

（12）Abū Dāwūd, *al-Adab*, 5116; al-Tirmidhī, *al-Manāqib*, 3965.

（13）ここにおける学派とは、スンナ派のイスラーム法学派（madhhab）を指す。なお、スンナ派正統学派としては、ハナフィー、マーリク、シャーフィイー、ハンバルの四法学派がある。

（14）スンナ派四法学派の一つマーリク学派の名祖。マディーナにおける法学の権威で、ハディースの収集・編纂でも知られる。

（15）アッバース朝第二代カリフ（在位七五四―七七五）で、首都バグダードを建設した。

(16) スンナ派四法学派の一つシャーフィイー学派の名祖。
(17) 預言者ムハンマドの後継者、代理人。
(18) 一九二四年、トルコ共和国の成立過程でカリフ制は廃止された。
(19) 古代エジプト王とその宰相を意味する。
(20) クルアーンに登場する預言者。旧約聖書では、ヤコブの息子ヨセフ。
(21) ともにイスラームの礼拝の動作であり、ルクーウは屈折礼、サジダは平伏礼を指す。
(22) al-Bukhārī, *al-Jihād*, 2886. ディーナール、ディルハムはともにイスラーム諸王朝下で発行され流通した貨幣。通常、前者が金貨、後者が銀貨である。
(23) エジプトの通貨単位。ピアストルともいう。一エジプト・ポンドは、一〇〇キルシュに相当する。
(24) イスラームの教えにおいて、楽園はアッラーを信じるムスリムが来世に暮らす場所であり、七つの階層からなるとされる。なお、階層数については、いくつかの異説が存在する。
(25) 預言者ムハンマドの別称。マッカで交易に従事していた商人ムハンマドは、誠実な人柄から「正直者(al-Amīn)」と呼ばれていた。
(26) al-Ḥākim al-Nīsābūrī, *al-Mustadrak ʻala-l-Ṣaḥīḥayn*, 2/463.
(27) いずれもアラブの有力部族名。
(28) イッリーユーンの原義は「高所」であるが、ここでは正義者の記録が保存される場所を意味する。詳しくは、クルアーン83章18―19節を参照。
(29) アサビーヤとは社会的連帯を意味する言葉であるが、バンナーの諸論考では否定的な意味をもって扱われている。イブン・ハルドゥーン(Abū Zayd ʻAbd al-Raḥmān ibn Muḥammad ibn Khaldūn　1332-1406)は『歴史序説(*al-Muqaddima*)』において、社会集団に内在するアサビーヤを歴史を動かす重要な要因として位置づけた。
(30) モスク内部の壁にマッカの方角(キブラ)に向けて穿たれた窪みをミフラーブといい、礼拝の方向を示す。
(31) イスラーム統治下でズィンミー(庇護民)に対して課される人頭税。一般的に、ジズヤを支払った啓典の民(後註(75)参照)はズィンミーとして生命・財産の保護を受けることができた。
(32) 前註(22)参照。
(33) Aḥmad ibn Ḥanbal, *al-Musnad*, 2/28, 42.

(34) スンナ派四法学派の一つハンバル学派の名祖。
(35) 一〇世紀に活躍した著名なハディース学者。
(36) 一一世紀に活躍したペルシア人ハディース学者。
(37) 第二代正統カリフであるウマルの息子。多数のハディースの伝承者として知られる。
(38) アブー・ダーウードの編纂したハディース集『スナン(*al-Sunan*)』は、スンナ派ハディース集の六書の一つ。
(39) Abū Dāwūd, *al-Malāḥim*, 4297.
(40) Ibn Abī Shayba, *al-Muṣanaf*, 8/129.
(41) ハッド刑とは、クルアーンかハディースに明文規定があり、量刑を変更できない刑罰。姦通罪・飲酒罪・窃盗罪などが対象。
(42) Sulaymān ibn Aḥmad al-Ṭabarānī, *al-Kabīr*, 2894.
(43) al-Bukhārī, *al-Adab*, 6076.
(44) ムハンマドのヒジュラ(聖遷)に伴い、マッカからヤスリブ(後のマディーナ)へ移住した人びと。
(45) いずれもヤスリブに当時居住していたアラブの部族。
(46) スンナ派ハディース集の最高峰とされる『真正集(*Jāmiʻ Ṣaḥīḥ*)』を編纂したハディース学者。
(47) al-Bukhārī, *al-Shahādāt*, 2687.
(48) ムハンマドの聖遷に従いマッカから移住したムスリムを受け入れ、支援したヤスリブのムスリム。
(49) al-Bukhārī, *al-Sharika*, 2486.
(50) 不詳。
(51) ウマイヤ朝(六六一—七五〇)を倒したアッバース家を中心とする革命運動を指す。アッバース家は、アリーの子孫を支持するシーア派などウマイヤ朝下の不満分子を陣営に取り込んだとされる。七四九年にアブー・アッバースが戴冠し、アッバース朝(七四九—一二五八)が始まった。
(52) サラーフッディーン(サラディン)は欧州諸国の十字軍との戦いで活躍した人物。アイユーブ朝(一一六九—一二五〇)の創始者でもある。
(53) 現在のサウジアラビア王国の初代国王。
(54) ムーサーはクルアーンに登場する預言者の一人で、旧約聖書のモーセとしても知られる。
(55) 前註(19)参照。

(56) 一九四七年五月二二日—六月二〇日。ラジャブ月は、イスラーム暦の七月。
(57) エジプトのムハンマド・アリー朝(一八〇五—一九五三)の国王。なお、スーダンは一八九九年から一九五六年までイギリスとエジプトの共同統治下にあった。
(58) 戦間期のエジプトにおける有力政党ワフド党第二代党首で、首相の座に五回(一九二八、一九三〇、一九三六—一九三七、一九四二—一九四四、一九五〇—一九五二年)就いた。
(59) al-Bukhārī, *al-Aḥkām*, 7138.
(60) ムハンマドの教友で、第二代正統カリフ。
(61) イギリスで活躍したアイルランド出身の劇作家・教育家・政治家。一九二五年にノーベル文学賞を受賞した。
(62) ドイツ国歌『ドイツの歌』の一節。
(63) イギリスの愛国歌『ルール・ブリタニア』の題名および一節。
(64) 預言者ムハンマドの伝記。
(65) Muslim, *al-Jihād*, 3/1731.
(66) イスラエル初代国王サウル(Saul)。旧約聖書では、ペリシテ人など周辺諸民族と戦ったとされる。
(67) Muslim, *al-Qadr*, 2664/34.
(68) al-Bukhārī, *al-Ṣawm*, 1975.
(69) 不詳。
(70) 不詳。
(71) 不詳。
(72) Aḥmad ibn Ḥanbal, *al-Musnad*, 1/447.
(73) Aḥmad ibn Ḥanbal, *al-Musnad*, 4/197.
(74) クルアーンのみではなく、ユダヤ教のトーラーやキリスト教の聖書などアッラーから下された諸啓典を意味する。
(75) ユダヤ教徒やキリスト教徒など、イスラームに先立ってアッラーから下された啓典を持つ宗教の信徒。
(76) 中央アジアなど東方地域への遠征で活躍したウマイヤ朝の将軍。
(77) 後ウマイヤ朝(七五六—一〇三一)で活躍したイスラーム法学者で、イベリア半島でのマーリク派の拡大に尽力した。コルドバ近郊でカリフの不正に対する叛乱に加わったとされる。

(78) アズハル機構は、カイロにあるスンナ派イスラームの最高権威。

(79) カリフ制復興を求めるヒラーファト運動に加わったインドの思想家、宗教・政治指導者。

(80) 中東諸国に見られる民間宗教儀礼の一種。ザールと呼ばれる精霊の憑依により、病気の治癒のための儀礼などが行われる。

(81) ヒジュラ暦(イスラーム暦)の一四世紀は、西暦では一八八三―一九七八年。

(82) アラビア半島の紅海に面した西部地域。マッカ、マディーナ、ジェッダなどの都市がある。

(83) 現在のリビアの首都トリポリ近郊の地域。ここでは、キレナイカ(リビア東部地域)を合わせて、リビア全体を指している。

(84) モロッコの都市。ここでは、モロッコ全体を指している。

(85) ここでは、ナチス統治下の「ドイツ第三帝国」を指している。

(86) 礼拝の呼びかけ(アザーン)を行う者。

(87) ダルウィーシュとは、一般的にはスーフィー(イスラーム神秘主義)教団の構成員を指す。ここでは宗教儀礼に没頭するスーフィー教団という意味で用いられている。

(88) Aḥmad ibn Ḥanbal, *al-Musnad*, 3/198.

(89) Sulaymān ibn Aḥmad al-Ṭabarānī, *al-Awsaṭ*, 7686.

(90) Muslim, *al-Ṣayd wa al-Dhabāih*, 3615.

(91) al-Bukhārī, *al-Manāqib al-Anṣār*, 3852. フバイブとは、ハディースに現れる名前であるが、いずれのフバイブかは不詳。

(92) クライシュ族出身で、教友の一人。後に、サーサーン朝攻略に成功した第二代正統カリフのウマルから、戦利品の一つであるホスロー(次註(93)参照)の王冠を頭に載せられたとされる。

(93) ホスローは、サーサーン朝ペルシャ(二二四―六五一)の君主の名前。同朝の最大領土を獲得したホスロー二世(?―六二八)などが、この名を称した。

(94) Abū Dāwūd, *al-Adab*, 5121.

(95) マッカ出身の教友。当初はイスラームに敵対したが、後に改宗した。

(96) アッラーが啓示を下す際などに用いられる不可視の存在。

(97) Abū Yaʿlā al-Mawṣilī, *al-Musnad*, 1881.

(98) シュウービーヤ運動(al-Shuʿūbīya)は、初期イスラーム帝国におけるアラブ人の特権的地位を拒否し、ムスリム間の平等性を主張した運動。なお、バンナーは本論考において、この用語を否定的にとらえており、アサビーヤと同様に民族的分派主義という意味合いで使っている。

(99) ダマスカス出身のハディース学者。イラク、イラン、ヒジャーズなどでハディースを収集した。主著に『ダマスカス史(*Tārīkh Dimashq*)』がある。

(100) Ibn ʻAsākir, *Tahdhīb Tārīkh Dimashq*, 6/452.

(101) いずれもモロッコの都市名。

(102) ムハンマド・アリー朝下のエジプトでは、一九世紀以降の近代化政策の中で、アズハルに代表される伝統的な教育機関と、西洋近代的な教育機関が併存することとなった。

(103) ムハンマド・アリー朝下のエジプトでは、民法典など西洋的な法体系が導入され、伝統的なイスラーム法体系は次第に身分法などの領域に制限されていった。

(104) ザカートがムスリムの義務であるのに対して、サダカは自発的な喜捨を意味する。

(105) この序文は、バンナーによってではなく、論考集の編者(不詳)によって書かれた。本書が底本とする論考集以外でも、この序文が掲載されている。

(106) 現在、サファーの丘はマッカの聖モスク(カアバ神殿)の中にある。巡礼の際、巡礼者は、同じく聖モスク内のマルワの丘とサファーの丘を七回往来するサアイ儀礼を行う。

(107) Jalāl al-Dīn al-Suyūṭī, *al-Itqān fī ʻUlūm al-Qurʼān*, 380/1. ジャラールッディーン・スユーティー(Jalāl al-Dīn al-Suyūṭī 1445–1505)はマムルーク朝期エジプトの学者。幅広い学問分野で多数の著作を残した。

(108) al-Bukhārī, *al-Iʻtiṣām*, 7284.

(109) 「信徒たちの長」は、一般的にはイスラーム王朝におけるカリフの称号。

(110) 一四五三年のオスマン帝国によるコンスタンティノープル攻略を指す。

(111) 一二五八年のモンゴル軍の侵攻によるアッバース朝の滅亡を指す。

(112) 一九世紀以降の西洋諸国によるイスラーム諸国への進出・植民地化を指す。

(113) al-Tirmidhī, *Tafsīr al-Qurʼān*, 2353; Ibn Māja, *al-Muqaddima*, 48.

(114) カスピ海南西部ギーラーン地方に住んだ人びと。ダイラム人からシーア派を信仰するブワイフ朝(九三二—一〇六二)が興り、アッバース朝カリフを傀儡化するに至った。

(115) 奴隷。トルコ系・チュルケス系などの白人奴隷がよく知られる。エジプトを支配したマムルーク朝では、支配階級の奴隷軍人を指す呼称であった。

(116) 一一八七年にティベリアス湖西方のヒッティーンで行われた戦い。ムスリム諸侯を糾合したサラーフッディーンが十字軍に勝利した。その後、エルサレムなど十字軍が占領した諸都市が解放された。

(117) マムルーク朝第五代スルターン。十字軍やモンゴル軍との戦いを積極的に進めた。

(118) 一二六〇年、パレスチナのアイン・ジャールートでの戦いにおいて、マムルーク朝軍はモンゴル軍に勝利した。

(119) 一八―一九世紀、オスマン帝国の衰退に乗じたヨーロッパ列強は、バルカン半島や中東への介入・進出を行った。ヨーロッパでは、これに伴う国際紛争を東方問題と呼んだ。

(120) モロッコ北部のジブラルタル海峡に面した都市。タンジールとも呼ばれる。

(121) モロッコの北部地方。

(122) ユダヤ人による祖国建国運動。一九世紀末に政治的なシオニズム運動が始まり、一九四八年のイスラエル建国の要因となった。

(123) フサイン・マクマホン書簡(一九一五―一九一六年)を指す。ハーシム家のフサイン(次註(124)参照)とエジプト高等弁務官マクマホンの間で第一次世界大戦中に取り交わされた書簡。パレスチナを含むアラブ地域のオスマン帝国からの戦後の独立をイギリス政府が承認する内容であったが、同時期のサイクス・ピコ協定(一九一六年)、バルフォア宣言(一九一七年)と矛盾し、以後のパレスチナ問題の端緒となった。

(124) ムハンマドの家系であるマッカのハーシム家に生まれた。一九一六年、イギリスとの連携下でオスマン帝国に対する「アラブ反乱」を主導し、ヒジャーズ地方の国王となった。

(125) アラビア半島中央部の地方。リヤードなどの都市が位置する。

(126) アフガニスタンのバーラクザイ朝君主。憲法公布など近代化政策を推し進めた。

(127) ザーウィヤ、リバートはスーフィー教団における集会所・修行場。

(128) 一九四七年、国際連合総会において、パレスチナ分割決議が採択された。その後、パレスチナは内戦状態となり、一九四八年のイスラエルの建国宣言、第一次中東戦争(一九四八―一九四九年)へと至った。

(129) 第二次世界大戦での同盟国の敗北により、イタリア領リビアはイギリス・フランスの共同統治下に置かれた。その後、一九四九年にリビアの独立を認める国連決議が可決された。

(130) 一九四一年にアメリカ大統領ルーズヴェルトが一般教書で表明した民主主義の原則。表現の自由、信仰の自由、欠乏からの自由、恐怖からの自由である。

(131) 不詳。

(132) 教友の一人で、初期イスラーム時代に活躍した将軍、エジプト総督。ムハンマドの死後、シリア・エジプトの軍事征服に貢献した。

(133) 六二八年、フダイビーヤにおいて、マディーナのムハンマドとマッカのクライシュ族の間で和約が締結された。

(134) al-Bukhārī, *al-Maẓālim*, 2442; Muslim, *al-Birr wa al-Ṣila*, 2564/32.

(135) al-Bukhārī, *al-Adab*, 6011; Muslim, *al-Birr wa al-Ṣila*, 2586/77–78.

(136) al-Bukhārī, *al-Adab*, 6026; Muslim, *al-Birr wa al-Ṣila*, 2585/65.

(137) 一九二二年のオスマン帝国滅亡を指す。

(138) 一九四五年にエジプト・シリア・レバノン・イラク・ヨルダン・サウジアラビア・イエメンの七カ国によって創設されたアラブ諸国の地域機構。

(139) Sulaymān ibn Aḥmad al-Ṭabarānī, *al-Kabīr*, 8915.

(140) Abū Bakr al-Bayhaqī, *al-Sunan al-Kubrā*, 9/359.

(141) ホラーサーン地方出身のスンナ派イスラーム法学者・神学者。スンナ派が多数派の地位を確立するのに貢献した思想家の一人とされる。

(142) al-Bukhārī, *al-Aḥkām*, 8138; Muslim, *al-Imāra*, 1829/20.

(143) Muslim, *al-Īmān*, 55/95; Abū Dāwūd, *al-Adab*, 4944.

(144) Aḥmad ibn Ḥanbal, *al-Musnad*, 2/190.

(145) 不詳。

(146) ムハンマドの父方のおじで、教友の一人。

(147) al-Ḥākim al-Naysābūrī, *al-Mustadrak ʿalā al-Ṣaḥīḥayn*, 3/195.

(148) ウマイヤ朝第八代カリフ。敬虔な君主として知られており、異教徒のイスラームへの改宗を奨励した。

(149) Muslim, *al-Imāra*, 1852/59, 70; Abū Dāwūd, *al-Sunna*, 4762.

(150) Muslim, *al-Imāra*, 1848/53–54; al-Tirmidhī, *al-Taḥrīm*, 4125.

(151) クライシュ族ウマイヤ家出身で、早くからイスラームに入信した教友。第二代正統カリフのウマルから後継者候補の一人に指名され、互選によってカリフに選出された。

(152) 一〇―一一世紀に活躍したシャーフィイー学派の法学者。イラクのバスラに生まれ、アッバース朝下の各地で裁判官を歴任した。代表的著作として、『統治の諸規則(*Al-Aḥkām al-Sulṭānīya wa al-Wilāyat al-Dīnīya*)』がある。

(153) ギザ出身の言語学者、哲学者、社会・政治改革者。パリ大学で博士号を取得した。一九七四年より、カイロのアラビア語協会会長。

(154) 一九五二年、アフマド・ナギーブ・ヒラーリー(Aḥmad Najīb al-Hilālī　1891–1958)内閣の地方問題相に任命された。同年、アリー・マーヒル(ʻAlī Māhir　1882–1960)内閣にも入閣したが、間もなく辞任した。サーダート大統領期には、シューラー(諮問)評議会議員に任命された。

(155) al-Bukhārī, *al-Fitan*, 7077.

(156) サアド・ザグルール(Saʻd Zaghlūl　1857/60–1927)は、第一次世界大戦後のパリ講和会議でエジプトの独立要求を提示するため、代表使節団の形成を求める運動を指導した。この運動を警戒したイギリスは彼を国外追放にしたが、これがエジプトの一九一九年革命の発端となった。ザグルールは帰国後にワフド党(Ḥizb al-Wafd)を結成した。なお、ワフドとは「代表団」を意味する。

(157) イジュティハード(自分自身の判断・解釈でイスラーム法学に関する見解を示すこと)の資格を有する者を指す。

(158) 一九二三年憲法は、エジプトがイギリスからの独立を達成した後に制定した憲法。これより、同国では立憲君主制が構築された。しかし、エジプト国王フアード一世(Aḥmad Fuʼād ibn Ismāʻīl　1868–1936)は、国王権限の強化を目指して一九二三年憲法を停止して新たに一九三〇年憲法を制定した。しかし、国内諸勢力の反発に遭い、一九三五年に一九三〇年憲法は停止され、一九二三年憲法が復活した。

(159) 本書第九章「統治制度」を参照。

(160) al-Bukhārī, *al-Buyūʻ*, 2051; Muslim, *al-Musāqā*, 1599/108.

(161) スンナ派四法学派の一つハナフィー学派の名祖。

(162) 初期ハナフィー学派の法学者。クーファでアブー・ハニーファに学んだ。

(163) 現在、タカーフルはイスラーム金融の商品の一つとして扱われている。

(164) Aḥmad ibn Ḥanbal, *al-Musnad*, 4/197, 202.

(165) al-Bukhārī, *al-Adab*, 5975; Muslim, *al-Aqḍiya*, 593/12–14.

(166) al-Bukhārī, *al-Maẓālim*, 2480; Muslim, *al-Īmān*, 141/226.

(167) クルアーンに登場する預言者の一人。旧約聖書では、ダビデとして登場する。サウルの死後、イスラエル王国の王位に就いたとされる。

(168) al-Bukhārī, *al-Buyūʿ*, 2072.

(169) al-Bukhārī, *al-Zakā*, 1474; Muslim, *al-Zakā*, 1040/103–104.

(170) Muslim, *al-Birr wa al-Ṣila*, 2565/35.

(171) al-Ḥākim al-Naysābūrī, *al-Mustadrak ʿalā al-Ṣaḥīḥayn*, 2/58.

(172) マッカのクライシュ族出身の教友。マッカ布教期にイスラームに入信した。

(173) 一八九八年にイギリスを中心とするヨーロッパ資本で設立された銀行。発券業務も担ったため、実質的な中央銀行として機能した。一九六〇年にナーセル政権によって国有化され、発券業務を分離された。

(174) Abū Bakr al-Bayhaqī, *Shuʿb al-Īmān*, 4/1867.

(175) エジプト南部の都市アスワン近郊のナイル川を塞き止めたダム。一九〇一年に最初のダム(アスワン・ロウ・ダム)が建設された。その後、一九五二年に、エジプト政府はより大規模なアスワン・ハイ・ダムの建設を計画し、一九六〇年に起工、一九七〇年に完成した。

(176) エジプトの民族資本企業集団ミスル・グループの創設者。ミスル銀行を中心とする同グループは、エジプト国民経済の発展に貢献した。

(177) マハッラ・アル＝クブラーは、ナイル川デルタ地帯にあるエジプト・ガルビーヤ県の都市。戦間期に紡績業の一大集積地として発展した。現在もエジプト最大の紡績会社であるミスル紡績織物会社がある。

(178) Sulaymān ibn Aḥmad al-Ṭabarānī, *al-Kabīr*, 13200.

(179) ʿAlī ibn Abū Bakr al-Haythamī, *Majmaʿ al-Zawāid*, 4/63.

(180) クルアーンに登場する預言者の一人で、ダーウードの息子。イスラエル王国の王位に就いた。旧約聖書では、ソロモン。

(181) イスラーム世界における超自然的な精霊。

(182) マッカの裕福な商人で、ムハンマドのおじ・教友。

(183) Muslim, *al-Ḥajj*, 1218/147; Abū Dāwūd, *al-Manāsik*, 1905.

(184) ソ連では、一九三〇年代に国家予算による無利子かつ返済義務のない企業向け金融を実施した。

(185) いずれもエジプトのカフル・シャイフ県にある町。
(186) エジプトの省庁の一つで、主に社会問題や慈善団体の監督などを所管した。
(187) マディーナ郊外の山。六二五年、この近郊で、マディーナのイスラーム軍とマッカのクライシュ族軍との間でウフドの戦いが行われた。
(188) タブークは現在のサウジアラビア北西部の町。六三一年、ムハンマドはビザンツ帝国軍と対峙するために同地へ遠征を行った。なお、この遠征は彼にとって最後の出征となった。
(189) クルアーン第47章はムハンマド章とも呼ばれる。
(190) この章は、マディーナのムハンマドとマッカのクライシュ族の間で六二八年に締結されたフダイビーヤの和約について述べている。これにより、イスラーム側の勝利が決定づけられたので、勝利章と呼ばれている。
(191) イエメン出身のムハンマドの教友・高弟。スンナ派ハディース集において、最多のハディースを伝承している。
(192) al-Bukhārī, *al-Īmān*, 36; Muslim, *al-Imāra*, 1876/103.
(193) スンナ派最高峰のハディース集の一つ『真正集(*Jāmiʿ Ṣaḥīḥ*)』を編纂したハディース学者。
(194) al-Bukhārī, *al-Dhabāiḥ wa Ṣayd*, 5533; Muslim, *al-Imāra*, 1876/105.
(195) マディーナのハズラジュ族出身の教友。多くのハディースを伝承したことで知られる。
(196) マディーナのハズラジュ族出身。ウフドの戦いで戦死したとされる。
(197) 六二四年、ムハンマド率いるイスラーム軍とマッカのクライシュ族軍との最初の大規模な戦い。この戦いの勝利により、マディーナのイスラーム国家は基礎を確固たるものとした。
(198) マディーナのアウス族出身の教友で、アンサールの指導者の一人。六二七年のマッカ軍によるマディーナ包囲に伴う塹壕の戦いで負傷し、死亡したとされる。
(199) Muslim, *al-Imāra*, 1903/148.
(200) マディーナのハズラジュ族出身のアンサール。バドルの戦いで戦死したとされる。
(201) パラダイスを意味するギリシア語のパラデイソスを語源とする。クルアーンではこの語が二回使われている(18章107節、23章11節)。
(202) al-Bukhārī, *al-Jihād wa al-Sayr*, 2809.
(203) マディーナでのムハンマドの教友の一人で、ハディースの伝承者として知られる。ムハンマドの死後、クーファに移住した。

(204) al-Bukhārī, *al-Jihād wa al-Sayr*, 2966; Muslim, *al-Jihād*, 1742/20.
(205) al-Bukhārī, *al-Jihād wa al-Sayr*, 2843; Muslim, *al-Imāra*, 1895/135.
(206) スンナ派ハディース集六書の一つ『スナン(*al-Sunan*)』を編纂したハディース学者。現在のウズベキスタンに生まれ、ホラーサーン、イラク、ヒジャーズなどを巡り、ハディースを収集した。
(207) al-Bukhārī, *al-Jihād wa al-Sayr*, 2853.
(208) al-Bukhārī, *al-Jihād wa al-Sayr*, 2875; Muslim, *al-Imāra*, 1878/110; al-Nasāʾī, *al-Jihād*, 3106.
(209) al-Nasāʾī, *al-Jihād*, 3106.
(210) スンナ派ハディース集六書の一つ『スナン(*al-Sunan*)』を編纂したハディース学者。ホラーサーンに生まれ、ヒジャーズ、イラク、シリアなどでハディースを収集した。
(211) ムハンマドのいとこで、教友の一人。彼の子孫は後にアッバース朝を樹立した。
(212) al-Tirmidhī, *Faḍāil al-Jihād*, 1639.
(213) al-Nasāʾī, *al-Jihād*, 3153.
(214) イスラームの教えでは、死者は墓の中で天使(ムンカルとキール)に信仰の有無を訊問され、不信仰者には罰が与えられる。
(215) al-Nasāʾī, *al-Jihād*, 2052.
(216) al-Tirmidhī, *Faḍāil al-Jihād*, 1668; al-Nasāʾī, *al-Jihād*, 3161.
(217) 中央アジア出身のハディース学者。シリア、イラク、エジプトなどを巡り、ハディースを収集した。彼のハディース集は六書に次ぐ権威を持つとされる。
(218) 通常、ハディースの構成は、本文(マトン matn)部分に当たるムハンマドが語った言葉と、そのハディースの伝承経路(イスナード isnād)からなる。ハディースのマトンは信憑性によってサヒーフ(真正)、ハサン(良好)、ダイーフ(脆弱)と大別される。また、イスナードはその経路の多寡によって信憑性が分類される。ここにおけるガリーブは、伝承経路が一つだけのものを意味する。
(219) マッカ布教期の初期に入信したムハンマドの教友。預言者の没後、ウマルによってイラクのクーファに派遣され、同地がイスラーム学の中心地の一つとなる基礎を築いた。
(220) Abū Dāwūd, *al-Jihād*, 2536.
(221) Abū Dāwūd, *al-Jihād*, 2488.

(222) Muslim, *al-Imāra*, 1909/157; Abū Dāwūd, *al-Ṣalā*, 1520.
(223) al-Tirmidhī, *Faḍāil al-Jihād*, 1625; al-Nasāʾī, *al-Jihād*, 3176.
(224) al-Tirmidhī, *Faḍāil al-Jihād*, 1650.
(225) al-Tirmidhī, *Faḍāil al-Jihād*, 1663; Ibn Māja, *al-Jihād*, 2799.
(226) スンナ派ハディース集六書の一つ『スナン(*al-Sunan*)』を編纂したハディース学者。イランのカズヴィーンに生まれ、イラク、シリア、ヒジャーズ、エジプトなどでハディースを収集した。
(227) al-Tirmidhī, *Faḍāil al-Jihād*, 1666; Ibn Māja, *al-Jihād*, 2763.
(228) Muslim, *al-Imāra*, 1908/156.
(229) Ibn Māja, *al-Jihād*, 2766.
(230) マディーナのハズラジュ族出身の教友で、幾度となくマッカとの戦闘で活躍した。
(231) Ibn Māja, *al-Jihād*, 2777.
(232) マディーナのハズラジュ族出身の教友で、ハディースの伝承者としても知られる。
(233) マディーナのハズラジュ族出身の教友。六二二年にムハンマドとアカバの誓い(第二次アカバの誓い、戦いの誓い)を行った一人。なお、アカバの誓いとは、ムハンマドとマディーナのアラブ部族との間で行われた信仰の誓いであり、六二一年に最初の誓い(第一次アカバの誓い、女性の誓い)がなされた。一連の誓いによって、ムハンマドはマディーナへの聖遷を決意したとされる。
(234) Ibn Māja, *al-Jihād*, 2800.
(235) Ibn Māja, *al-Jihād*, 2824.
(236) ウムラ(ʿumra)とは小巡礼と呼ばれるマッカ巡礼の一種。大巡礼と呼ばれるハッジ(ḥajj)は巡礼月の特定期間に定められたいくつかの儀礼を行うが、ウムラはハッジ期間以外に簡潔な儀礼を行う。
(237) al-Nasāʾī, *al-Manāsik*, 2624.
(238) Abū Dāwūd, *al-Jihād*, 2522.
(239) Abū Dāwūd, *al-Buyūʿ*, 3462.
(240) Muslim, *al-Imāra*, 1901/145.
(241) 教友の一人で、アムル・イブン・アース(ʿAmr ibn al-ʿĀs　?-663)のエジプト遠征軍に従事した。詩人としても知られる。

(242) マディーナのアウス族出身の教友。ウフドの戦い以降、ムハンマドの軍事行動の全てに従軍したとされる。

(243) マディーナのハズラジュ族出身の教友で、ムハンマドの主たる軍事行動に従軍した。

(244) al-Tirmidhī, *Tafsīr al-Qur'ān*, 2972.

(245) Muslim, *al-Imāra*, 1910/158; Abū Dāwūd, *al-Jihād*, 2502.

(246) 複数のムスリム同胞団員からの聞き取りから、インドのイスラーム学者スィッディーク・ハサン・ハーン（一八三二—一八九〇）と推測されるが、人物・著書ともに確実ではない。

(247) この著者は、ハナフィー学派（次註(248)参照）の法学者ブルハーンッディーン・イブラーヒーム・ハラビー（Burhān al-Dīn Ibrāhīm ibn Muḥammad ibn Ibrāhīm al-Ḥalabī　?-1549）と考えられる。

(248) アブー・ハニーファを名祖とするイスラーム法学派。スンナ派四法学派の一つ。

(249) 連帯義務とは、イスラームのウンマの誰かがそれを果たした場合に、全ムスリムが果たしたこととなる義務。

(250) Abū Dāwūd, *al-Jihād*, 2532.

(251) この著者は、マーリク学派法学者アフマド・イブン・ムハンマド・サーウィー（Aḥmad ibn Muḥammad al-Ṣāwī　?-1825）と考えられる。

(252) シリアのナワー出身の法学者。シャーフィイー学派の大成者の一人。

(253) エルサレム出身のハンバル学派の代表的法学者。

(254) マディーナのハズラジュ族出身。ムハンマドの軍事遠征にしばしば従軍したことで知られる。

(255) イスラーム法学派の一つ。かつてアンダルス（スペイン）を中心に発展したが、一二—一三世紀に消滅した。社会的現実よりも字義解釈を優先し、法学派としての弾力性を喪失したことが消滅の一因とされる。

(256) スペインのコルドバ出身のザーヒル学派の代表的法学者。後ウマイヤ朝の宰相も務めた。

(257) イエメン出身のシャーフィイー学派の法学者で、イエメンにおける最高の法学的権威であった。

(258) ムジュタヒド（前註(157)参照）とは反対に、イジュティハードの資格を持たず、ムジュタヒドの見解に従う者を指す。

(259) ビザンツ帝国に対するジハードにしばしば従軍したイスラーム法学者。

(260) ホラーサーン地方で活躍したスーフィー。ジハードの戦士としても知られる。

(261) シリア出身の歴史家・イスラーム法学者。マムルーク朝下のエジプトで要職を歴任した。

(262) アッバース朝の宗主権下でイフリーキーヤ（チュニジア周辺）を支配したアグラブ朝（八〇〇—九〇九）で活躍したイスラーム

法学者・軍人。
(263) Abū Dāwūd, *al-Adab*, 5080.
(264) al-Nasāʾī, *al-Janāiz*, 1952.
(265) Abū Dāwūd, *al-Jihād*, 2516.
(266) マッカ布教期にイスラームに入信した教友の一人で、後にバスラやクーファの統治を任された。
(267) al-Bukhārī, *al-Jihād*, 2810; Muslim, *al-Imāra*, 1904/139, 150.
(268) Muslim, *al-Jihād*, 1731/3; Abū Dāwūd, *al-Jihād*, 2612.
(269) al-Bukhārī, *al-ʿItq*, 2559; Muslim, *al-Birr wa al-Ṣila*, 2612/112-113.
(270) Abū Dāwūd, *al-Jihād*, 2666.
(271) マディーナのアウス族出身で、初期イスラームの戦役で活躍した。
(272) シャーフィイー学派の法学者・歴史家。教友とハディース伝承者の経歴に関する研究で有名。
(273) エジプトを中心に活躍したイスラーム法学者で、ハディース研究のために周辺諸地域を度々訪問した。
(274) Abū Dāwūd, *al-Malāḥim*, 4344; al-Tirmidhī, *al-Fitan*, 2174.

訳者紹介

石黒大岳(いしぐろ ひろたけ)　　下巻を担当

1976年，宮崎県生まれ．日本貿易振興機構アジア経済研究所研究員．神戸大学博士(学術)．専攻は，比較政治学，中東湾岸諸国の政治と社会．主な著作に，『中東湾岸諸国の民主化と政党システム』(明石書店，2013年)など．

金谷美紗(かなや みさ)　　第9章を担当

1978年，大阪府生まれ．公益財団法人中東調査会研究員．上智大学大学院外国語学研究科国際関係論専攻博士後期課程満期退学．専攻は，比較政治学，現代エジプト政治．主な著作に，「2000年代後半における抗議運動と「1月25日革命」――労働運動と民主化運動の発展過程に注目して」(伊能武次・土屋一樹編『エジプト動乱――1.25革命の背景』アジア経済研究所，2012年)など．

吉川卓郎(きっかわ たくろう)　　下巻を担当

1974年，岡山県生まれ．立命館アジア太平洋大学アジア太平洋学部准教授．立命館大学博士(国際関係学)．専攻は，国際関係学，比較政治学，中東地域研究，現代ヨルダン政治．主な著作に，『イスラーム政治と国民国家――エジプト・ヨルダンにおけるムスリム同胞団の戦略』(ナカニシヤ出版，2007年)など．

清水雅子(しみず まさこ)　　第5章を担当

1986年，東京都生まれ．上智大学大学院グローバル・スタディーズ研究科博士後期課程，研究補助員．上智大学修士(地域研究)．専攻は，比較政治学，中東地域研究，現代パレスチナ政治．主な著作に，「「変革と改革」としてのハマース――パレスチナにおける武装抵抗運動の選挙参加」(『日本中東学会年報』2012年)など．

福永浩一(ふくなが こういち)　　第7章を担当

1984年，兵庫県生まれ．上智大学大学院グローバル・スタディーズ研究科博士後期課程，研究補助員．慶應義塾大学修士(史学)．専攻は，エジプト近現代史，イスラーム主義思想．主な著作に，『初期ムスリム同胞団関連資料――「ハサン・バンナー著『ダアワと教宣者の回想』」を中心に』(上智大学アジア文化研究所・イスラーム研究センター，2013年)など．

溝渕正季(みぞぶち まさき)　　第8章を担当

1984年，香川県生まれ．名古屋商科大学経済学部専任講師．上智大学博士(地域研究)．専攻は，中東地域研究，国際政治学，比較政治学，現代シリア・レバノン政治．主な著作に，『シリア・レバノンを知るための64章』(黒木英充ほか編著，明石書店，2013年)，「「見えない敵」への爆撃――第二次レバノン戦争(2006年)とガザ戦争(2008/09年)におけるイスラエルのエア・パワー」(『国際政治』178，2014年)など．

編訳者紹介

北澤義之　　第 1，6，10 章を担当

1956 年，岩手県生まれ．京都産業大学外国語学部教授．東京外国語大学修士(国際学)．専攻は，中東地域研究，現代ヨルダン政治，アラブナショナリズム，アラブ連盟．主な著作に，『イスラーム地域の国家とナショナリズム』(共著，東京大学出版会，2005 年)，『アラブ連盟』(山川出版社，2015 年)など．

髙 岡　豊　　第 2 章を担当

1975 年，新潟県生まれ．公益財団法人中東調査会上席研究員．上智大学博士(地域研究)．専攻は，シリアの政治・社会，イスラーム過激派の動向．主な著作に，『現代シリアの部族と政治・社会――ユーフラテス河沿岸地域・ジャジーラ地域の部族の政治・社会的役割分析』(三元社，2011 年)など．

横田貴之　　第 3，4，11 章を担当

1971 年，京都府生まれ．日本大学国際関係学部准教授．京都大学博士(地域研究)．専攻は，中東地域研究，現代エジプト政治，イスラーム主義運動．主な著作に，『現代エジプトにおけるイスラームと大衆運動』(ナカニシヤ出版，2006 年)，『原理主義の潮流――ムスリム同胞団』(山川出版社，2009 年)など．

イスラーム原典叢書
ムスリム同胞団の思想 上
――ハサン・バンナー論考集　　ハサン・バンナー著

2015 年 3 月 24 日　第 1 刷発行

編訳者　北澤義之《きたざわよしゆき》　髙《たか》岡《おか》　豊《ゆたか》　横《よこ》田《た》貴之《たかゆき》

発行者　岡 本　厚

発行所　株式会社 岩波書店
〒101-8002 東京都千代田区一ツ橋 2-5-5
電話案内 03-5210-4000
http://www.iwanami.co.jp/

印刷・三秀舎　製本・松岳社

ISBN 978-4-00-028419-6　　Printed in Japan